KLAUSBERND VOLLMAR
KONRAD LENZ

Traumdeutung

➤ Mit mehr als 700 Traumsymbolen
➤ Träume selber deuten und verstehen
➤ Die Botschaft der Träume nutzen

W0235673

Über die Autoren

Klausbernd Vollmar,
Diplompsychologe und Autor, abgeschlossenes Studium der
Psychologie, Germanistik und Philosophie. Er forschte und
lehrte an der McGill University/Montreal über Symbole und
deren Bedeutung. Gemeinsam mit Konrad Lenz führt er die
Internetfirma *TraumOnline* www.traumonline.de, die umfang-
reich über das Thema Traum und Symbolik informiert und
Beratungen in diesem Bereich anbietet.
Klausbernd Vollmar lebt an der englischen Ostküste. Er leitet seit
Jahren Seminare und Ferienkurse und hält Vorträge. Er führt
Einzel- und Firmenberatungen wie TeamCoachings durch. Seine
Bücher zum Thema Traumdeutung sind in mehr als fünfzehn
Sprachen übersetzt. Er ist häufig im Radio zu hören und im
Fernsehen zu sehen.
Mehr zu dem Autor finden Sie unter www.kbvollmar.de

Konrad Lenz,
Diplompsychologe und Psychologischer Psychotherapeut,
abgeschlossenes Studium der Psychologie in Freiburg i. Brsg.
Therapeutische Ausbildungen in Gesprächspsychotherapie,
Gestalttherapie und katathymem Bilderleben. Zusammen mit
Klausbernd Vollmar leitet er die Internetfirma *TraumOnline*
www. traumonline.de. Konrad Lenz lebt in Waldshut an der
Schweizer Grenze und arbeitet dort als Psychotherapeut. Er
bietet seit Jahren Vorträge und Seminare zu Träumen und
Traumdeutung an.
Unter www.traumpraxis.de finden Sie weitere Angaben zu dem
Autor.

INHALT

Ein Wort zuvor

Wir beide, Konrad Lenz und Klausbernd Vollmar, arbeiten seit über zehn Jahren daran, eine Datenbank für Traumsymbole zu erstellen, mit deren Hilfe jeder seine Träume mühelos entschlüsseln kann. Als wir dieses Projekt begannen, waren wir überrascht, wie groß die Nachfrage nach Hilfen zur Traumdeutung ist. Es wenden sich viele Menschen an uns, die von ihren Träumen verwirrt sind oder die spüren, dass der Traum ihre bislang ungenutzten Potenziale anspricht, die sie gern leben würden. Diesen Suchenden helfen wir jetzt auch mit diesem Buch, die Sprache ihrer Träume spielerisch zu verstehen.

Durch unsere Beratungen wurde uns deutlich, wie notwendig es ist zu zeigen, dass jeder Traum einen Hinweis auf unsere ungelebten Möglichkeiten darstellt – auch wenn er uns auf den ersten Blick Angst macht. Die DreamCreativity®-Methode der Traumdeutung, der dieser *Große GU Kompass Traumsymbole* folgt, öffnet uns die Augen für die inspirierende Kraft unserer Träume. Dem Traum wird sein Schrecken genommen, wichtiger noch: Er wird zu unserem Freund und Helfer auf unserem Lebensweg. Wenn Sie unseren Empfehlungen folgen, werden Sie erleben, dass die Traumdeutung Spaß macht und Ihnen zugleich tiefe Einsichten über sich selbst und Ihre Umwelt schenkt.

Obwohl die Zahl der Traumsymbole gegen unendlich geht, haben wir im Lexikonteil dieses Buches (Seite 38) die wichtigsten Traumsymbole vorgestellt, die wahrscheinlich auch Ihre Träume bevölkern. Zunächst aber erfahren Sie Wissenswertes über Träume und über die Praxis Ihrer Traumdeutung.

Eins möchten wir Ihnen gleich zu Beginn ans Herz legen: Vergessen Sie nie das lustige Augenzwinkern bei jeder Deutung; Traumdeutung ist keine todernste Angelegenheit!

Nun wünschen wir Ihnen viel Spaß bei den Ausflügen in Ihre Traumwelten. Mögen die Abenteuer im Traumland Ihnen zu einem strahlenden Glück verhelfen.

Klausbernd Vollmar
Konrad Lenz

TRAUMSYMBOLE VERSTEHEN

Träume sind wie Kino: Wir nehmen sie visuell wahr, verfolgen ihre Bilder mit geschlossenen Augen. Bei allem, was wir sehen, ist die Perspektive von Bedeutung.

DER NUTZEN DER TRAUMDEUTUNG

Hier sind wir schon gleich beim ersten Nutzen der Traumbetrachtung: Träume verändern unseren Blickwinkel – sowohl auf uns selbst, als auch auf unsere Umwelt. Sie präsentieren uns ein anderes Bild von der Welt als jenes, das wir gewohnt sind. Deswegen erscheinen uns Träume oft wirr und dem Geist eines verrückten Magiers entsprungen zu sein, es ist die ungewohnte Perspektive, die uns staunen lässt.

Der weitere Horizont

Dass unsere gewohnte Perspektive verändert und erweitert wird, hat einen enormen Vorteil. Wir laufen normalerweise mit Scheuklappen durch unser Leben, betrachten uns und unsere Umwelt stets auf die gleiche und gewohnte Weise und geraten dadurch in Probleme. So verstricken wir uns in unseligen Wiederholungen, weil wir feste Meinungen vertreten, stets nur das Gleiche sehen und deswegen neue Möglichkeiten gar nicht wahrnehmen.

In Beziehungen beispielsweise sehen wir die Fehler beim anderen und sind erstaunt, wenn es mit dem Nächsten nicht besser wird. Im Berufsleben sind es die Vorgesetzten oder der »fiese Kollege«, die uns behindern und unsere Qualitäten missachten. Könnten wir unsere Perspektive erweitern, würden wir mehr Chancen und neue Möglichkeiten sehen und sie produktiv nutzen können. Wir hätten zudem einen größeren Überblick und würden uns dazu selbst realistischer sehen.

Das alles können Sie gewinnen mit der Betrachtung Ihrer Träume, die Sie inspirieren, eine neue Sicht auf sich und Ihre Umwelt zu wagen und neue Verhaltensweisen auszuprobieren.

Ihre Träume erzählen Geschichten von Ihren Spannungen und Konflikten, von Ihren Sehnsüchten und Enttäuschungen, von Ihren Befürchtungen und Ihren paradiesischen Zielen. All das, was Sie nur verschwommen als Gefühl und Empfindung erleben, wird Ihnen im Traumfilm vorgeführt, auf dass das Unbewusste zum Bewussten wird.

Die Erweiterung des Bewusstseins

Wenn wir uns etwas vormals Unbewusstes bewusst machen, dann heilen wir uns damit Schritt für Schritt. Ist Ihnen Ihre latente Aggressivität nicht bewusst und bleibt sie unbewusst, dann ist sie gezwungen, sich ein Ventil zu suchen. Das heißt, sie kommt irgendwann einmal an der »falschen« Stelle explosionsartig heraus, wodurch Sie sich schaden.

So kann es sein, dass Sie sich wegen einer Lappalie mit Ihrem Chef, Ihrer Frau oder Ihrem Nachbarn überwerfen, oder Sie werden krank, und nun spricht der Körper mit störenden Symptomen zu Ihnen.

Ihre Träume werden Ihnen sicher schon seit einiger Zeit aggressive Bilder und Situationen drastisch vor Augen geführt haben. Diese Träume sagen: »Schau Dir dieses Thema an. Es ist wichtig für Dich!«

Denn wenn Sie sich mit Ihren Träumen auseinander setzen, beschäftigen Sie sich damit zugleich mit Ihren wesentlichen Themen. Womit Sie sich beschäftigen, wird Ihnen bewusst.

Hätten Sie also die aggressiven Szenen Ihrer Träume bewusst betrachtet und dabei auf Ihre Gefühle geachtet, hätte es Sie wahrscheinlich gewundert, wie wichtig die Rolle ist, die Aggressionen in Ihrem Innenleben spielen. Ihnen wäre bewusst geworden, dass Sie voller Aggressionen sind. Das ist fast jeder in unserer Gesellschaft, die dem Ideal huldigt, unaggressiv durchs Leben zu gehen.

Eine Frau, die jemanden anschreit oder gar auf den Tisch haut, wird lächerlich gemacht oder verachtet. Die Kritik an Mitarbeitern oder an anmaßenden Kunden muss freundlich vorgebracht werden – so liest man es in jedem Handbuch für Führungskräfte.

Spinnen wir den Faden weiter: Täglich müssen Sie Ihre Aggressionen im Straßenverkehr, im Berufsleben und in Ihrer Familie »wegstecken«. Das haben Sie bestens gemeistert, indem Sie Ihre Aggressionen selbst als »böse« bewerten und sie so verdrängen. Die Aggressiven sind die anderen, doch nicht Sie.

Durch Ihre Träume haben Sie Ihre Aggressionen erkannt und werden sich dessen bewusst, wie aggressiv Sie sind.

Wenn Sie das wissen, können Sie bereits freier handeln: Sie können nämlich zunehmend selbst bestimmen, wann und wo Sie Ihre Aggressionen äußern und wo nicht. Sie werden auch zunehmend in der Lage sein, Ihre Aggressionen differenzierter zu äußern.

Ein anderes Beispiel: Eine Frau träumt, dass ihr plötzlich ein nackter Mann gegenübersteht. Das muss nicht unbedingt sexuell zu deuten sein. Nehmen wir die Situation konkret: Der Träumerin wird unverhüllt das Männliche vorgeführt. Zuerst sagt doch diese Geste: »Schau Dir einmal das Männliche unverhüllt an!« Damit ist sowohl ihre eigene männliche Seite gemeint (Seite 239) als auch ihre Sicht auf die Männer – beides hängt letztlich eng zusammen. Diese Frau verwickelt sich stets in chaotische Beziehungen. Das liegt daran, dass sie selbst sich weder durchsetzen kann noch irgendein Ziel hat. Mit anderen Worten: Ihre eigene männliche Seite ist schwach. Diese Träumerin fühlt sich dazu noch von schwachen Männern angezogen. Ihr Traum stößt sie mit der Nase drauf, sich mit dem Männlichen zu beschäftigen und so als Erstes ihren eigenen Mangel wahrzunehmen.

Zu einer solchen Einsicht gelangt, erfährt man meistens die Gnade der Erkenntnis: Was einem bewusst geworden ist, das ändert sich oft fast wie von selbst.

Intelligenz und Selbstbewusstsein

Einer der vielen Nebeneffekte der Traumdeutung: Sie macht intelligenter. Das ist leicht nachvollziehbar, denn beschäftigt man sich mit seinen Träumen, lässt man sich immer wieder auf neue Sichtweisen ein. Das macht unser Denken flexibler – und unserem Gefühlsausdruck gibt es mehr Abstufungen. Sie sind plötzlich in der Lage, zwischen Liebe und Hass Zwischentöne wahrzunehmen, die auszudrücken wichtig sind. Wer sich genau ausdrücken kann, wird nicht nur besser verstanden, sondern zugleich selbstbewusster.

> **Unsere Empfehlung:** Betrachten Sie einmal eine Zeit lang Ihre Träume nur daraufhin, welche Themen in ihnen angesprochen werden. Wenn Sie sich mit diesen Themen beschäftigen, werden Sie einen größeren Blickwinkel bekommen und mehr Zusammenhänge erfassen.

Genau das macht Intelligenz aus. Intelligenz heißt, viel wahrzunehmen, Zusammenhänge zu erkennen und offen zu sein für Impulse, die zu einer Änderung anregen.

Die Auseinandersetzung mit Ihrer Traumsymbolik öffnet Ihnen die Augen für eine erweiterte Sicht Ihrer selbst. Und wenn Sie sich selbst in Ihrem Denken, Fühlen und Handeln besser verstehen, können Sie selbstbewusster auftreten. Sie sind vor unliebsamen Überraschungen sicher.

Verlangt jeder Traum nach Deutung?

»Muss ich nun jeden Traum deuten?« werden Sie vielleicht etwas erschrocken fragen.

Nein, Sie müssen nicht unbedingt jeden Traum im Detail deuten, vor allem dann nicht, wenn es Ihnen gut geht. Aber behalten Sie Ihre Träume im Auge, denn sie zeigen Ihnen, worauf Sie Ihre Aufmerksamkeit richten sollten, damit Sie auch weiterhin zufrieden sind.

In Situationen der Krise, der Krankheit, schwieriger Entscheidungen und der Unzufriedenheit sollten Sie jedoch jeden Traum genau deuten. Auch jeder Angst- oder Albtraum (Seite 29) und jeder wiederkehrende Traum sollte gedeutet werden.

Wiederkehrende Träume möchten Sie dringend auf etwas aufmerksam machen, für das Sie blind sind. Angst- und Albträume sind die Notbremse Ihrer Psyche, die sich drastisch zu Wort meldet. Bleiben diese Träume ungedeutet, kehren sie wieder, wohingegen die Deutung sie verschwinden lässt.

Ob es für Sie wichtig ist, einen Traum ausführlich zu deuten oder nicht, merken Sie selbst am besten. Ihr Gefühl sagt Ihnen zuverlässig, ob eine genaue Deutung anliegt: Wenn Sie sich gefühlsmäßig neutral fühlen und der Traum Sie weitgehend unberührt lässt, dann ist eine genauere Deutung nicht so wichtig, wie wenn Sie sich nach dem Traum auf- oder angeregt fühlen.

Immer dann, wenn Gefühle wie Hass, Neid, verwirrende Ängste oder gar Panik, grenzenlose Freude und tiefe Liebesgefühle auftreten, sollte der Traum genauer betrachtet werden.

Träume, mit denen Sie sich auf jeden Fall beschäftigen sollten

➤ Träume, die emotional stark bewegen,
➤ Angst- und Albträume,
➤ wiederkehrende Träume,
➤ Träume in Krisensituationen,
➤ Träume in Situationen der Unzufriedenheit,
➤ Träume in Entscheidungssituationen,
➤ Träume während einer Krankheit.

Die Deutung hilft Ihnen, schneller einen Ausweg aus Ihrer Misere zu finden. Sie öffnet Ihnen die Augen für Ihre Möglichkeiten und dafür, wo Sie sich das Leben unnötig schwer machen.

Die Traumdeutung nutzt uns,
- ➤ um uns selbst realistischer zu sehen,
- ➤ um unsere Umwelt realistischer einschätzen und Chancen nutzen zu können,
- ➤ um einen größeren Überblick zu bekommen und somit Zusammenhänge zu erkennen,
- ➤ um unser Bewusstsein zu erweitern.

Willkommene Nebeneffekte der Traumdeutung
- ➤ Der Stress wird besser abgebaut, und man wird ausgeglichener,
- ➤ das Leben wird einfacher und durchschaubarer,
- ➤ man wird klüger,
- ➤ man wird selbstbewusster und meist erfolgreicher,
- ➤ Probleme werden kreativer bewältigt.

DIE SPRACHE DES TRAUMS

Wie der Engländer englisch spricht und der Deutsche deutsch, so spricht jeder Traum zu uns in Symbolen. Wir verstehen diese Symbolsprache, auch wenn wir sie nie zuvor bewusst erlernt haben.

Was ist ein Symbol?

Wenn wir eine rote Rose geschenkt bekommen, dann fühlen wir uns geliebt. Einen Schornsteinfeger müssen wir kurz berühren, um Glück zu haben. In unserer Kinderzeit konnte alles im Spiel zum Symbol werden: Ein Sandhaufen wurde zur Burg, ein Stein zum Auto und das Stück Holz zum Flugzeug. Alles konnte sich wandeln, alles war belebt.

Genauso verhält es sich mit Ihren Träumen: Die Bilder sprechen symbolisch zu Ihnen, sie wandeln sich schnell, und eins verweist auf das andere.

Das Wort »Symbol« stammt vom griechischen Wort *symbolon* ab. Ein Symbolon war ein Ring, den zwei Freunde oder Liebende zerbrachen, wenn sie sich für längere Zeit trennten. Jeder bekam eine Hälfte mit auf seinen Weg. Wenn sie sich nach langer Zeit wieder trafen, holten sie ihre Ringhälften heraus; fügten sich beide Teile wieder nahtlos zusammen, sahen sie, dass es wirklich der Freund oder die/der Geliebte war.

Beim Symbol passen also zwei Hälften eines Ganzen perfekt zusammen.

Wir steuern zum Beispiel im Traum ein Auto. Das ist die eine Hälfte. Die andere Hälfte ist die, worauf dieses Bild verweist: Wir bestimmen selbst, wo es langgeht.

Beides passt ideal zusammen: Das von uns gefahrene Auto gibt bildlich wieder, dass wir uns unseren Weg selbst suchen. Beides sind zwei unterschiedliche Ausdrucksweisen, Selbstständigkeit auszudrücken: einmal in einem Bild (Autofahren) und einmal in einer abstrakten Aussage (Selbstbestimmung).

Symbole

Jedes Symbol – auch jedes persönliche Symbol – ist ein Sinnbild mit einem emotionalen, einem geistigen und einem gesellschaftlich tradierten Gehalt.

Es ist meist der bildhafte Ausdruck von etwas, das man nicht direkt wahrnehmen kann.

Klassische Symbole sind unter anderen die rote Rose für Liebe, der Baum für das Leben und die Verbindung von Himmel und Erde, die Brücke für den Übergang zu Neuem, das Meer für die Weite des Gefühls und die Freiheit, alte Menschen für Weisheit, Luft für den Intellekt, Wasser für das Gefühl, Feuer für unsere Leidenschaften und Erde für die Organisation unseres Alltagslebens, eben für unsere Erdung.

Gefühle als Schlüssel zum Symbolverständnis

Ein Symbol ist nicht nur intellektuell zu verstehen, sondern muss auch mit dem Gefühl erfasst werden. Das können wir am Kinderspiel beobachten: Das Kind ist ergriffen, es ist emotional berührt. Ebenso möchten uns die Traumsymbole berühren. Sie sprechen nicht nur unseren Geist an, sondern speziell auch unsere Gefühle. Die Sprache des Traums ist eine Sprache der Emotionen. Unsere Emotionen werden uns im Traum symbolisch vorgestellt, damit wir sie gefühlsmäßig erfassen.

Wenn Sie also auf ein Traumsymbol treffen, das Ihnen unklar ist, fragen Sie sich, mit welchen Gefühlen Sie dieses Bild betrachten.

Ein Beispiel mag Ihnen das verdeutlichen:

Fast jeder hat schon einmal geträumt, dass er aus eigener Kraft fliegt. Die eine Gruppe von Träumern hat bei diesen Flügen ein wunderbar freies Gefühl, für die Träumer der anderen Gruppe ist dieses Fliegen unangenehm, und in einigen Fällen kommt es gar zum Absturz.

➤ Den Menschen der ersten Gruppe zeigt ihr Gefühl, dass ihre Leichtigkeit und das »Über-den-Dingen-Stehen« angesprochen wird.

➤ Den Menschen der zweiten Gruppe wird durch ihr Gefühl vermittelt, dass sie sich vor einem Verlust der Erdung und vor der Überheblichkeit schützen müssen.

Sie sehen: Das gleiche Traumbild kann je nach Gefühlstönung unterschiedliche Bedeutungen haben. Ohne die Gefühle zu beachten, also rein intellektuell, könnten wir nicht sagen, welche der Deutungsmöglichkeiten zutreffen.

Die beiden Seiten eines Symbols

Sie haben es schon bemerkt: Der Traum spricht nicht eindeutig, sondern stets mehrdeutig zu uns. Um die zutreffende Deutung zu finden, dient uns unser Gefühl.

Jedes Symbol ist vielfach schillernd und besitzt einen positiven und einen negativen Bedeutungspol.

Bleiben wir bei dem Traumsymbol »Rose«: Freilich ist sie ein klassisches Symbol für die Liebe und die Zuneigung, aber zugleich ist sie ein Sinnbild für den Schmerz, den ihre Dornen verursachen, und für die kurze Zeit ihrer Blüte.

Wenn wir im weiteren von der negativen oder positiven Bedeutung eines Symbols reden, dann beziehen wir diese Bewertung auf unsere Entwicklung:

➤ Der positive Pol eines Symbols zeigt uns unsere Möglichkeiten an.

➤ Der negative Pol dagegen macht uns auf unsere Hindernisse aufmerksam; er zeigt uns, wo und wie wir uns selbst im Weg stehen.

Zurück zur Rose: Die Möglichkeiten, uns der Liebe hinzugeben, werden durch sie ebenso angesprochen wie unsere negative Sicht auf die Welt, die uns aus Angst vor Verletzungen nichts wagen lässt.

Jedes Traumsymbol hat auch in der Hinsicht zwei Seiten, dass einerseits gesellschaftlich festgelegt ist, was es bedeutet. Dass ein

Haus Schutz, dass Wasser unser Gefühl und ein Spiegel unser Selbstbild bedeutet, entspricht der gesellschaftlichen Konvention, die sich in der Kunst, der Werbung und so auch im Traum zeigt. Diese konventionelle und somit allgemeine Bedeutung des Traumsymbols wird von der persönlichen Erfahrung mit diesem Symbol überlagert.

Das Wasser verweist also zwar jeden in unserer Kultur auf seine Gefühle, aber diese Gefühle sind unterschiedlich, abhängig davon, ob wir zum Beispiel segeln oder »Wasserratten« sind oder ob wir wasserscheu und »Landratten« sind. Wenn wir schon einmal fast ertrunken wären, dann besitzt Wasser natürlich eine andere Gefühlsqualität, als wenn wir gerade ein wunderschönes Wochenende am Strand verbracht haben.

> **Unsere Empfehlung:** Zum genauen Verständnis der Traumsymbole gehen Sie zunächst von der allgemeinen, gesellschaftlich definierten Bedeutung dieser Symbole aus, die Sie im Lexikonteil dieses Buches (Seite 38) nachschlagen können.
> Wenn Sie wissen, in welche Richtung Ihr Traumsymbol deutet, dann machen Sie sich Ihre Erfahrungen und somit Ihre individuellen Gefühle angesichts dieses Symbols bewusst.
> Wenn Sie so vorgehen, sollte sich schnell ein Verständnis der Symbolik bei Ihnen einstellen.

Symbole wollen verstanden werden

Wie jede Fremdsprache werden Sie auch die Sprache Ihrer Träume, die Sie zu deuten suchen, schnell erlernen. Durch Anwendung lernt man eine Sprache zu beherrschen; die Traumsprache bildet keine Ausnahme.

Sie werden es selbst erleben: Zu Beginn werden Sie häufig Symbole eines Traums nachschlagen, um überhaupt Ideen zu seiner Deutung zu bekommen. Später lesen Sie nur noch zu bestimmten Symbolen nach, um Ihr Grundverständnis des Traums zu verfeinern und andere Sichtweisen kennen zu lernen.

Eigene Träume sinnvoll zu deuten ist relativ leicht zu erlernen. Denn der Traum möchte sich uns verständlich machen. Wenn wir uns unseren Träumen zuwenden, wenden sich die Träume auch uns zu und sprechen uns offen an.

Wenn Sie Symbole nicht auf Anhieb verstehen, verzagen Sie nicht. Unverstandene Symbole zeigen die Tendenz, in neuen Zusammenhängen wieder aufzutreten, um sich Ihnen verständlich zu machen. Manchmal brauchen Sie zum Verstehen eines Traumsymbols einfach Geduld.

> **Unsere Empfehlung:** Grundsätzlich gilt für das Symbol-verständnis, dass Sie es niemals erzwingen sollten. Wenn Sie sich in ein Symbol einfühlen und darüber nachdenken, Ihnen aber trotzdem nichts einfällt, dann lassen Sie den Traum erst einmal ruhen. Wenden Sie sich ihm später nochmals zu.

DIE BOTSCHAFT DER TRÄUME NUTZEN

Träume möchten Sie dazu anregen, Ihr Alltagsleben zu vereinfachen.

Wenn Sie Ihre Träume deuten, sollten Sie sich immer fragen, warum Sie nun gerade diesen Traum in dieser speziellen Situation gehabt haben. Worauf möchte er Sie hinweisen?

Wenn Sie träumen, arbeitet Ihr Gehirn auf Hochtouren. Ihre Psyche betreibt nicht einen derart großen Aufwand nur um seiner selbst willen.

Dieser Aufwand wird dadurch gerechtfertigt, dass jeder Traum Sie darauf aufmerksam macht, was in Ihrem Leben nicht so optimal läuft, wie es sein könnte. Er zeigt Ihnen, wo Sie sich durch Ängste blockieren, wo Sie sich nicht trauen, Ihre Ziele konsequent zu verfolgen, und wo und wie Sie sich durch Ihr unbedachtes Verhalten in Beziehungen und in der Arbeitswelt unglücklich machen.

Ihre Träume bilden genau diese Spannungen ab zwischen Ihren Möglichkeiten und dem, was Sie leben – denn leider leben wir meistens auf Sparflamme, also auf dem unteren Niveau unserer Möglichkeiten.

Träume helfen, Ziele zu erreichen

Wir werden oft gefragt, ob ungedeutete Träume ebenfalls wirken. Ungedeutete Träume beeinflussen uns zwar, nutzen aber können wir sie nicht.

Um einen Traum produktiv nutzen zu können, muss man sich mit ihm auseinander setzen. Das braucht allerdings nicht unbedingt nur mit Worten zu geschehen, Sie können einen Traum auch malen, skizzieren oder in jeder anderen Form künstlerisch verarbeiten.

Mit dem Verständnis der Symbolik ist die Traumdeutung jedoch keineswegs abgeschlossen. Es kommt darauf an, mit dieser Einsicht etwas anzufangen.

➤ Einsichten, die nur im Kopf bleiben, machen unzufrieden und blockieren uns.

➤ Einsichten, die in Handlungen umgesetzt werden, befreien uns.

Fragen Sie also bei jedem Traum, welche Verhaltens- oder Lebensalternative er Ihnen vorstellt. Wozu möchte er Sie anregen? Wollen Sie die Botschaften Ihrer Träume systematisch und effektiv umsetzen, dann brauchen Sie ein Ziel; Sie sollten wissen, was Sie in der nächsten Zeit erreichen möchten.

Fragen Sie einfach: »Was wünsche ich mir von meinem Leben in der nächsten Zeit?« Nun schreiben Sie einen Traum so um, dass er Ihre Wünsche erfüllt und Sie Ihre Ziele mühelos erreichen lässt.

Das machte beispielsweise Barbara, die stets davon träumte, dass sie Züge nicht erreichte und zu wichtigen Verabredungen zu spät kam. Da es sich um wiederkehrende Träume handelte, setzte sich Barbara intensiv mit ihnen auseinander.

Allen diesen Träumen war gemeinsam, dass die Träumerin zu etwas zu spät kam, das ihr wichtig ist. Darin drückt sich die Angst aus, etwas Wesentliches zu versäumen, eine Chance ungenutzt zu lassen und letztlich zu versagen.

Diese Versagensängste sind weit verbreitet und führen dazu, dass die Angst derart vorsichtig macht und den Blickwinkel so sehr einschränkt, dass Chancen gar nicht wahrgenommen werden können.

Das war exakt die Situation von Barbara, die verzagt durchs Leben ging. Der Traum zeigte ihr also den Ist-Zustand.

Es ist Barbaras Ziel, offener durchs Leben zu gehen und mehr zu erleben und auszuprobieren.

Also schreibt sie ihre Angstträume um: Sie kommt zum Bahnhof und steigt bequem in den Zug ein, in dem sie mit anregenden Menschen ihr Abteil teilt.

»Fantasierte« Wünsche erfüllen sich

Der Effekt solch einer wunschgeleiteten Fantasie ist erstaunlich: Das, was wir in unserer Fantasie durchführen, können wir auch im Alltagsleben leichter erreichen.

Die Wissenschaft nennt dies den »Transfereffekt«.
Das heißt, wenn wir in einer Bewusstseinsebene etwas erreichen, dann überträgt sich dies automatisch auf unser Alltagsleben.

> **Unsere Empfehlung:** Verändern Sie Ihre Träume regelmäßig so, dass sich in ihnen Ihre Wünsche erfüllen.
>
> Tun Sie das in Ihrer Fantasie. Sie können sich das in Gedanken ausspinnen, Sie können es aufschreiben, zeichnen, malen oder es in anderer Weise kreativ umsetzen.
>
> Folgen Sie dieser Fantasie zwei Wochen lang abends vor dem Einschlafen. Sie können sie dabei noch weiter ausarbeiten.
>
> Wenn Sie einschlafen, während Sie Ihrer Fantasie nachgehen, wird diese Arbeit an der Erfüllung Ihrer Wünsche unbewusst weitergeführt.
>
> Wahrscheinlich werden die Träume der kommenden Nächte einen Kommentar zu Ihrer Traumbearbeitung abgeben.
>
> Probieren Sie es einfach aus.

Träume klären Beziehungen

Unserer Erfahrung nach hilft der Traum speziell bei Beziehungsproblemen.

Fast jeder Traum, der während einer problematischen Zeit in einer Beziehung geträumt wird, drückt Beziehungsängste und Beziehungshoffnungen aus.

➤ Träume, die Ihre Beziehungshoffnungen ausdrücken, können Sie als Anleitung dafür nehmen, die Träume, die Ihre Beziehungsängste ins Bild setzen, positiv zu verändern.

➤ Wenn Sie Beziehungsängste in Ihrer Fantasie in Bilder einer erfüllten Beziehung verwandeln, werden Sie in Ihrer Beziehung zunehmend mehr Freude als Stress erleben.

Leiden Sie gerade unter Beziehungsstress – was bei einem Großteil der Bevölkerung mitteleuropäischer Großstädte der Fall ist –, dann sollten Sie Ihre Träume nur daraufhin untersuchen, wie sie Ihre Situation in der Beziehung und Ihre Sicht der Beziehung abbilden.

Wenn Sie alle Ihre Träume auf diese Art betrachten, werden Sie damit zugleich Ihre Beziehung klären – schon allein deswegen, weil Sie sich jetzt intensiv mit Ihrer Beziehung und Ihrer Psyche beschäftigen.

In problematischen Beziehungen wirkt die positive Veränderung von Träumen oft Wunder. Beziehungsprobleme drücken sich meist darin aus, dass jeder der Partner auf seiner Sichtweise beharrt und im Grund stets das Gleiche sagt. Die Traumbearbeitung hilft uns, aus dieser Starrheit auszubrechen und die Beziehung aus einem anderen Blickwinkel wahrzunehmen.

Damit wird eine Distanz erzeugt. Man tritt sozusagen einen Schritt zurück und betrachtet das Echo der Situation in sich (also den Traum).

Erst sich zu distanzieren ermöglicht eine Erkenntnis, und der Traum hilft uns dabei, unsere Situation bewusster zu erfassen, um sie dann durch die Bearbeitung des Traums ins Positive zu wandeln.

Ein Mann träumt beispielsweise, dass er seine Frau einer Kleinigkeit wegen fürchterlich anschreit. Nach dem Aufwachen ist er erschüttert darüber; er stellt sich vor, wie er es empfände, wenn seine Frau ihn derart anschreien würde. Ihre Lieblosigkeit würde ihn erschrecken. Aber dennoch würde er auch Erleichterung spüren, dass jetzt die Spannungen herausgekommen sind.

Indem er Abstand durch die Perspektive seiner Frau gewonnen hat, wird ihm deutlich, dass er seine Kritik in anderer Form äußern sollte. Er schreibt den Traum um, indem er seiner Frau einfühlend und doch bestimmt seine Kritik mitteilt.

Unsere Empfehlung: Wenn Sie den Inhalt Ihrer Träume in den Zeiten der Beziehungsmisere nicht auf Ihre Beziehung beziehen können, dann sind Sie zu einseitig mit Ihrem Standpunkt identifiziert. Sie wollen (meist unbewusst) die andere Sicht, die Ihnen Ihre Träume bieten, gar nicht erkennen. Sie meinen zum Beispiel, dass Sie an den falschen Partner geraten sind, der Sie nicht versteht. Für Ihren Anteil am Beziehungsstress sind Sie blind. Das ist Ihre Scheuklappensicht, die in Ihrer Beziehung zerstörerisch wirkt.

Der erste Schritt, Ihre Träume in dieser Situation besser zu verstehen, besteht darin, einen Abstand zu der Situation zu gewinnen.

Betrachten Sie Ihre Träume und Ihre Beziehungssituation so, als sei es nicht Ihre, sondern die Ihrer Freunde oder Bekannten. Was würden Sie denen empfehlen, wenn Sie um Rat gefragt würden?

Tipps und Tricks der Traumdeutung

Jede Profession hat ihre Kniffe, die meist verblüffend einfach sind, die der Laie aber nicht kennt. So verhält es sich auch mit der Traumdeutung. Es gibt einige wenige einleuchtende Regeln, die Ihnen helfen, die Symbolik Ihrer Träume schneller zu durchschauen.

Tod und Mord im Traum

Vorab das Wichtigste: Lassen Sie sich durch Tod und Mord im Traum nicht bange machen. Wenn Sie im Traum sterben oder ermordet werden, bedeutet das keineswegs, dass Sie jetzt bald der Tod ereilt. Der Traum spricht auch in diesem Fall symbolisch zu Ihnen. Er sagt Ihnen, dass Sie eine Eigenschaft oder eine Sichtweise aufgeben sollten. Es muss etwas in Ihnen, das Sie behindert und erstarren lässt, absterben.

Wer alles mit Macht unter Kontrolle hält, träumt zum Beispiel häufig vom Tod durch Ertrinken. Ihm wird geraten, seine Starrheit aufzugeben und sich ins formlos Fließende des Wassers zu begeben.

Traumsymbole von Mord und Totschlag treten gehäuft dann auf, wenn wir uns in einer Phase des Umbruchs befinden. Das alte Leben stirbt quasi ab, um für eine neue Lebensweise Platz zu schaffen. Nicht der körperliche Tod ist gemeint, sondern der Tod einer überholten Lebensweise.

Unsere Empfehlung: Machen Sie sich stets klar, dass die Symbolik von Tod und Mord untrennbar mit Wiedergeburt, also mit dem Entstehen von etwas Neuem verbunden ist. Das ist das ewige »Stirb und werde« (Goethe), das unser Leben ausmacht. Immer wieder müssen wir etwas Altes aufgeben, um etwas Neues beginnen zu können.

Beschäftigen Sie sich auch mit kurzen Träumen

Viele Menschen missachten ihre kurzen Träume oder die Erinnerung an Traumteile. Das ist ungeschickt, denn die Erfahrung zeigt, dass es häufig der kurze Traum ist, der einen eindeutigen Hinweis gibt. Kurze Träume bringen oft ihre Aussage auf den Punkt.

Bei Traumteilen verhält es sich ähnlich: Wenn Sie nur einen Teil eines Traums erinnern, dann ist das ebenso deutungswürdig, als würden Sie den vollständigen Traum erinnern; schon allein deswegen, weil Ihr Bewusstsein diesen Teil für erinnerungswürdig hält.

Kurze Träume oder Traumteile weisen nur wenige Symbole auf, die aber meistens für Sie als Träumerin oder Träumer von besonderer Bedeutung sind.

> **Unsere Empfehlung:** Betrachten Sie die Symbole kurzer Träume wie ein Geschenk, dessen Möglichkeiten sich Ihnen erst mit der Zeit erschließen.

Lassen Sie alle Einfälle zu

Jeder Versuch, ein Traumsymbol zu verstehen, beginnt damit, alle Einfälle zu diesem Symbol zu sammeln, um später zu schauen, wie sich diese Einfälle zu einem Sinn zusammenfügen. Dieses unzensierte Sammeln der Einfälle zu einem Symbol nennt man »Assoziation«. Die Assoziationstechnik steht stets am Beginn einer Traumdeutung.

> **Unsere Empfehlung:** Achten Sie bei Ihren Einfällen zu einem Traumsymbol darauf, welche Ideen Ihnen ungelegen kommen, welche Einfälle Sie am liebsten gleich wieder vergessen würden und welche Assoziationen bei Ihnen starke Gefühle hervorrufen.
>
> Diesen Assoziationen sollten Sie nachgehen. Sie enthalten wahrscheinlich wichtige Einsichten für Sie. Speziell Einfälle, die man empört als unzutreffend ablehnt, sind häufig hilfreich, um sein geschöntes Selbstbild zu korrigieren.

> **Über die Assoziation**
> Das Wort »Assoziation« gehört zu den Fachbegriffen der Traumdeutung und wurde um 1900 von Sigmund Freud (1856 bis 1939) eingeführt (Seite 240). Assoziieren bedeutet, dass der Assoziierende alle Einfälle zulässt, die bei einem bestimmten Stichwort ins Bewusstsein aufsteigen. Die Assoziation zu einem bestimmten Symbol gibt das persönliche Bedeutungsfeld dieses Symbols wieder.

Betrachten Sie jedes Traumsymbol als Hinweis auf eine Ihrer Eigenschaften

Ein Laie deutet seine Träume häufig nicht symbolisch. Wenn er seine Kinder im Traum sieht, meint er, damit seien wirklich seine Kinder gemeint. Das ist zu einseitig gesehen und entspricht nicht der Sprache des Traums, die immer zunächst auf einen inneren Vorgang verweist.

Sehen Sie also Ihre Kinder im Traum, wird das Kindliche oder »das innere Kind« (Seite 241) in Ihnen angesprochen.

Wenn Sie jedes Traumsymbol konsequent als eine Ihrer Eigenschaften deuten, dann werden Sie von der Symbolik berührt. Sie weckt Gefühle in Ihnen.

> **Unsere Empfehlung:** Menschen, Gegenstände und Tiere sind stets als ein Hinweis auf das eigene Seelenleben zu betrachten. Schreiben Sie deswegen hinter jedes Traumsymbol »in mir«, und Sie werden den Hinweis des Traums produktiv nutzen können.

Diese Art der Deutung bezeichnet man als »subjektstufige Deutung«. Alles wird subjektiv auf einen selbst bezogen – alles spielt sich »in mir« ab.

Dem gegenüber steht die »objektstufige Deutung«, bei der das Traumsymbol als Hinweis auf ein Objekt in der Außenwelt gesehen wird. Dieser Auffassung nach würde der Traum von den Kindern wirklich auf meine realen Kinder verweisen.

> **Unsere Empfehlung:** Wenn Sie Ihre Träume selbst deuten, dann beginnen Sie die Deutung stets subjektstufig, um sich von den Traumsymbolen innerlich berühren zu lassen; erst danach schauen Sie, ob eine objektstufige Deutung Ihnen weitere Hinweise geben kann.

Zwei Deutungsmethoden eines Traumsymbols

➤ Subjektstufe/Subjektebene: Alle Traumsymbole werden als eine Eigenschaft des Träumers selbst betrachtet. Sie sind ein Sinnbild für Persönlichkeitsanteile und für die subjektive Befindlichkeit.

➤ Objektstufe/Objektebene: Alle Traumsymbole werden als das angesehen, was sie real sind. Sie werden objektiv auf die äußere Realität bezogen. Das Kind im Traum verweist auf das Kind des Träumers. Bei dieser Deutungsart geht es um die Beziehung des Träumers zu dem entsprechenden Objekt.

➤ Wir sind der Ansicht, dass jeder Traum zunächst auf der Subjektstufe/Subjektebene gedeutet werden soll, da sich gerade dadurch die Träumerin oder der Träumer innerlich angesprochen fühlt.
Danach erst auf der Objektstufe/Objektebene.

Jedes Symbol besitzt zwei Seiten – ziehen Sie beide Seiten in Erwägung

Symbole sind mehrdeutig. Sie drücken stets unsere Ängste und Hoffnungen zugleich aus.

Der ungeübte Traumdeuter sieht meist nur die negative Seite eines Symbols. So ist er auf die Sicht der Probleme fixiert, die der Traum anspricht.

Unsere Empfehlung: Vergessen Sie nicht, immer auch die positive Seite eines Symbols zu betrachten. Finden Sie diese nicht auf Anhieb, dann suchen Sie danach. Konzentrieren Sie sich grundsätzlich auf die positiven Aspekte des Traums.

Bedeutung ist stets abhängig von ihrem Kontext

Wie Sie bereits gesehen haben, besitzt jedes Symbol viele Bedeutungen. Welche dieser Bedeutungsmöglichkeiten nun für einen bestimmten Traum zutreffen, zeigt der Zusammenhang (Kontext), in dem das Symbol auftritt.

➤ Das Traumsymbol »Schiff« kann beispielsweise Fortbewegung, Abenteuer, Gefahr und Flucht symbolisieren. – Treten die Symbole »Schiff« und »Sturm« zusammen auf, dann sind die Gefahr und das Abenteuer angesprochen.

➤ Tritt das Symbol »Schiff im Hafen vor dem Auslaufen« auf, dann werden Fortbewegung und eventuell Flucht betont.

Der kulturelle Hintergrund des Träumers ist ebenfalls ein wesentlicher Kontext, der beachtet werden muss.

Das Symbol einer Tätowierung besitzt zum Beispiel heute eine völlig andere Bedeutung als noch vor fünfzig Jahren. Aus diesem Grund ist es wichtig, dass ein Lexikon der Traumsymbole die zeitgemäßen Bedeutungen der Symbole aufführt.

> **Unsere Empfehlung:** Deuten Sie ein Traumsymbol stets mit dem Blick auf die anderen Symbole des gleichen Traums. Schauen Sie, wie sich diese Symbole zu einem Sinn zusammenfügen.
> Einen Traum zu deuten ist wie ein Bilderrätsel zu lösen.

Verhaltensweisen der Traumpersonen

Beziehen Sie jedes Verhalten im Traum auf sich. Verhaltensweisen von Traumpersonen können in zweierlei Hinsicht bedeutsam für Sie sein:

Sie führen Ihnen ein Verhalten vor Augen, das Sie ausprobieren sollten. Das ist nun nicht unbedingt im wörtlichen Sinn gemeint, sondern wieder spricht der Traum symbolisch. Wenn ich im Traum aggressiv Menschen angreife, mag das darauf hinweisen, dass ich mich in meinem Alltagsleben stärker durchsetzen sollte, oder es macht mich auf meine aggressive Seite aufmerksam, die ich zu unkontrolliert ausdrücke. Welche der beiden Möglichkeiten zutrifft, weiß der Träumer stets sogleich.

> **Unsere Empfehlung:** Achten Sie darauf, wie Ihr Traum-Ich sich in Ihren Träumen verhält. Tritt es meistens passiv auf und ist nur als Beobachter anwesend, sollten Sie in Ihrer Fantasie dieses Traum-Ich zu einem aktiv handelnden Ich werden lassen.
> Stellen Sie sich vor dem Einschlafen vor, wie Sie in Ihren Träumen handeln, und schlafen Sie darüber ein. Wahrscheinlich wird Ihr Traum-Ich zunehmend aktiver an Ihren Träumen teilnehmen, und Sie werden auch in Ihrem Leben die Opferrolle aufgeben.

Keine Angst vor »falschen« Deutungen

Eine der häufigsten Fragen unserer Klienten lautet: »Und was geschieht, wenn ich meine Träume falsch deute?«

Sie werden verblüfft sein, aber es gibt keine falschen Deutungen. Es gibt zwar oberflächliche Deutungen, einseitige Deutungen und abwegige Deutungen, aber jede Deutung hat ihre Berechtigung. Es ist einzig und allein wichtig, welche der möglichen Deutungen Ihnen als Träumer etwas klar macht, das Sie zuvor nicht gesehen haben.

Über richtig oder falsch entscheidet also kein anderer als der Träumer selbst. Nur er allein weiß, was ihn anspricht und was ihn kalt lässt.

Sie können davon ausgehen, dass alle Deutungen eines Traums, die Sie an- oder aufregen, für Sie produktive Deutungen sind. Deutungen, die Ihnen schon Bekanntes sagen oder die Sie »cool« lassen, sind unproduktive Deutungen für Sie. Hier sollten Sie nach einer weiteren Deutungsmöglichkeit des Traums suchen. Haben Sie Ihren Traum ungeschickt und unproduktiv gedeutet, werden die Träume das in den kommenden Nächten zu korrigieren suchen.

> **Unsere Empfehlung:** Jene Deutungen sind für Sie als Träumerin oder Träumer produktiv, die Sie auf Ihr Verhalten im Alltagsleben beziehen können. Messen Sie Deutungen daran, ob sie Ihnen etwas vermitteln, das Sie zuvor nicht gesehen haben.

Lassen Sie unverstandene Träume liegen

Wenn ein Traum sich Ihnen gar nicht erschließen möchte, lassen Sie ihn liegen, beschäftigen Sie sich später wieder mit ihm. Es gibt ab und zu Träume, die uns ein Rätsel bleiben. Zu einem späteren Zeitpunkt jedoch erschließen sie sich uns.

> **Unsere Empfehlung:** Wenn Sie nach fünf Minuten Beschäftigung mit einem Traum nicht zumindest im Groben wissen, worauf der Traum Sie aufmerksam machen möchte, dann lassen Sie ihn bis zum Abend ruhen.
> Betrachten Sie ihn noch einmal vor dem Einschlafen, und wenden Sie sich ihm dann nochmals am folgenden Tag zu. Häufig gibt er so sein Geheimnis preis.

HILFSMITTEL DER TRAUMDEUTUNG

Wer seine Träume selbst deutet, braucht Hilfsmittel. Eines dieser Hilfsmittel haben Sie in der Hand – ein Lexikon der Traumsymbole. Will Ihnen zu einem Traumsymbol partout nichts einfallen, schlagen Sie es nach, um sich von den angeführten Bedeutungen anregen zu lassen.

Wenn Sie versuchen, Ihren Traum zunächst ohne Hilfsmittel zu deuten, und dann erst in einem Symbollexikon Bedeutungen nachschlagen, werden Sie mehr originelle Einfälle haben, als wenn Sie sogleich Ihr Hilfsmittel zur Hand nehmen. Wenn Sie nämlich die im Lexikon aufgeführten Deutungen lesen, fallen Ihnen oft keine eigenen mehr ein.

> **Unsere Empfehlung:** Wenn eine der aufgeführten Deutungen Sie wütend macht oder zum Lachen bringt, dann sollten Sie diese für sich in Betracht ziehen.

Außer in Buchform gibt es Lexika der Traumsymbole auch im Internet. In großen Datenbanken werden die Symbole und ihre Bedeutung gesammelt und können bequem abgerufen werden.

➤ Der Vorteil dieser online-Traumsymbollexika liegt darin, dass Sie dort bequem und schnell ein bestimmtes Symbol suchen können.

➤ Der Nachteil dieser online-Traumsymbollexika liegt darin, dass sie oft die kühnsten neben den plattesten Deutungen anbieten und sich kein roter Faden eines Deutungskonzeptes erkennen lässt.

Um dieser Tendenz Qualität entgegenzusetzen, haben wir unsere Traumsymboldatenbank gegründet, bei der sich jeder über die Symbolik seiner Träume kostenfrei informieren kann.

Die Internet-Adresse finden Sie – zusammen mit anderen – unter »Traumdeutungshilfen in digitalisierter Form« auf Seite 244.

TIPPS UND TRICKS DER TRAUMERINNERUNG

Vor dem Beginn jeder Traumdeutung steht die Erinnerung an den Traum. Wir träumen allnächtlich, aber wir erinnern längst nicht jeden Traum.

Dass wir unsere Träume so leicht vergessen, hängt zum einen damit zusammen, dass wir sie nicht ernst nehmen; und zum anderen, dass wir den Tag zu hektisch beginnen.

Wie bei der Deutung eines Traums gibt es auch hier kleine Tricks, die Ihnen, so sie kontinuierlich angewendet werden, normalerweise innerhalb einiger Tage helfen, sich besser an Ihre Träume zu erinnern.

Führen Sie ein Traumtagebuch

Ein Traum, der nicht dokumentiert wird, löst sich schnell im Meer des Vergessens auf.

Ein Traumtagebuch zu führen, ist ein Ritual. Dieses Ritual hilft Ihnen dabei, Ihre Träume nicht zu vergessen und sie ernst zu nehmen.

Deswegen verbessert sich unsere Traumerinnerung oft, wenn wir ein Traumtagebuch führen.

Unsere Empfehlung: Notieren Sie in Ihrem Traumtagebuch nichts anderes als Ihre Träume und deren Deutungen.

Die Träume brauchen Sie nur mit wenigen Stichworten, die den Traum im Detail wieder erinnern lassen, aufzuschreiben.

Geben Sie spontan jedem Traum eine Überschrift, die bereits die erste Deutung darstellt.

Wenn Sie nach dem Aufwachen mit ein paar Stichworten Ihren Traum festhalten, können Sie diese leicht in Ihren Computer übertragen.

Wer sein Traumtagebuch mit Hilfe des Computers führt, hat den nicht zu unterschätzenden Vorteil, dass er sich durch die Suchfunktionen schnell und problemlos in der Menge seiner Träume zurechtfinden kann.

Das Traumtagebuch ist die gebräuchlichste, aber nicht die einzige Möglichkeit, seine Träume zu dokumentieren – Sie können Ihre Träume auch auf Band sprechen.

Bleiben Sie nach dem Aufwachen ruhig liegen

Wenn Sie morgens nach dem Aufwachen direkt aktiv werden, wird jede Traumerinnerung vertrieben.

Bleiben Sie deshalb zwei Minuten liegen, und hören Sie in sich hinein. Das bringt meist die Erinnerung an einen Traum zurück.

Unsere Empfehlung: Wenn Sie nach dem Aufwachen als Erstes auf Ihre Gefühle achten, werden Sie sich wahrscheinlich an einen Traum erinnern.
Sie können sich auch fragen, was der erste Gedanke nach dem Aufwachen war. Das ist für viele Menschen ein Tor zur Traumerinnerung.
Wer befürchtet, in den paar Minuten wieder einzuschlafen, kann zur Sicherheit mit zwei Weckrufen arbeiten: Das erste Läuten weckt Sie wie gewöhnlich aus dem Schlaf, das zweite erinnert Sie beispielsweise fünf Minuten später daran, dass Sie aufstehen müssen.

Drehen Sie sich wieder in Ihre Schlafposition

Jeder besitzt eine Vorliebe für eine Position, in der er schläft. In dieser Schlafposition träumen Sie auch.
Wenn Sie sich nach dem Erwachen wieder vorsichtig in die Lage drehen, in der Sie geträumt haben, wird Ihnen häufig die Erinnerung an einen Traum geschenkt.
Wissenschaftlern ist schon seit langem bekannt, dass die Körperhaltung auf unser Erinnerungsvermögen wirkt.

Unsere Empfehlung: Gewöhnen Sie sich an, sich jeden Morgen nach dem Aufwachen wieder vorsichtig in Ihre Schlafposition zu begeben.
Dann gehen Sie wie beschrieben vor und versuchen, sich an Ihre Gefühle und Gedanken zu erinnern.

Um sich morgens daran zu erinnern, sich wieder in seine Schlafposition zu begeben und dann über seine Träume nachzusinnen, hilft ein Merksatz.
Sagen Sie sich regelmäßig abends vor dem Einschlafen: »Beim Erwachen morgen früh lege ich mich wieder auf meine Schlafseite. Dort erinnere ich meine Träume leicht und mühelos«.
Formulieren Sie diese Aufforderung mit eigenen Worten. Sie werden sehen: Das, zu dem Sie sich selbst auffordern, wird eintreten.

Denken Sie sich einen Traum aus

Sollten Sie sich wider Erwarten noch immer an keinen Traum erinnern, dann hilft nur der verrückteste Trick der Traumarbeit: Denken Sie sich einfach einen Traum aus. Sie werden zu Ihrer Verblüffung feststellen, dass dadurch Ihre Traumerinnerung angeregt wird.

Das ist leicht nachzuvollziehen, denn Sie trainieren sich damit, morgens auf die Produkte Ihrer Fantasie zu achten. Und der Traum ist ein klassisches Fantasieprodukt.

> **Unsere Empfehlung:** Wenn Sie sich einen Traum ausdenken, dann denken Sie nicht lange nach, sondern folgen Sie einfach Ihren Einfällen – wie verrückt diese auch sein mögen.
> Die Einfälle notieren Sie sich in Stichworten in Ihr Traumtagebuch und deuten sie wie einen nächtlichen Traum.

Lesen vor dem Einschlafen

Die einfachste und am meisten verbreitete Technik zur Stärkung der Traumerinnerung ist das Lesen im Bett vor dem Einschlafen. Wir schwingen uns damit auf die Bilderwelten unserer Fantasie ein. Denn wer stellt sich nicht die Gestik und den Gesichtsausdruck der übermütigen Heldin seiner Bettlektüre vor?

> **Unsere Empfehlung:** Lesen Sie ein wenig vor dem Einschlafen, und wenn es auch nur eine Seite ist.
> Und Ihren Kindern lesen Sie vor dem Einschlafen eine Gutenachtgeschichte vor.

DER UMGANG MIT ANGSTTRÄUMEN

Angstträume, zu denen wir auch die Albträume zählen, hat jeder schon erlebt. Es sind jene Träume, die am besten erinnert werden, weil man danach erwacht.

Je emotionsgeladener ein Traum ist, desto größer die Wahrscheinlichkeit, ihn zu erinnern.

Angst- und Albträume

Angstträume und Albträume unterscheiden sich auf den ersten Blick nur durch ihre Intensität.

➤ Beim Albtraum ist die Verwirrung durch die erlittene Angst nach dem Traum größer als beim Angsttraum. Die Angst ist beim Albtraum so groß, dass sie Träumerin und Träumer noch während des Träumens weckt.

➤ Angstträume träumt man zu Ende, man erwacht allerdings häufig nach solch einem beunruhigenden Traum.

Es gibt Vermutungen, dass Angstträume und Albträume unterschiedlichen Schlafphasen angehören.

Der extremste Angsttraum ist der »Pavor nocturnus«, was »nächtlicher Schrecken« heißt. Aus ihm wacht man schwitzend, zitternd und schreiend auf. An solch einen Traum kann man sich nicht mehr erinnern, dennoch wird der nächtliche Schrecken durch einen Traum erzeugt.

Unsere Empfehlung: Wer regelmäßig eine derartige Erfahrung macht, sollte die professionelle Hilfe eines Diplompsychologen suchen, der erfahren ist im Umgang mit den Träumen.

Angstträume bei Erwachsenen

Treten bei Erwachsenen Angst- oder Albträume auf, sollen wir mit der Nase auf etwas für uns Wichtiges gestoßen werden. Aus reiner Notwehr wählt der Traum diese drastische Sprache, weil wir zartere Töne bisher nicht wahrgenommen haben.

Sowohl der Angsttraum als auch der Albtraum machen Sie also darauf aufmerksam, dass Sie jetzt dringend ein bestimmtes Problem bearbeiten sollten.

Grundsätzlich kann man sagen:

Das, vor dem Sie Angst haben, müssen Sie stets genauer betrachten. Wenn Sie dort hinblicken, wo die Angst ist, dann erst löst sie sich auf.

Das zeigt sich vorbildlich am Albtraum, dessen Bedrohlichkeit schwindet, wenn man sich mit ihm beschäftigt.

Die Einstellung »Träume sind Schäume« ist hier fehl am Platz. Nach einem Angsttraum sollten Sie sich nur mit der symboli-

schen Bedeutung dessen beschäftigen, was Ihnen diese Angst einjagt. Wenn Sie das verstehen, wird Ihr Blick freier werden.
Angst entsteht im Traum meistens durch folgende Situationen:

Verfolgung – Was Sie verfolgt, möchte von Ihnen wahr- und angenommen werden. Es läuft Ihnen nach, um Aufmerksamkeit und Zuwendung zu bekommen.

Tod und Mord – Sie sollten eine Eigenschaft oder eine Verhaltensweise von sich ablegen, mit der Sie sich momentan allerdings identifizieren.

Aggressive Bedrängung – Ihre (unbewussten) aggressiven Regungen machen sich bemerkbar.

Naturkatastrophen – Ihre Natur, das ist Ihre triebhafte Seite, ist unterdrückt und wendet sich gegen Sie.

> **Unsere Empfehlung:** Notieren Sie sich in Stichworten Ihren Angst- oder Albtraum. Schauen Sie sich diesen Traum morgens kurz an.
> Dann nehmen Sie sich abends Zeit, um sich ausführlich mit ihm zu beschäftigen.
> Unserer Erfahrung nach sollten Sie sich für die Auseinandersetzung mit einem stark beängstigenden Traum mindestens eine Stunde Zeit nehmen. Diese Beschäftigung mit dem Traum sollte geleitet werden von der Frage »Was macht mir Angst?«.

Angstträume bei Kindern

Angst- und Albträume sind bei Kindern normal. Sie gehören zur kindlichen Entwicklung. In ihnen drückt die kindliche Fantasie das Beängstigende meist durch Monster oder wilde Tiere aus – sie symbolisieren die Welt der Erwachsenen mit ihren vielen Anforderungen.
Kindliche Albträume sollten – wie grundsätzlich alle Träume von Kindern – nicht sprachlich gedeutet werden.
Die sprachliche Deutung, die mehr den Intellekt anspricht, ist für die Bewusstseinsbildung von Erwachsenen geeignet. Für Kinder eignet sich vielmehr die Aufarbeitung der Träume im Spiel oder durch Malen.

Wenn Sie Kindern sagen, sie sollten ihre »bösen« Träume malen, dann fangen sie meist emsig an und gehen damit noch einmal in ihr Gefühl zurück, das sie während des Traums hatten. Sie bewältigen dieses Gefühl in Form des Spielens oder Malens eines Bildes. Wenn ein Kind aufgeregt nach einem Angsttraum ins Bett der Eltern flieht, dann ist Körperkontakt das beste Mittel zur Beruhigung. Lassen Sie dem Kind seine Aufregung. Es lernt in solchen Situationen, beängstigende Gefühle selbst zu meistern.

> **Unsere Empfehlung:** Beruhigen Sie Ihr Kind nicht damit, dass Sie ihm sagen, alles sei doch nur ein Traum gewesen. Direkt nach dem beängstigenden Traum hilft liebevolle körperliche Zuwendung, ohne viel zu sprechen.
> Am nächsten Tag fordern Sie Ihr Kind auf, den Traum zu malen, oder nehmen Sie Puppen oder Stofftiere, um den Traum zu spielen. Beim Spielen des Angsttraums lassen Sie Ihr Kind am Schluss über das Beängstigende siegen.

ZWEI BEISPIELHAFTE TRAUMDEUTUNGEN

Die beiden folgenden Beispieldeutungen zeigen Ihnen, wie Sie die Tricks und Tipps, die wir Ihnen gegeben haben, konkret anwenden können.

Sie werden bemerken, dass die Traumdeutung keine Zauberei ist, und Sie mit wenigen Hilfsmitteln einen Traum sehr genau deuten und auf Ihr Alltagsleben beziehen können.

Es handelt sich bei beiden Träumen um echte Träume.

Der erste Traum

Dieser Traum wurde von einer Frau im Alter um Mitte dreißig geträumt.

HEIMKEHR

Nach einer langen Reise kehre ich zurück in mein Haus, das durch und durch grün ist. Ich kenne mich sehr gut aus in diesem Haus (das war mein Gefühl, als ich es betrat). Mir ist klar, dass jemand in diesem Haus ist, und dieser Jemand gehört hier nicht hin. Ich blicke noch einmal durch die gläserne Eingangstür. Auch davor ist alles grün und voller Pflanzen. Ich laufe die Treppen hinauf – immer höher und höher, und dieses Gefühl, dass hier Jemand ist, werde ich nicht los. Ich weiß nur nicht, wo dieser Jemand ist.

DEUTUNG

In diesem Traum fallen sogleich zwei Symbole auf: das Haus und die Farbe Grün. Beide werden mehrmals erwähnt.

➤ Die Träumerin assoziiert zu dem Symbol Haus: »Geborgenheit, Heimat, Schutz und Sicherheit, Ruhe, Intimität«. Dass einer in ihr Haus eingebrochen ist, zeigt eine Verletzung ihres Schutzraums an. Ihre Intimsphäre wird in Frage gestellt. Freud (Seite 240) hätte in diesem Fall ein sexuelles Bedürfnis vermutet. Dieses gesteht sich die Träumerin nicht zu, also träumt sie, dass jemand ohne ihren Willen in ihre Intimsphäre eingedrungen ist. Sie ist nach ihren Moralvorstellungen nicht schuldig, da der »Intimkontakt« nicht durch sie erfolgte.

➤ Die Träumerin assoziiert zu der Farbe Grün: »Hoffnung, Natur, Frühling, Rasen, Blätter und Meerwasser«. Grün wird also von der Träumerin wie das Symbol »Haus« durchweg positiv betrachtet. Das heißt, die Träumerin kehrt in eine positive Atmosphäre zurück – nur der Eindringling stört die Idylle. Es liegt nahe, jetzt zu diesem Jemand – jenem Eindringling also – zu assoziieren. Er ist der einzige Störfaktor in einer sonst harmonischen Atmosphäre.

DEUTUNG AUF DER SUBJEKTSTUFE

Auf der Subjektstufe/Subjektebene betrachtet (Seite 21), muss es sich bei diesem Jemand um eine Eigenschaft oder ein Gefühl der Träumerin handeln, die oder das ihren Seelenfrieden erheblich stört.

Dieser Jemand wird während des gesamten Traums nicht gesehen. Was man nicht sieht, ist unbewusst, und so verkörpert dieser Jemand eine unbewusste Angst. Die Träumerin hat Angst vor dieser Person. »Angst« ist auch der erste Begriff, der ihr bei ihrer Assoziation zu diesem Jemand einfällt. Es folgen: »Mann, Einbrecher«, und dann fällt ihr nichts mehr ein.

Dieser Unbekannte ist also eindeutig männlich; damit wird die männliche Seite der Träumerin angesprochen. Zur männlichen Seite einer Person werden Eigenschaften wie Durchsetzungsvermögen, Zielgerichtetheit und Logik gezählt.

Als ich das der Träumerin erzählte, wurde sie wütend. Gerade durch diese in unserer Gesellschaft geforderten »männlichen Tugenden« fühlt sie sich unterdrückt.

Nach dieser emotionalen Aussage liegt die Bedeutung des Traums auf der Hand:
Die Träumerin lebt in angenehmer Gemütlichkeit mit sich selbst. Einzig die Anforderung der Gesellschaft, auch männliche Seiten zu zeigen, verunsichert sie – das allerdings so stark, dass ihre Ruhe empfindlich gestört wird.

➤ Am Schluss des Traums läuft die Träumerin nach oben. Oben ist dort, wo der Kopf ist. Begibt sich eine Person im Traum nach oben, geht sie in das Bewusstsein. Sie bekommt einen Überblick. Und das ist genau die richtige Haltung, wenn man einseitig nur seine weibliche Seite lebt (Anima, Seite 239).

Dieser Traum ist geprägt von der Sehnsucht der Träumerin, in ihrem Leben mehr Erfolg zu haben und etwas darzustellen. Sie weiß, dass ihre Sicherheit trügt, so lange sie das nicht erreicht hat. Dazu muss dann freilich das Männliche von ihr aufgenommen werden (Integration), denn ohne die männlichen Eigenschaften wie Zielgerichtetheit, Durchsetzungskraft und einen starken Willen wird sie keinen Erfolg haben.
Zugleich sehnt sie sich nach einem Partner, obwohl sie es sich »so gemütlich bequem eingerichtet« hat, wie sie sagt. »Eigentlich ist für einen Mann kein Platz da«, setzt sie unsicher hinzu. Deswegen muss der Mann einbrechen.

Das genügt als Deutung. Wenn die Aussage klar ist, kann man die Deutung beenden.

Warum träumt die Träumerin das gerade jetzt?

Dadurch dass sie seit einiger Zeit mit einem netten Kollegen zusammenarbeitet, dessen innige Verliebtheit in seine Frau sie oft miterlebt, wurde ihr plötzlich eines Abends bewusst, dass sie sich einsam und erfolglos »als kleine Tippse« fühlt.

Wozu inspiriert der Traum die Träumerin?

Sie machte sich eine Liste von all den Änderungen, die sie in Angriff nehmen möchte. An erster Stelle steht in dieser Aufzählung: »Ich werde mich besser durchsetzen, bestimmter auftreten und öfter meine Meinung sagen – auch wenn ich mich dazu zwingen muss«.

Weiter schrieb sie: »Wie ich für das Männliche in mir offen bin, so werde ich mich auch Männern gegenüber offener verhalten. Sie sind keine Störenfriede und Eindringlinge in meine Welt, sondern sie helfen mir aus meiner selbstzufriedenen, trügerischen Trägheit heraus«.

Als Letztes erfolgte dann die Veränderung des Traums, so dass die Träumerin ihre Ziele erreicht. Sie veränderte den Traum dahingehend, dass sie nach Hause kommt und ihr Freund sie erwartet. Er hat eine gemütliche Atmosphäre mit Kerzen geschaffen und ihr ein köstliches Essen gekocht.

Damit ist der Traum bearbeitet. Man könnte zwar noch einige Details betrachten, aber wir halten das für nicht notwendig, wenn eine Deutung gefunden wurde, die der Träumerin produktive Anregungen gibt.

Der zweite Traum

Bei diesem Traum handelt es sich um einen komplizierteren Traum, der mit unterschiedlichen Perspektiven spielt.

Es ist charakteristisch für viele Träume, dass sie keine eindeutige Perspektive besitzen. Man sieht sich von außen als Beobachter und zugleich ist man der Beobachtete selbst.

Diesen Traum – er wurde geträumt von einem Mann im Alter um Mitte dreißig – haben wir ausgesucht, weil er zu jenen Träumen gehört, die uns häufig verwirren.

TIEFSCHWARZE FRAU MIT BARTSCHATTEN

Ich bin eine lateinamerikanische Schwarze von knapp 40 Jahren, die auf einem Stadtteilfest als Sängerin auftreten wird. Sie ist groß und kräftig, mit einer stolzen, aber in sich gekehrten Haltung von herber Leidenschaft und tiefer Melancholie. Das Auffallende an der Frau ist ihre dunkle Hautfarbe, tiefschwarz, wie man es selbst bei Afrikanern nur selten sehen kann. Die pechschwarze, glänzende Haut wirkt, als sei sie mit Schuhcreme angemalt. Ich bemerke (als Beobachter), dass ich (als Schwarze) im Laufe des Tages einen deutlich sichtbaren Bartschatten bekommen habe, wie man ihn manchmal abends bei schwarzhaarigen, südländischen Männern sieht, bei denen eine Rasur am Morgen nicht ausreicht. Die Form der Gesichtsbehaarung ist die gleiche, wie ich sie bekomme, wenn ich mir einen Bart stehen lasse. Ich (als Beobachter) freue mich über meinen Bartschatten (als Schwarze), ist er doch ein deutliches Zeichen meiner Männlichkeit.

MÄNNLICH UND WEIBLICH IM TRAUM

Träumt man sich als andersgeschlechtlich, wird man damit auf die eigene gegengeschlechtliche Seite hingewiesen (Seite 239). Beim Mann wird seine weibliche, bei der Frau ihre männliche Seite angesprochen. Träumt ein Mann sich als Frau, drückt sich darin seine weibliche Seite aus – wahrscheinlich deswegen, weil er ihr in seinem Alltagsleben zu wenig Ausdruck verleiht.

Die »Geschlechtsumwandlung« verweist aber auch darauf, dass die weibliche Seite des Träumers stark ausgeprägt ist. Es ist die Seite, die unsere kreativen Ausdrucksmöglichkeiten und unsere Intuition symbolisiert. Wissenschaftliche Untersuchungen belegen, dass sich jene Männer und Frauen glücklicher und erfolgreicher fühlen, die zu ihrer gegengeschlechtlichen Seite Kontakt haben.

DAS SCHWARZE IM TRAUM

In diesem Traum tritt uns nicht irgendeine Frau entgegen, sondern eine Schwarze. Schwarz hängt mit schön zusammen. Die Königin von Saba sagt: »Ich bin schwarz und deswegen schön« (im Hohelied des Salomon). Auch die Sprache weiß um diesen Zusammenhang, weswegen in einigen Sprachen für »schwarz« und »schön« das gleiche Wort benutzt wird. Das schöne Schwarze ist das Geheimnisvolle, das Verborgene, deswegen auch ist die klassische Dessousfarbe schwarz. Dieses Geheimnisvolle ist für den Mann seine weibliche Seite.

Die glänzend schwarze Frau erinnert sowohl an die schwarzen Madonnen, die als Trägerinnen wundertätiger Heilkräfte angesehen werden, als auch an die begehrenswerten schwarzen Nubierinnen, die auf den arabischen Sklavenmärkten als begehrteste Liebessklavinnen höchste Preise erzielten. Als Madonna heilt die schwarze Frau den Mann, als tiefschwarze Frau zieht sie seine sexuellen Projektionen (Seite 242) mächtig an. Es treten uns hier die beiden Seiten der Weiblichkeit entgegen, die sich im männlichen Bewusstsein als Heilige und als Hure darstellen.

DER BEWUSSTSEINSFORTSCHRITT IM TRAUM

Diese Spannung in der männlichen Erfahrung der Weiblichkeit fordert zur Kreativität heraus, denn Spannung verlangt stets nach ihrer Auflösung. Die Entspannung besteht darin, dass der Träumer sich mit seiner inneren Weiblichkeit auseinander setzt, um mit den Frauen in seiner Außenwelt entspannter verkehren zu können. Diese Auseinandersetzung mit seiner weiblichen Seite bildet den Mann. »Das Weibliche zieht uns hinan«, meinte schon Goethe. Und schauen wir nach Osten, begegnet uns dort die Kundalini – die Lebenskraft –, die als pechschwarzes Mädchen die Wirbelsäule des Menschen hinaufklettert und so dessen Bewusstseinsfortschritt verkörpert.

Schwarz ist neben Braun auch die Symbolfarbe der Erde. Zu Beginn unserer Kultur in Mesopotamien und an den Ufern des Nils war es der schwarze Flussschlamm, der Fruchtbarkeit brachte. Er war die gute Erde. Die Auseinandersetzung mit der Weiblichkeit bringt dem Mann die Erdung (Seite 240).

Alltagsverhalten im Traum

Was heißt das alles konkret?

Man idealisiert meistens den Partner seines Begehrens: Da herrschen diese Bilder »Heilige« oder »Hure«, die im Extrem der Gegensätze atemberaubend vereinfacht sind.

Erdung bedeutet dagegen, die Weiblichkeit realistisch mit all ihren Nuancen zu sehen. Idealisiert man den Partner seines Begehrens, führt das nach der Verliebtheit oft zur Trennung, da man von der Realität (im Gegensatz zum Ideal) enttäuscht wird. Dies ist der klassische Traum eines Mannes, der kurze, aber intensive Beziehungen pflegt und letztlich in die Verliebtheit verliebt ist. Um zu langfristigen Beziehungen zu kommen, bedarf es der Erdung und der Auseinandersetzung mit dem Weiblichen, die Nuancen erkennen und erspüren lässt.

Die Inder drücken das so aus: Die Kundalini muss auch wieder hinunter ins Erdzentrum steigen, sonst kommt es zu Disharmonien, da sich die Persönlichkeit unharmonisch entwickelt. Postmodern ausgedrückt: Sie verkopft sonst zu sehr.

Die Auflösung der Gegensätze

Nach so viel Weiblichkeit wenden wir uns dem zweiten Hauptsymbol dieses Traums zu, dem Bart, einem klassisch männlichen Symbol. Der Bart weist auf Würde und sexuelle Potenz; bisweilen auch auf eine Maske, hinter der man sich verbergen möchte. Man sieht sich im Traum mit Bart, wenn man männlicher und mutiger reagieren oder mehr Macht und Einfluss ausüben will. Verblüffenderweise zeigt sich der Bart – das typisch Männliche – am Weiblichen. Der Träumer verliert trotz seiner Identifikation mit der Frau nicht das Bewusstsein, Mann zu sein.

In diesem Traum setzt sich aber das Männliche im Weiblichen durch. Es bleibt sich seiner selbst bewusst, und der Träumer erfreut sich seiner Männlichkeit. Im Bild der Frau mit den Bartstoppeln zeigt sich das Ideal vieler Psychologen des zwanzigsten Jahrhunderts, dass sich nämlich Männliches und Weibliches in einer Person vereinigen. Die Gegensätze Männlich und Weiblich lösen sich auf. Der Traum endet mit dem Bild des androgynen Menschen, der in spirituellen Kreisen vor etwa hundert Jahren als Ziel der Menschheitsentwicklung angesehen wurde.

So wie der Traum auf der überpersönlichen Ebene ein bestimmtes Menschheitsideal ausdrückt, so drückt er auf der persönlichen Ebene die positive Entwicklungsmöglichkeit des Träumers aus: Er kann sich in quasi androgyner Haltung seiner Männlichkeit erfreuen, wenn er diese zusammen mit seiner geheimnisvollen Weiblichkeit erlebt.

Kehren wir noch einmal zurück zur Symbolik der schwarzen Sängerin aus Lateinamerika. Als Schwarze verkörpert sie das Andere und Fremde im Mann, seinen Schatten. Sie ist jene Seite des Träumers, die er so wenig leiden kann, dass er sie nur in andere Personen »hineinsieht«. Schwarze symbolisieren in den Träumen weißer Menschen das Unbewusste, eben jenen Bereich der Schattenwelt. Diese Frau ist Sängerin. Sie hat ihre extravertierte (nach außen gerichtete) Seite zu ihrem Beruf gemacht. Damit wird die extravertierte Seite des Träumers angesprochen, der sich gerne in Szene setzt, sich dabei jedoch nicht wohl fühlt. Der Träumer besitzt eine ausgeprägte dominante Seite, die er selbst als »Macho-Verhalten« ablehnt und die er bei anderen meist sogleich entdeckt. Die Sängerin stößt ihn mit der Nase darauf: »Das ist ein Teil von Dir. Wenn Du den nicht lebst, vernachlässigst Du Deine kreative Seite. Du bekommst so nicht den Applaus, den Du brauchst.«

Der Träumer veränderte den Traum so, dass er sich als Schwarzer mit erotischer Ausstrahlung während seiner Bühnenshow erlebt und danach in bescheidener Weise mit seinen Fans spricht.

Themen der Träume in unserer Zeit

Unserer Erfahrung nach handeln die meisten Träume heute von der Auseinandersetzung mit dem anderen Geschlecht. Männlichkeit, Weiblichkeit, Durchsetzung und Hingabe sind die großen Themen der Zeit, die sich im Privaten wie im Beruflichen zeigen und denen keiner entgeht.

Vor allem in die Traumdeutung des zweiten Traums ist historisches und literarisches Wissen eingeflossen. Solch ein Wissen macht die Deutung eines Traums lebendig und gibt seinem Verständnis Tiefe. Für das persönliche Verständnis eines Traums ist jedoch dieses Wissen nicht notwendig.

> **Unsere Empfehlung:** Wenn Sie über die Symbole Ihrer Träume nachsinnen, lassen Sie alles zu, was Ihnen dazu einfällt – Höchstpersönliches, allgemeines Bildungsgut, Redensarten, die Nachrichten oder Witze oder was nicht alles.
> Sie werden sehen, plötzlich entdecken Sie in dem Material eine ganz bestimmte Aussage.

Genau so sind wir bei der Deutung des zweiten Traums vorgegangen. Alles, was uns zu den beiden Hauptsymbolen einfiel, haben wir gesammelt, und plötzlich war uns die Deutung klar.

So wird es auch Ihnen ergehen. Haben Sie keine Angst, dass Ihnen zu einem Symbol zu wenig oder nichts einfällt.
Ihnen hilft der Lexikonteil (Seite 38), in dem Sie die Bedeutung eines Symbol nachschlagen können, um sich so inspirieren zu lassen.

TRAUMSYMBOLE VON A BIS Z

Kern dieses Buches ist der Lexikonteil, in dem die wichtigsten Traumsymbole, die wahrscheinlich auch Ihre Träume bevölkern, vorgestellt sind. Sie werden sehen, es ist kinderleicht, sich mit diesem Kompass im Land der Traumsymbole zurechtzufinden. Es kann jedoch vorkommen, dass Sie ein spezielles Symbol nicht finden. Suchen Sie dann den Oberbegriff.

Wenn Sie im Traum zum Beispiel einem Mauersegler begegnen, schlagen Sie unter »Vogel« nach, wo Sie auch den Verweis auf »fliegen« finden. Auf diese Weise sollte sich für jedes Traumsymbol ein Deutungshinweis finden lassen (obwohl die Anzahl der Traumsymbole, wie schon gesagt, gegen Unendlich geht).

Im »Register der Traumsymbole« (Seite 246) sind alle in diesem Kompass erläuterten Symbole mit ihren Oberbegriffen und die ihnen ähnlichen Symbole zusammengestellt.

Kategorien der Traumsymbole

Wir haben die Traumsymbole in sechs Kategorien eingeteilt

- ➤ Traumsymbole des Guten und des Bösen (Seite 40)
- ➤ Traumsymbole von Tod und Leben (Seite 71)
- ➤ Traumsymbole der Macht und Ohnmacht (Seite 103)
- ➤ Traumsymbole der Liebe und der Aggression (Seite 136)
- ➤ Traumsymbole der Freiheit, des Widerstands und der Angst (Seite 168)
- ➤ Abstrakte Symbole (Seite 201)

In der Einleitung zu jeder Kategorie finden Sie grundlegende Hinweise dazu, was die darin jeweils vorgestellten Traumsymbole miteinander verbindet.

So finden Sie zu Ihrem Traumsymbol

1 Sie suchen im »Register der Traumsymbole« (Seite 246) Ihr Symbol, unter Umständen dessen Oberbegriff; die Seitenzahl führt Sie zur Erläuterung.

2 Ihnen ist die Kategorie klar, in die Ihr Symbol fällt (Inhalt, Seite 4), dort schlagen Sie nach und finden Ihr Symbol innerhalb der alphabetischen Ordnung.

Vorstellung der Traumsymbole

Um Ihnen das Verständnis der Symbole zu erleichtern, sind die Erläuterungen der einzelnen Traumsymbole unterteilt in:

Subjektebene: Auf der Subjektebene wird jedes Symbol als Persönlichkeitsanteil der Träumerin oder des Träumers betrachtet. Die Mutter symbolisiert zum Beispiel unsere eigenen mütterlichen Seiten.

Objektebene: Ein Traum wird auf der Objektebene oder Objektstufe gedeutet, wenn man bei den Traumbildern den Gegenstand oder die Person als reales Objekt betrachtet. Die Mutter symbolisiert auf der Objektstufe das Verhältnis, das wir zu unserer Mutter im Alltagsleben gehabt haben.

Der Praktikabilität wegen haben wir diese Rubrik erweitert, um Ihnen entsprechende Handlungsanweisungen auf der Ebene des Alltagslebens zu geben. Mitunter fehlt bei einigen Symbolen die Objektebene, speziell bei allgemeinen und abstrakten Symbolen, da diese nur im Gesamtzusammenhang des Traums zu deuten sind.

 Erläuternde Symbole: Einen vertiefenden Einblick erhalten Sie durch die Betrachtung der erläuternden Symbole, die im Zusammenhang mit Ihrem Symbol stehen.

 Ähnliche Symbole: Durch die ähnlichen Symbole wird die Bedeutung des ursprünglichen Symbols ausgeweitet. Dies heißt für Sie, dass Sie unter dieser Rubrik Symbole finden, die dem Sinn Ihres Symbols gleichen.

 Themen des Symbols: Haben Sie wenig Zeit, betrachten Sie nur kurz die Themen des Symbols, um sich von ihnen inspirieren zu lassen.

TRAUMSYMBOLE DES GUTEN UND DES BÖSEN

Betrachten wir die Symbole in dieser Kategorie, fällt uns eine deutliche Polarisierung auf: Wir empfinden die einzelnen Symbole als entweder eindeutig positiv oder eindeutig negativ, wobei Symbole mit negativen Assoziationen deutlich überwiegen. Dies ist bei dieser Rubrik leicht erklärbar, da es sich um die »Schattensymbole« handelt. Es geht um unseren »blinden Fleck«. Der Schatten symbolisiert Aspekte unserer Person, die nicht in unser geschöntes Selbstbild passen und die wir deshalb ablehnen. Wir meinen, diese »unpassenden« Eigenschaften loszuwerden, indem wir sie in uns unangenehme Personen, Tiere und Gegenstände projizieren, die uns im Traum heimsuchen.

Offensichtlich scheint es mehr negativ bewertete Eigenschaften zu geben als positive. Deswegen wenden sich viele Menschen von ihren Träumen verängstigt ab und wollen nichts von ihren nächtlichen Fantasien wissen. Wir versuchen so zu tun, als ob das, was uns nächtens erscheint, nichts mit uns zu tun hat.

Dabei geht es nicht um das vordergründige »Gut« oder »Böse« in uns Menschen. Diese Bewertungen spielten in den Jahrhunderten vor Freud und Jung eine herausragende Rolle in der Traumdeutung. Traumdeutung war in dieser Zeit als Weissagung beliebt. Aber selbst die damaligen Autoren von Büchern über Traumsymbole wussten, zumindest bei vereinzelten Symbolen, um die positive Bedeutung der für uns mit negativen Assoziationen behafteten Menschen, Tiere, Wesen und Dinge, von denen wir träumen. Erst mit der Einführung einer vollkommen neuen Sichtweise der Träume durch S. Freud (Seite 240) und C.G. Jung (Seite 241) bekamen die so genannten »bösen« oder »negativen« Traumsymbole eine grundlegend andere Bedeutung. Sie wurden von nun an als ein Hinweis auf ungelebte und unerkannte Möglichkeiten betrachtet.

Auch die so genannten »positiven« Traumsymbole in dieser Kategorie inspirieren uns dazu, unsere positiven Möglichkeiten zu sehen und zu verwirklichen. Zwar ist die Abwehr bei diesen Symbolen häufig nicht so deutlich, aber dennoch nicht weniger massiv. Denn auch mit diesen Symbolen werden wir mit Aspekten unserer Person konfrontiert, die nicht in unser Selbstbild passen. Offensichtlich fällt es uns genauso schwer, uns vorzustellen, ein Held – wenn auch nur in übertragenem Sinn – zu sein oder in Form einer reichhaltigen Ernte gar erfolgreich zu sein. Die Angst vor Erfolg und Anerkennung ist verbreiteter, als man landläufig annimmt.

All diese negativen und positiven Symbole führen uns unsere übernommenen und selbst entwickelten Negativbilder vor Augen, die uns prägen – kurzum, sie machen uns auf unser negatives, fremdbestimmtes und somit hinderliches Denken und Fühlen aufmerksam.

Unabhängig davon, ob es sich um ein »gutes« oder »böses« Traumsymbol handelt, sollten wir die Chancen ergreifen, die diese Traumsymbole stets ansprechen. Sie erinnern uns an all das, was wir nicht leben. Sie zeigen uns auf, wie wir unsere Energie dadurch verschwenden, diese abgelehnten Aspekte unserer Person verborgen zu halten, sei es nun bewusst oder unbewusst. Für diese Abwehr unserer abgelehnten Aspekte verschwenden wir viel Energie. Diese Energie steht uns dann wieder zur Verfügung, wenn es uns gelingt, uns diese Eigenschaften bewusst zu machen und uns so weit zu öffnen, dass es möglich wird, sie bewusst in uns anzuerkennen.

AFRIKA

- **Subjektebene:** Afrika gilt bei uns Westeuropäern immer noch als der »dunkle Kontinent« und ist deshalb symbolisch mit unseren Schattenseiten verknüpft. Gleichzeitig ist es mit naturnahem und instinkthaftem Fühlen und Leben assoziiert. Somit symbolisiert dieses Traumbild unseren Wunsch, aus der Alltagsroutine auszubrechen. Verbunden mit Ängsten spiegelt sich darin unsere Angst vor Kontrollverlust, wenn wir mehr mit unseren natürlichen Bedürfnissen in Kontakt kommen. Lebt der Träumende ein unorganisiertes und chaotisches Leben, kann der Traum von Afrika auf die Notwendigkeit hinweisen, sich selbst mehr Struktur zu geben.

- **Objektebene:** Afrika-Träume sind Ausdruck der Sehnsucht nach ungebundenem und abenteuerlichem Leben abseits aller Routine.

→ Schatten (S. 222), Schwarzer (S. 61), Dunkelheit (S. 44), Tiere (S. 65), Süden (S. 93)

▲ Urwald

◎ Schatten, naturnahe Bedürfnisse, Kontrolle

BEHINDERUNG

- **Subjektebene:** Behinderungen im Traum weisen immer auf Entwicklungsstörungen in bestimmten Persönlichkeitsbereichen hin. Dabei spielen häufig unerfüllte Wünsche und Sehnsüchte aus der Kindheit eine maßgebliche Rolle, vor allem, wenn es sich um Behinderungen handelt, bei denen wir nicht fähig sind, uns allein fortzubewegen. Wie sich der Mensch im Realleben mit seiner Behinderung arrangieren muss, kann auch das Traumbild symbolisieren, dass der Träumende seine Begrenzungen in speziellen Persönlichkeits- und Gefühlsbereichen akzeptieren sollte. Dies gilt vor allem für Menschen mit verletzenden Erfahrungen in der Kindheit.
- **Objektebene:** Sind Sie im Traum im Zusammensein mit Personen behindert, weist dies hin auf Minderwertigkeitsgefühle diesen Menschen gegenüber.

➡ Zwerg (S. 69), Rollstuhl (S. 58), Hand (S. 121), Fuß (S. 48), Schatten (S. 222)

⚠ –

◎ geschwächter Persönlichkeitsanteil

DIEB

- **Subjektebene:** Träumen wir von Dieben oder Diebstahl, haben wir Angst, etwas zu verlieren. Auf der Subjektebene bestehlen wir uns selbst. Wir wenden uns etwas zu, durch das uns wichtige Dinge, Potenziale und Einstellungen, vielleicht aber auch »nur« Energie und Zeit abhanden kommen. Der Diebestraum warnt dabei zum Beispiel vor Liebe und Leidenschaft und vor den negativen Folgen, wenn diese unerfüllt bleiben. Er kann auch vor falschem Engagement in beruflichen Bereichen warnen, durch das uns Wesentliches abhanden kommt. Wichtig dabei ist, was uns gestohlen wird und wer der Dieb ist.
- **Objektebene:** Werden Sie bestohlen, zeigt Ihnen dieses Traumbild Ihre Verlustängste bezüglich Ihrer realen Lebensumstände auf. Diese können sowohl in Zusammenhang mit Ihren finanziellen Gegebenheiten als auch in Bezie-

➡ Mörder (S. 55), Personen (S. 220), Schatten (S. 222)

⚠ Einbrecher, Diebstahl, Räuber, Ganove

◎ Verlustängste

hungen bestehen. Erscheint eine Ihnen bekannte Person als Dieb, kann dies darauf hinweisen, dass Sie Ihre eigenen Ideale zu schnell aufgeben, um sich anzupassen. Sind Sie selbst der Dieb, sollten Sie überlegen, ob Sie Ihre Zeit nicht sinnvoller verbringen könnten.

DIKTATOR

- **Subjektebene:** Der Diktator, der sich mit aggressiv-männlichen Mitteln über andere hinwegsetzt, symbolisiert die negativ-männliche Schattenseite. Dieses Bild deutet hin auf das Ungleichgewicht zwischen männlichen und weiblichen Anteilen und den diktatorischen Umgang mit sich selbst. Der Träumer oder die Träumerin ist zu sehr mit diesen speziell männlichen Eigenschaften identifiziert und wird mit diesem Traumbild aufgefordert, sich der damit zusammenhängenden Aggressionen bewusster zu werden, die er oder sie gegen sich selbst richtet.
- **Objektebene:** Dieses Traumbild kann Sie auffordern, sich im realen Leben mehr durchzusetzen oder auf andere Menschen mehr Rücksicht zu nehmen.

→ Vater (S. 224), Gefängnis (S. 178), Monster (S. 55)

⚖ Tyrann

◎ Schatten des Männlichen, Durchsetzungsvermögen, Aggression

DRECK

- **Subjektebene:** Dreck verweist auf unsere »dreckigen« Gefühle und Gedanken. Schmutzig ist das, was wir bewusst oder unbewusst ablehnen. Häufig thematisiert dieses Traumbild problematische Einstellungen zur Sexualität. Es führt uns vor Augen, dass wir zu streng mit uns umgehen und/oder uns von belastenden Gefühlen reinigen sollten.
- **Objektebene:** Wenn Sie nicht gerade unter Ihren hygienischen Verhältnissen leiden, kann das Traumbild Sie auf Schwierigkeiten in Beziehungen hinweisen, die Sie bereinigen sollten.

→ –

⚖ Müll, Abfall, Schmutz, Schatten

◎ abgelehnte Gefühle und Gedanken

DUNKELHEIT

- **Subjektebene:** Alle Hoffnung und alles Bemühen, durch Sehen, also Bewusstsein und Erkenntnis, das Leben unter Kontrolle halten zu können, werden in der Dunkelheit vereitelt. Nicht zuletzt deshalb bereitet sie uns fast immer Unbehagen, das sich schnell zu Angstgefühlen steigert. Das Dunkle ist eng mit dem Unbewussten verbunden, vor allem mit dem Schatten, der in der Lichtlosigkeit nicht zu erkennen ist. Alles, was wir nicht erkennen und verstehen wollen oder können, aber auch alles, das sich unserer Kontrolle entzieht, kann vom Traum dunkel dargestellt werden, gleichgültig, ob es sich um Gedanken, Gefühle, Handlungen oder Situationen dreht. Insofern sind Träume von Dunkelheit meist als Aufforderung zu verstehen, das sprichwörtliche »Licht ins Dunkel« zu bringen, also zu versuchen, mit unserem Bewusstsein die Dunkelheit zu durchdringen oder demütig zu akzeptieren, dass wir nicht alles verstehen können.

➡ Nacht (S. 56), Auge (S. 170), Fremde (S. 46), Schatten (S. 222)

⚠ Blindheit

◎ Unbewusstes, Unklares, Geheimnisse

EITER

- **Subjektebene:** Dieses Traumbild weist auf eine nicht heilende seelische Verletzung hin. Durch diese Verletzung können negative Gedanken und Gefühle, symbolisiert durch die fremden Keime, eher in uns eindringen und werden mit dem Eiter wieder ausgeschieden. Der Eiter bringt uns dadurch mit der grundlegenden Verletzung und mit der destruktiven Selbstkritik in Kontakt. Das Ekelgefühl, das Eiter meist auslöst, versinnbildlicht die Ablehnung der eigenen Person.
- **Objektebene:** Eiter symbolisiert Ihre Ablehnung des Körpers beziehungsweise einzelner Körperteile, jeweils abhängig vom Ort, an der sich die eitrige Stelle befindet.

➡ Wunde (S. 100), Arzt (S. 108)

⚠ –

◎ Gedankengifte, Ekelsymbol

ENGEL

- **Subjektebene:** Engel symbolisieren Kräfte in uns, unter deren Schutz wir sicher und zielgerichtet auf dem Lebensweg voranschreiten. Sie sind Vermittler zwischen Bewusstsein und höherem Selbst und können somit als Seelenführer angesehen werden, die den Menschen seinem eigentlichen Selbst näher bringen. Häufig symbolisieren sie verdrängte, unverstandene oder unfertige Kräfte im Menschen, die wie eine positive fremde Macht erlebt werden. Engel können auch mit dem Wunsch nach Reinheit und Harmonie verbunden sein, losgelöst von allen irdischen Gelüsten. Häufig vorkommende Träume von Engeln können die unerfüllte Sehnsucht nach Geborgenheit und Schutz symbolisieren.
- **Objektebene:** Engel weisen auf eine mögliche Idealisierung des Partners oder der Partnerin hin.

 Himmel (S. 180), Weiß (S. 227), fliegen (S. 46)

🔺 –

◎ Teufel

ERNTE

- **Subjektebene:** Die Ernte und das Ernten sind mit Wachstum, also mit der langsamen Entwicklung von Potenzialen und deren Umsetzung verknüpft. Das kann sowohl das Ringen um Erkenntnis sein als auch ein Projekt, um das wir uns bemühen. Die Ernte versinnbildlicht den Erfolg beziehungsweise den Wunsch danach. Reiche Ernte ist die Bejahung des eigenen Lebenswegs: Die Arbeit und Energie, die wir eingesetzt haben, tragen Früchte. Missernten weisen auf Unsicherheiten, Minderwertigkeitsgefühle und Zukunftsängste hin. Sie fordern auf, den eingeschlagenen Lebensweg zu überdenken beziehungsweise sich nicht zu sehr von dem Wunsch nach Anerkennung und kurzfristigem Erfolg leiten zu lassen.
- **Objektebene:** In der Ernte kann sich Ihre romantische Sehnsucht nach dem naturnahen Landleben ausdrücken.

 Bauer (S. 75), Gemüse (S. 81), Herbst (S. 83)

🔺 –

◎ Erfolg, Bejahung des Lebenswegs

FLIEGEN

- **Subjektebene:** Fliegen ist eine uralte Menschheitssehnsucht, die wir uns im Traum erfüllen. Es kann die bestmögliche Balance von Ekstase und Kontrolle symbolisieren und damit den kreativen Gedankenflug. Gleichzeitig führt uns dieses Traumbild Tendenzen zur Realitätsflucht vor Augen oder verweist auf die Notwendigkeit, sich durch Aufgeben alter Denkgewohnheiten einen völlig neuen Überblick zu verschaffen. Hin und wieder thematisiert der Flugtraum, vor allem, wenn er rauschartig erlebt wird, den sexuellen Liebesrausch, so in den alten Mythen, aber auch in der Psychoanalyse Freuds (Seite 240).

➜ Flugzeug (S. 177), Fuß (S. 48), Erde (S. 207), Luft (S. 215)

 –

◎ Realitätsflucht, Überblick, Leichtigkeit, freier Gedankenflug

FLUCHT

- **Subjektebene:** Fliehen wir im Traum, ist dies immer als Aufforderung zu verstehen, innezuhalten und sich dem zuzuwenden, das uns bedroht. Unabhängig davon, ob dies Tiere, Monster, Räuber oder Mörder sind. Wir haben Angst vor uns selbst und vor dem, was in uns steckt. Wenden wir uns diesem zu, verliert es seinen Schrecken. Wichtig ist dabei stets, vor wem oder was man flieht.
- **Objektebene:** Fluchtträume treten in Situationen auf, in denen Sie einer realen unangenehmen Situation ausweichen. Das Traumbild fordert Sie hier nicht nur auf, sich dieser Situation zu stellen, sondern zeigt Ihnen häufig mögliche Lösungswege auf.

➜ Verfolgung (S. 67), Mörder (S. 55), Teufel (S. 65), Monster (S. 55)

⬟ fliehen

◎ fliehen oder standhalten

FREMDE

- **Subjektebene:** Der oder das Fremde bringt den Träumer in Kontakt mit Seiten seiner selbst, die ungelebt und ihm deshalb fremd sind. Er hatte sie bisher verdrängt, weil er sie als nicht zu sich gehörend empfand. Dieses

➜ Schatten (S. 222)

Traumbild kündigt damit Neues an, das es zu entdecken gilt. So erscheint zum Beispiel der Chef plötzlich nicht mehr in seiner bekannt autoritären Art, sondern befremdlich freundlich. Dies signalisiert dem Träumenden, dass er beginnt, sich mit seinen bisher abgelehnten eigenen autoritären Anteilen auseinander zu setzen und anzufreunden. Der Traum vom Ausland signalisiert dem Träumenden, dass er zu sehr mit Altem verhaftet ist und mit neuen, ihm fremden Lebenseinstellungen und Haltungen sich selbst und dem Leben gegenüber experimentieren sollte.

🔺 Exil, Ausland

◎ neue Eigenschaften, Gefühle

- **Objektebene:** Der Traum vom Fremdartigen an einer Ihnen bekannten Person symbolisiert, dass sich Ihr Bild von dieser Person auf ungeahnte Weise wandelt.

FROSCH

- **Subjektebene:** Bereits im Märchen »Der Froschkönig« kommt die grundlegende Symbolik dieses Traumbilds zum Ausdruck. Der Frosch, der sich aus der Kaulquappe entwickelt, steht für Verwandlung. Die grüne Farbe deutet einen Neubeginn an. Wie im Märchen steht dabei meist das Thema Sexualität im Vordergrund. Sie soll sich von einer eher unpersönlichen Form, symbolisiert durch die Kaulquappe, hin zu einem erfüllten Sexualleben in einer tief gehenden Beziehung entwickeln. Froschträume träumen vor allem Frauen, während Männer eher von der Kröte und der damit assoziierten gefährlichen weiblichen Sexualität träumen.

➡️ Grün (S. 211), Schatten (S. 222)

🔺 –

◎ Wandlung, Sexualität

- **Objektebene:** Träumt ein Mann von einem Frosch, kann dies ihn auffordern »kein Frosch zu sein«, sprich weniger ängstlich mit bestimmten Situationen umzugehen.

FRÜHLING

- **Subjektebene:** Der Frühling, die Jahreszeit, in der neue Kräfte sprießen, eng verknüpft mit der Jugend, fordert die Träumenden auf, ihre Energien für neue Möglichkeiten und Perspektiven einzusetzen. Eingebettet in den Jahreszyklus, ist der Frühling mit dem Lebensrhythmus verbunden, in dem zur richtigen Zeit die anstehenden Aufgaben angegangen werden müssen. Nur wer im Frühjahr sät, kann im Herbst ernten.
- **Objektebene:** Mitunter verweist der Frühling auf den so genannten »Zweiten Frühling« und konfrontiert Sie mit Ihrer erotischen Abenteuerlust.

 Grün (S. 211)

▲ –

◎ Fruchtbarkeit, neue Perspektiven, erotische Abenteuerlust

FUSS

- **Subjektebene:** Als unsere direkte Verbindung zur Erde thematisieren Füße meist Realitätssinn und Eigenständigkeit. Sie mahnen, kein »Bruder Leichtfuß« zu sein oder mehr Leichtigkeit und Fantasie ins Leben zu bringen. Nach Freud (Seite 240) kann der Fuß mitunter auch phallisch-sexuelle Bedeutung erhalten, da er in den Schuh, der als Symbol der Vagina gesehen wird, hineinschlüpft.
- **Objektebene:** Leben Sie im Traum auf großem Fuß, wird Ihre Verschwendungssucht angesprochen. Strecken Sie Ihre Füße (noch) unter den Tisch im Elternhaus, haben Sie sich innerlich noch nicht genügend von zu Hause gelöst.

 Erde (S. 207), Schuhe (S. 194), Bein (S. 108)

▲ –

◎ Realitätssinn, Eigenständigkeit, Sexualität, Verschwendungssucht

GEGNER

- **Subjektebene:** Dieses Traumbild sollte immer auf der Subjektebene gedeutet werden, und zwar als Ausdruck eines widerstreitenden und abgewehrten Anteils von einem selbst. Abgelehnt werden Wesensteile, weil sie dem Selbstbild und den Vorstellungen, wie man zu

➜ Kampf (S. 151), Krieg (S. 153)

sein hat, nicht entsprechen. Das offenbart einen Konflikt, dessen Schwere sich in der Form der Auseinandersetzung mit dem Traumgegner ausdrückt.

▲ Feind

◉ Kampf gegen abgelehnte Eigenschaften

- **Objektebene:** Auf der Realebene fordern Traumgegner Sie auf, sich zu fragen, ob es nicht sinnvoll wäre, bestimmten Personen gegenüber eine versöhnlichere Haltung einzunehmen.

GESPENST

➡ Nacht (S. 56), Burg (S. 205)

▲ Geister

◉ Schuldgefühle, unterdrückte Aggressionen

- **Subjektebene:** Gespenster symbolisieren meist alte, schon längst überholte Erfahrungen, an denen wir noch festhalten. Wie in Geschichten, in denen Gespenster durch die Räume von alten Schlössern spuken, weil ihnen Unrecht angetan wurde oder sie welches begangen haben, stehen Traumgespenster häufig im Zusammenhang mit erfahrenem Unrecht oder mit Schuldgefühlen. Diese Gefühle sind dem Träumer oder der Träumerin oft nicht bewusst und verlieren in dem Moment den Schrecken, in dem sie mit dem Tageslicht des Bewusstseins konfrontiert werden. Tauchen solche Traumbilder in Verbindung mit Angst öfter auf, kann dies ein Hinweis darauf sein, dass die Persönlichkeitsentwicklung entscheidend behindert ist und therapeutische Hilfe in Anspruch genommen werden sollte.
- **Objektebene:** Sind Personen aus der Realität als Gespenster dargestellt, können sie auf Ihre Aggressionen diesen Menschen gegenüber hinweisen. Mitunter fordert das Traumbild Sie auf, Ihre Geistesgaben klüger einzusetzen.

HELD

- **Subjektebene:** Die Heldentat im Traum fordert uns zur Auseinandersetzung mit unseren Ängsten auf. Nur durch die Hinwendung zu den beängstigenden Aspekten der eigenen Person können wir lernen, diese an uns zu akzeptieren und damit auch in die eigene Person zu integrieren. Der Held macht uns Mut, diese schwierige Aufgabe in Angriff zu nehmen.
- **Objektebene:** Sie sollten anpacken, was Ihnen im Realleben Angst macht. Das Traumbild ermutigt, schwierige und beängstigende Aufgaben in Angriff zu nehmen.

 Abenteuer (S. 73)

 –

◎ Mut zur Auseinandersetzung mit der Angst

HEXE

- **Subjektebene:** Wie in dem Märchen »Hänsel und Gretel« symbolisiert die Hexe die negativen Aspekte autoritärer, weiblich-mütterlicher Überbehütung. Dabei stehen sowohl im Märchen als auch allgemein die negative Dominanz, das Verzaubern, Festhalten und das Verschlingen im Vordergrund der Symbolik. Vereinzelt kann die Hexe heute, auch durch die kritische Auseinandersetzung mit der Hexenverfolgung und populäre moderne Hexenkulte, ein Ausdruck der Weisheit und Cleverness der weiblichen Anteile symbolisieren. Wegen des nach wie vor negativen Images der Hexe sind die Kräfte, die sich in diesem Bild ausdrücken, meist ins Unbewusste verdrängt. Somit fordert dieses Symbol uns auf, sich mit unseren eigenen Hexenanteilen auseinander zu setzen. Träumen Kinder von Hexen, drücken sich darin meist Aggressionen gegen die Mutter aus.
- **Objektebene:** Träumen Sie im Zusammenhang mit einer anderen Person von einer Hexe, kann dieses Traumbild auf die Befürchtung hinweisen, von dieser Person dominiert und abhängig zu werden. Mitunter kann der Traum eine Warnung zur Vorsicht im Umgang mit diesem Menschen bedeuten.

→ Katze (S. 152)

▲ –

◎ negative Dominanz weiblich-mütterlicher Fürsorge

INSEKTEN

- **Subjektebene:** Im Realleben beachten wir Insekten mit wenigen Ausnahmen nur, wenn sie uns lästig fallen. Wegen ihrer geringen Größe und ihrer untergeordneten Stellung in der Nahrungskette stehen sie so symbolisch für das Gefühl, ein unsichtbares Rädchen in der Gesellschaft zu sein. Sie weisen damit auf Konflikte zwischen der eigenen Persönlichkeitsentwicklung und Ansprüchen von innen und außen hin. Je unangenehmer das Insekt erlebt wird, vor allem bei Bissen oder Stichen, desto unausweichlicher ist der Zwiespalt, dem man sich jetzt unbedingt zuwenden sollte. Allgemein betrachtet symbolisieren Insekten häufig ein Ungleichgewicht im psychisch-vegetativen Bereich, das sich unbehandelt körperlich in Form von nervösen Beschwerden zeigen kann.
- **Objektebene:** Insektenträume werden häufig durch Juckreiz und andere Spannungszustände ausgelöst.

→ Biene (S. 77), Wespe (S. 166), Spinne (S. 63), Schabe (S. 59)

▲ Fliege, Mücke, Ameise, Laus, Zecke

◎ Konflikt zwischen Persönlichkeitsentwicklung und Ansprüchen, nervliche Überreizung

KAMINFEGER

- **Subjektebene:** Der Kaminfeger als schwarzer Glücksbringer hat im Traum eine meist positive Bedeutung. Sie erklärt sich sowohl aus seiner reinigenden Tätigkeit, durch die er den Menschen vor Schaden bewahrt, als auch aus dem Überblick, den er durch sein Arbeitsfeld auf den Dächern der Häuser gewinnt.

  Das Reinigen des Kamins vom schwarzen Ruß kann symbolisch als die reinigende Auseinandersetzung mit dem Unbewussten gelten, durch die der Träumende von den Schlacken der Vergangenheit befreit wird.

→ Dach (S. 113), Ofen (S. 157)

▲ –

◎ Reinigung, Überblick

Dabei bewahrt ihn der Überblick davor, sich in den Tiefen des Unbewussten zu verlieren.

- **Objektebene:** Die Traumbegegnung mit einem Kaminfeger in Gestalt einer Ihnen bekannten Person kann aufzeigen, dass dieser Mensch hilfreich sein kann bei der Aufarbeitung verdrängter und problematischer Erlebnisse.

KARTOFFEL

- **Subjektebene:** Als in der Erde reifendes Knollengewächs steht die Kartoffel symbolisch für die Persönlichkeitsentwicklung, die sich unbemerkt im Unbewussten vollzieht, deren Grundlage unsere Wurzeln, also unsere Ursprünge sind, und die uns psychisch nährt.
- **Objektebene:** Die Kartoffel verkörpert möglicherweise Ihre Angst vor sozialem Abstieg oder verweist auf die Notwendigkeit eines bescheideneren Lebensstils.

➜ Erde (S. 207), Keller (S. 52), Wurzel (S. 101)

⚠ Knollengewächse

◎ psychische Nahrung aus dem Unbewussten, Angst vor sozialem Abstieg

KELLER

- **Subjektebene:** Keller kommen in Träumen auf höchst unterschiedliche Art und Weise vor. Der Keller, der schlechthin für das Unbewusste steht, konfrontiert uns mit beängstigenden Aspekten unserer Persönlichkeit, mitunter resultierend aus verdrängten Kindheitserfahrungen, die es zu integrieren gilt. Wohl gefüllte Kellerregale oder gar neu entdeckte Schätze zeigen uns die Potenziale unserer Herkunft auf, die wir bisher zu wenig beachtet haben.

➜ Spinne (S. 63), Gespenst (S. 49)

 –

- **Objektebene:** Träumen Sie oft vom Keller, sollten Sie sich möglicherweise mehr an den realen Gegebenheiten als an vergangenen Erfahrungen orientieren.

◉ Unbewusstes, Potenziale

LEICHE

- **Subjektebene:** Leichen oder Leichenteile werden im Traum häufig weniger beängstigend erlebt als in der Realität. Sie symbolisieren abgespaltene Wesensteile von uns selbst und sollten deshalb immer auf der Subjektebene betrachtet werden. Alte Erfahrungen und/oder Gefühle lassen uns nicht mehr los. Die Persönlichkeitsentwicklung ist dabei meist massiv beeinträchtigt.
  Tritt dieses Traumbild öfter und in Verbindung mit Ängsten auf, sollte es als Warntraum betrachtet werden.
  Gegebenenfalls sollte ein/e Psychotherapeut/in aufgesucht werden.

→ Grab (S. 81), Tod (S. 94), Personen (S. 220)

△ Mumie

◉ abgespaltene Wesensteile

- **Objektebene:** Träume von Leichen oder Leichenteilen können Sie auffordern, Gefühle offener zu zeigen.

LICHT

- **Subjektebene:** Licht kann im Traum in unterschiedlicher Form auftreten, die Grundbedeutung bleibt jedoch meist dieselbe: Erkenntnis und Bewusstsein sowie Klarheit von Gefühlen und Gedanken beziehungsweise der Wunsch danach. Es vermittelt Kraft und Lebensfreude und spricht in dunklen Zeiten Mut und Trost zu. Es gibt Führung dort, wo man auf verschatteten, gefährlichen Pfaden vom richtigen Weg abgekommen ist. Unwissenheit und Zweifel werden durch die Kraft des Lichts beseitigt. Der Silberstreif, das Licht am Horizont, ermutigt in der Depression und steht dabei in direktem Gegensatz zur Dunkelheit und Nacht. Dabei darf aber nicht vergessen werden, dass

→ Auge (S. 170), Sonne (S. 62), Morgen (S. 88), Mittag (S. 216), Abend (S. 72), Weiß (S. 227)

Licht und Dunkelheit, Tag und Nacht nicht nur Gegensätze darstellen, sondern sich auch gegenseitig bedingen.

Die positive Bedeutung erfährt zwei Ausnahmen: Blendendes Licht, das vor Erkenntnissen warnt, denen die Träumenden möglicherweise noch nicht gewachsen sind, und abnehmendes oder verlöschendes Licht, das nachlassende Lebenslust und Energien symbolisiert. Ein sehr klares und angenehmes helles Licht verweist auf »höhere Bewusstseinsbereiche«, wir sind dabei in Verbindung mit dem Kern unserer Persönlichkeit.

△ Lampe, Fackel

◎ Bewusstsein, Hoffnung, Kraft

MOND

- **Subjektebene:** Der Mond als Licht empfangendes Gestirn, das mit seinem auf- und abnehmenden Rhythmus Menschen vieler Kulturen an den weiblichen Zyklus erinnert, steht symbolisch für unsere intuitiv-weibliche Seite. Im Frauentraum fordert der Mond die Träumerin auf, sich mehr mit ihrer weiblichen Seite zu verbünden.
  Im Traum des Mannes macht er den Träumer darauf aufmerksam, dass neben Verstandestätigkeit und Tatkraft die Intuition und das Gefühl bestimmende Energien im Mann darstellen, die nicht vernachlässigt werden sollten. Darüber hinaus ist er mit Nacht und Dunkelheit verbunden und steht damit für das Unbewusste und unsere Schattenseiten.

➡ Anima (S. 202), Mutter (S. 217), Frau (S. 143), Kuh (S. 126)

 –

◎ weiblich-intuitive Seite

- **Objektebene:** Folgen Sie Ihren Einfällen und Ihrem Gefühl, mit denen Sie möglicherweise besser beraten sind als mit einem zu stark ausgeprägten Verstand. Oder »schauen Sie oft in den Mond«, sprich: Lassen Sie sich aus Ihrer verfälschten Wahrnehmung heraus in der Realität übervorteilen und gehen bei Unternehmungen leer aus?

MONSTER

- **Subjektebene:** Aus nachvollziehbarem Grund lieben die heutigen Kinder und Jugendlichen den Kampf mit Monstern in Computerspielen. Gerade in diesen Altersgruppen symbolisieren Traummonster die übermächtigen Eltern, von denen die Jugendlichen sich in ihrer Entwicklung bedroht fühlen. In Erwachsenenträumen symbolisieren Monster die beängstigend erlebten Triebe. Gleichzeitig weisen sie auf strenge Vorstellungen hin, wie man zu sein hat. Je größer die Monster, desto strenger die Zensur. Gelingt es den Träumenden, sich dem Monster im Traum zu stellen, schrumpft es nicht selten auf eine kaum mehr beängstigende Größe. Dies verdeutlicht, in welchem Ausmaß der Träumer oder die Träumerin sich von Vorstellungen, wie »man zu sein hat«, dominieren lässt.

- **Objektebene:** Monsterträume können im Bereich Ihrer Beziehungen für Ihre Aggressionen stehen, die Ihnen bewusster werden sollten. Sie symbolisieren aber auch möglicherweise Ihre Angst vor aggressiven Menschen und sind dann als Aufforderung zu verstehen, sich diesen Ängsten zu stellen.

➡️ Raubtier (S. 57)

⚠️ Dämonen

◎ Angst vor Autoritäten und triebhaften Impulsen

MÖRDER

- **Subjektebene:** Der Mord symbolisiert auch im Traum einen gewaltsamen aggressiven Akt, der sich bei diesem Bild gegen den Träumer selbst richtet. Das gilt unabhängig davon, ob wir selber der Mörder sind oder von einem Mörder verfolgt werden.
  Dieses Traumbild symbolisiert die Verdrängung wichtiger Anteile, Potenziale, Gefühle oder belastender Erinnerungen. Verdrängt werden sie, weil sie nicht dem Bild entsprechen, das der Träumer von sich und seiner Vergangenheit hat, oder weil er glaubt, damit der Erwartung anderer nicht zu entsprechen.

➡️ Tod (S. 94), Leiche (S. 53)

⚠️ Mord

So entstehen Schuldgefühle, die zusätzlich die sorgfältige Auseinandersetzung mit den verdrängten Anteilen verhindern. Der Konflikt spitzt sich zu.

Träume von Mord signalisieren deshalb meist einen Stillstand in der eigenen Entwicklung und können auch eine Depression anzeigen. In einzelnen Fällen kann der Mord im Traum eine Befreiungsaktion darstellen, vor allem dann, wenn der Träumende zu sehr an der Erwartung anderer ausgerichtet ist. In diesem Fall ermutigt das Bild, sich aus den Fesseln der eigenen Vorstellungen und der Erwartungen anderer radikal zu befreien.

◉ Abspaltung, Krankmachendes, Befreiung

- **Objektebene:** Träumen Sie davon, dass Sie eine Ihnen nahe stehende Person ermorden oder dass diese von anderen ermordet wird, deutet das darauf hin, dass Sie sich von ihr bewusst oder unbewusst eingeschränkt fühlen und ihr gegenüber deshalb massive Aggressionen hegen.

NACHT

- **Subjektebene:** Die Nacht ist eng mit Dunkelheit und deshalb mit dem Unbewussten verbunden. Sie symbolisiert die Begegnung mit dem Unbekannten, das in der Dunkelheit nur erahnt werden kann und darum häufig angstvoll erlebt wird. Die Nacht kann als Aufforderung an die Träumenden verstanden werden, das Licht anzumachen, sprich mehr Bewusstsein zu entwickeln.

→ Dunkelheit (S. 44), Fremde (S. 46), Nebel (S. 89)

⚠ Finsternis

- **Objektebene:** Träume von der Nacht können Sie darauf aufmerksam machen, dass sich Ihr Lebensrhythmus zu sehr in die Nacht hineinverlagert hat. Mitunter symbolisiert der Nachttraum, dass es Ihnen bei Ihren momentanen Unternehmungen an Durchblick fehlt.

◉ Unbewusstheit, Unbekanntes, Angst

RADIOAKTIVITÄT

- **Subjektebene:** Radioaktivität, die uns unheimlicher erscheint als jedes Gift, steht für unsichtbare negative Kräfte, destruktive Gedanken und Gefühle. Entstanden durch Kernspaltungsprozesse, warnt sie den Träumenden vor einer zu laienhaft betriebenen und zu tief gehenden Selbstanalyse.
- **Objektebene:** Radioaktivität konfrontiert Sie mit Ängsten, verstrahlt zu werden, vor allem, wenn Sie in der Nähe eines Atommeilers leben.

 –

 –

◎ negative Kräfte, destruktive Gedanken, Ängste vor Verstrahlung

RATTE

- **Subjektebene:** Die Ratte hat im Traum fast durchgängig negative symbolische Bedeutung. Als Nagetier, das sich in der Nähe des Menschen aufhält, steht sie für destruktive Gedanken, Ängste, Selbstzweifel und Schuldgefühle. Da sie sich innerhalb kurzer Zeit stark vermehrt, warnt dieses Traumbild davor, dass sich solche Gedanken und Gefühle ausbreiten und bis zum Lebensüberdruss führen können. Träumen wir häufig von Ratten, sollten wir psychotherapeutische Hilfe suchen.
- **Objektebene:** Mitunter kann das Traumbild Sie vor einem hinterlistigen Menschen warnen.

➔ Maus (S. 128)

⚠ Bisamratte, Wasserratte

◎ destruktive Gedanken und Selbstzweifel

RAUBTIER

- **Subjektebene:** Raubtiere bringen die Träumenden mit triebhaft sexuellen und/oder aggressiven Impulsen in Kontakt. Je stärker das Raubtier ist, desto bedrängender sind die eigenen Impulse und desto beängstigender werden sie erlebt. Raubtierträume sind immer als Aufforderung zu verstehen, sich diese häufig unbewussten Impulse bewusst zu machen, sich ihren bedrohlichen Aspekten zu stellen und zu lernen, sie in die eigene Person zu integrieren.

➔ Käfig (S. 124)

⚠ –

◎ triebhafte sexuelle und/oder aggressive Impulse

- **Objektebene:** Raubtiere können Sie darauf hinweisen, dass Sie sich zu rücksichtslos über andere hinwegsetzen und ausschließlich an Ihren eigenen Bedürfnissen ausgerichtet sind, oder dass Sie sich von anderen Menschen bedroht fühlen.

REPTIL

- **Subjektebene:** Schon die Bezeichnung »Reptil« oder »Kriechtier« drückt zwei grundlegende Aspekte des Traumsymbols aus. Reptilien sind fast immer mit den niederen und damit als minderwertig empfundenen Trieben und Impulsen verknüpft. Häufig weisen sie den Träumer darauf hin, dass er mit Urtrieben wie Sexualität oder Nahrungssuche auf einer recht niederen Bewusstseinsstufe umgeht. Die Auswirkungen davon spiegeln sich in übergroßem Schutzbedürfnis, Misstrauen und kalter Aggression, symbolisiert in der Reptiliennatur durch den Panzer der Echsen und die Kaltblütigkeit der Kriechtiere.

➡ Frosch (S. 47), Schlange (S. 60)

🔺 Salamander, Eidechse, Waran, Krokodil, Alligator

◎ abgelehnte triebhafte Seite, niedriges Bewusstsein, Misstrauen

- **Objektebene:** Reptilien ermuntern Sie, sich auch mal mit einer gewissen Kaltblütigkeit durchzusetzen. Ebenso können sie auf Rücksichtslosigkeit und Misstrauen anderen gegenüber aufmerksam machen.

ROLLSTUHL

- **Subjektebene:** Im Rollstuhl zu sitzen bedeutet, mit den eigenen psychischen Behinderungen konfrontiert zu werden. Somit symbolisiert der Rollstuhl das Bemühen, sich trotz eines Handikaps fortzubewegen. Er stellt damit einen positiven Kompromiss dar zwischen vorhandenen Einschränkungen in der Persönlichkeitsentwicklung und dem Bestreben, diese voranzutreiben. Mitunter verweist er auf kindlich regressive Bedürfnisse, das heißt,

➡ Bein (S. 108), Behinderung (S. 42)

🔺 Krücke

es wird uns drastisch vor Augen geführt, dass wir für unser Leben mehr Verantwortung übernehmen sollten.

- **Objektebene:** Wichtig ist, wer Sie im Traum schiebt. Kennen Sie die Person aus dem Realleben, verweist das Traumbild auf mögliche Abhängigkeitsgefühle ihr gegenüber.

◉ Behinderung und Beweglichkeit, kindlich regressive Bedürfnisse, Abhängigkeiten

Rücken

- **Subjektebene:** Der Rücken kommt meist nur indirekt vor. Häufig dreht es sich um das, was hinter unserem Rücken liegt und vom dem wir uns bedroht fühlen. »Hinten« hat dabei doppelte Bedeutung. Es verweist sowohl auf das Unbewusste, das wir nicht erkennen können, als auch auf das Vergangene, das uns von hinten einzuholen droht.
  Der Blick auf den Rücken deutet darauf hin, dass wir uns der Schattenseiten der Vergangenheit bewusster werden. Das Rückgrat selbst verweist auf eine zu unbeugsame oder zu nachgiebige Haltung, die meist aus Erfahrungen in der Kindheit resultiert.
- **Objektebene:** Menschen, die Ihnen den Rücken zukehren, befinden sich in Distanz oder Opposition zu Ihnen. Stehen sie aber hinter Ihnen, bedeutet dies, dass sie Sie unterstützen oder Ihnen »den Rücken freihalten«.

➜ Flucht (S. 46), Verfolgung (S. 67), Schatten (S. 222)

⚠ Kreuz, Rückgrat

◉ Unbewusstes aus der Vergangenheit

Schabe

- **Subjektebene:** Als nachtaktives Tier, verbunden mit Schmutz und Verwahrlosung, symbolisiert sie unbewusste Gefühle und Gedanken, die wir als »dreckig« empfinden. Sie thematisiert damit unsere problematische Einstellung zur Sexualität und fordert uns auf, die eigene Sexualität mit den damit zusammenhängenden Bedürfnissen akzeptieren zu lernen.

➜ Insekten (S. 51), Dunkelheit (S. 44)

⚠ –

- **Objektebene:** Mitunter kann dieses Traumbild drastisch klarmachen, dass Sie mehr auf sich und Ihr Umfeld achten sollten, sprich: mehr Ordnung und Sauberkeit in übertragenem Sinne in Ihren Beziehungen benötigen.

 proble-matische Einstellung zur Sexualität

SCHLANGE

- **Subjektebene:** Schlangenträume machen meist auf ein bedeutsames Geschehen in der Psyche der Träumenden aufmerksam. Sie stehen allgemein für eine Form der psychischen Energie, die fremd erscheint und die es sich bewusst zu machen und damit zu integrieren gilt. Ihre scheinbare Nacktheit kann als Wahrheit übersetzt werden; ihre periodischen Häutungen machen die Träumenden auf die Notwendigkeit permanenter Wandlung und Veränderung aufmerksam. Ihre Fähigkeit, sich tief in Erdlöchern zu verstecken, sich plötzlich zu zeigen und wieder zu verschwinden, verbindet sie mit dem Unbewussten, das sich für einen Augenblick zeigt, um danach wieder für unbestimmte Zeit zu verschwinden. Wegen der Form ihres Körpers ist die Schlange mit der männlich-phallischen, wegen der Art ihrer Fortbewegung und des Verschlingens ihrer Opfer mit der weiblichen Sexualität verknüpft. Als ein gefährliches, kaltblütiges Tier kann sie auf eine triebhafte und unpersönliche Sexualität verweisen. Gleichzeitig kann sie als Aufforderung verstanden werden, sich mit den jeweiligen männlichen oder weiblichen Aspekten der Sexualität auseinander zu setzen. Letztlich ist die Schlange ein vielschichtiges Traumsymbol, dessen individuelle Symbolik nur aus dem Gesamtzusammenhang des Traums zu erschließen ist.
- **Objektebene:** Da die Gestalt der Schlange dem Darm ähnelt, können Schlangenträume auf psychosomatische Probleme hinweisen.

 –

 –

 psychische Energie, Wandlung, Unbewusstes, männliche und weibliche Sexualität

Die Schlange kann symbolisch für eine Person stehen, der Sie nicht vertrauen sollten oder die Sie zu Unrecht als »Schlange« empfinden.

SCHWARZER

- **Subjektebene:** Der schwarze beziehungsweise dunkelhäutige Mensch verkörpert Anteile im Träumer, denen er zumindest ambivalent, wenn nicht ablehnend gegenübersteht. Wobei die dunkle Hautfarbe vor allem für das Unbewusste und Triebhafte, aber auch für das Ursprüngliche und Vitale steht. Nicht selten verändert sich die Hautfarbe der Person während des Traums. Hellerwerden symbolisiert, dass die zuvor abgelehnten und unbewussten Anteile Ihnen im Traum vertrauter vorkommen. Die Akzeptanz erhöht sich. Wird die Haut hingegen dunkler, kommen Sie mit neuen, fremden und vielleicht sogar beängstigenden Anteilen in Kontakt.

➡ Afrika
(S. 41),
Personen
(S. 220),
Fremde
(S. 46)

⚠ Neger

◎ Ursprünglichkeit,
Vitalität

- **Objektebene:** Verändert sich die Hautfarbe einer Ihnen bekannten Person im Traum, kann dies auf der Realebene eine Änderung der Wahrnehmung der Person signalisieren. Sie sehen mehr ihre Vitalität und ihre Ursprünglichkeit.

SCHWEIN

- **Subjektebene:** Schweine sind von ihrem Symbolgehalt her häufig zweideutig. Einerseits werden sie mit Fruchtbarkeit und Nahrung verknüpft und symbolisieren damit psychische Bereicherung und Potenz. Gleichzeitig stehen sie für bequemes und selbstsüchtiges Verhalten, bei dem der »innere Schweinehund« überwunden werden muss. Weiterhin kann das Schwein dazu auffordern, mehr Selbstreflexion ins eigene Leben zu bringen und Maß halten zu lernen. Mitunter macht es auf problematische Einstellungen in der Sexualität aufmerksam, die entweder zu sehr

➡ Käfig
(S. 124)

⚠ Wildschwein

abgelehnt wird oder deren triebhafte Bedürfnisse ohne Rücksicht ausgelebt werden.

● **Objektebene:** Schweine können symbolisch für Menschen aus Ihrem Umfeld stehen, die Ihnen entweder Glück bringen oder Sie ausnutzen. Manchmal drückt sich darin Ihre Geringschätzung dieser Menschen aus.

◎ psychische Bereicherung, Faulheit, problematische Einstellung zur Sexualität

SONNE

● **Subjektebene:** Die Sonne, Urkraft für alles Lebendige, seit alters her und in vielen Kulturen assoziiert mit der männlichen Schöpfungskraft, steht für Bewusstsein, Energie und Tatkraft. Wir erleben mit ihr die Sonnenseiten des Daseins. Sie wärmt uns und vermittelt die Eigenständigkeit, die wir brauchen, um auch schwierige Dinge erfolgreich anzupacken. Geht sie auf, sollten wir die Gunst der Stunde nutzen. Mit ihrem Untergang werden uns die versiegenden Kräfte aufgezeigt. Nur die sengende, glühend heiße Sonne symbolisiert unnütze Leidenschaften, die uns schier verbrennen.

● **Objektebene:** Nutzen Sie die Leben spendenden Energien, um Ihre Projekte erfolgreich durchzuführen.

→ Licht (S. 53), Süden (S. 93), Urlaub (S. 198), Meer (S. 87)

 –

◎ Bewusstsein, männliche Schöpfungskraft

SPEICHER

● **Subjektebene:** Der Speicher oder Dachboden steht für unser »Oberstübchen« und für dessen grundlegende Denkstrukturen. Darin finden sich Erinnerungsspuren aus längst vergangenen Erfahrungen, die insbesondere unser Verstandesdenken noch heute prägen. Träume vom Dachboden ermuntern zum Erforschen und Verarbeiten alter Erfahrungen.

● **Objektebene:** Träume vom Speicher können Sie mit Ihren auch in der Realität bestehenden Rückzugstendenzen konfrontieren.

→ Haus (S. 212)

⬚ Dachboden

◎ Erinnerungsspuren, Rückzug

SPINNE

● **Subjektebene:** Spinnen, häufige Gäste unserer Träume, sind vor allem mit dem Fangen, dem Töten und Aussaugen ihrer Beute und dem kunstvollen Weben ihrer Netze assoziiert. Im Vordergrund des negativen Bedeutungsaspekts steht das Berechnende der Spinne. Als ihr Opfer sieht man sich im Netz verfangen, gelähmt von ihrem Biss und anschließend ausgesaugt. Ein solches Bild kann auf ungelöste Mutterbindungen verweisen und daraus resultierend auf Angst vor Abhängigkeit in Beziehungen, insbesondere vor der weiblichen Sexualität. Ihr kunstvoll gewobenes Netz verbindet die Spinne von alters her mit Ordnung und Konzentration auf das Wesentliche. Sie verkörpert dabei den positiven Lebensweg der Träumenden, die sich an ihrem Lebensfaden entlanghangeln und sich ihr eigenes Lebensnetz spinnen.

● **Objektebene:** Mitunter verweist die Spinne darauf, dass Sie sich in eine Beziehung oder Angelegenheit verrannt haben. Ein einzelner Faden einer Spinne kann Ihnen mitteilen, dass etwas in Ihrem Leben »am seidenen Faden hängt«.

→ Mutter (S. 217), Vampir (S. 66)

⏶ Spinnennetz

◎ ungelöste Mutterbindung, Ordnung

STROH

● **Subjektebene:** Mit Stroh verbinden wir sowohl in der Realität als auch im Traum etwas Minderwertiges und meist Inhaltsleeres. Deutlich wird dies zum Beispiel in der Redewendung »leeres Stroh dreschen«, die darauf hindeutet, dass das eigentlich Wertvolle, das Korn, nicht mehr darin enthalten ist. Insofern symbolisiert das Stroh, dass der Träumende um etwas bemüht ist, für das es sich nicht lohnt.

● **Objektebene:** Traumbilder von Stroh im Zusammenhang mit anderen Personen machen Sie darauf aufmerksam, dass Sie Ihre Bezie-

→ Geld (S. 118), Armut (S. 169)

⏶ –

◎ unnütze Arbeit

hungen zu diesen Personen überdenken sollten. Der Traum signalisiert, dass Sie die Beziehung unbewusst als nicht bereichernd erleben.

TEER

- **Subjektebene:** Wer als Kind an einem heißen
Sommertag barfuß über eine geteerte Straße
lief, hat damit direkt Bekanntschaft gemacht
mit dem wichtigsten Deutungsgehalt des
Traumbildes Teer, mit der Zähigkeit nämlich,
mit der er einem anhaftet. Die schwarze Farbe
des Traumteers symbolisiert, dass man sich
dessen, was einem anhaftet, nicht bewusst
ist. Häufig ist es das Festkleben an Beziehungen beziehungsweise den damit noch verbundenen, nicht verarbeiteten Gefühlen – vor
allem, wenn etwa von teerverschmutzten
Meeren oder Stränden geträumt wird. Frisch
geteerte Traumstraßen hingegen stehen für
den Wunsch, rasch voranzukommen, entweder durch wirkliches Verarbeiten und Loslassen oder durch Verdrängen.
- **Objektebene:** Ist in Ihrem Traum eine Person
mit Teer bespritzt, kann das auf deren über-
große Anhänglichkeit aufmerksam machen.

 Mann
(S. 155),
Straße
(S. 92),
Dunkelheit
(S. 44)

⚠ –

◎ Abhängig-
keit

TEMPERATUR

- **Subjektebene:** Temperaturempfindungen verweisen auf Gefühlszustände.
Warme Temperaturen symbolisieren Herzens-
wärme und Mitgefühl. Unangenehme Wärme
fordert auf, sich in bestimmten Situationen
»cooler« zu verhalten.
Kühle oder Kälte steht für die eigene Gefühlskälte und Distanz und rät damit, sich der eigenen positiven Lebensgefühle bewusster zu
werden oder mehr Distanz zu Gefühlen zu entwickeln.
Extreme Temperaturen verweisen auf extreme
Gefühlszustände. So bedeutet Kälte totalen

Schnee
(S. 193),
Eis (S. 174),
Norden
(S. 129),
Süden (S. 93),
Sonne (S. 62),
Ofen (S. 157),
Feuer (S. 207)

Rückzug, Verbitterung und Mutlosigkeit, Hitze hingegen hitzige Gefühle und Leidenschaften, die man mit dem Verstand nicht mehr zu beherrschen weiß.

⚠ Wärme, Kälte, Kühle, Hitze

◎ Gefühlszustände

- **Objektebene:** Möglicherweise ist Ihnen im Bett zu kalt oder zu warm. Extreme Temperaturen können auf Fieber hinweisen.

TEUFEL

- **Subjektebene:** Der Teufel, der nach unserer Vorstellung in unterirdischen Gefilden sein Unwesen treibt, steht schlechthin für das, was uns aus unserem tiefsten Innern bedroht. Unser grundlegendes Verständnis von Gut und Böse wird durch dieses Traumbild angesprochen. So verteufeln wir alles, was uns böse und ablehnenswert erscheint. Gerade der überintellektuelle und der puritanische Mensch werden dabei aufgefordert, sich mit ihrem Schatten und ihren natürlich-triebhaften Instinkten auseinander zu setzen. Insofern kann der Teufelstraum eine Weiterentwicklung der Persönlichkeit signalisieren. Häufige Teufelsträume hingegen weisen eher auf eine Entwicklungsstörung hin.

➡ Schatten (S. 222), Hexe (S. 50), Dunkelheit (S. 44), Tod (S. 94), Rot (S. 222)

⚠ Satan, Luzifer

◎ Schatten, Intellekt, Ablehnung

- **Objektebene:** Erscheint Ihnen eine Person als Teufel oder Teufelin, versinnbildlicht dies Ihre Ablehnung oder warnt Sie vor diesem Menschen.

TIERE

- **Subjektebene:** Tierträume symbolisieren die animalischen Aspekte der Persönlichkeit, das heißt, sie handeln von wenig kontrollierten und meist unbewussten Impulsen im Menschen. Häufige Tierträume weisen darauf hin, dass die triebhaft animalische Seite zu wenig bewusst ist und möglicherweise zu wenig gelebt wird. Das Tier, das im Traum erscheint, ist direkter symbolischer Ausdruck des Umgangs

➡ Fleisch (S. 143), Anima (S. 202), Schatten (S. 222)

mit den unkontrollierten oder nur schwer zu kontrollierenden Anteilen. So träumen verzagtere und zurückhaltendere Menschen eher von Haustieren, bei denen die Domestizierung und damit die Kontrolle so weit fortgeschritten ist, dass sie nicht als bedrohlich erlebt werden. Freiere Menschen hingegen träumen tendenziell eher von frei lebenden oder gefährlichen Raubtieren, vor allem, wenn es sich um das Thema Aggression dreht. Gleichgültig, welches Tier uns im Traum erscheint, es weist uns auf unbewusste triebhafte Impulse hin, die wir mehr beachten sollten.

 –

 triebhafte Impulse

● **Objektebene:** Tierträume können in manchen Situationen auch symbolisch für bestimmte Personen beziehungsweise deren Eigenschaften stehen.

TRINKEN

● **Subjektebene:** Beim Trinken nehmen wir Flüssigkeit zu uns, und somit ist dies symbolisch mit unseren Gefühlen verknüpft. Der Durst macht auf Defizite im Gefühlsbereich aufmerksam, das Trinken auf die Notwendigkeit, uns unseren Gefühlen intensiver zuzuwenden. Wichtig dabei ist, was und aus welchem Gefäß wir trinken und von wem wir das Getränk eingeschenkt bekommen.

→ Wasser (S. 225), Wein (S. 68), Milch (S. 88), alkoholische Getränke (S. 169)

● **Objektebene:** Trinken fordert Sie auf, Gefühle mehr in Ihr Leben einzubeziehen.

▲ Durst

⊚ Gefühle

VAMPIR

● **Subjektebene:** Nicht erst seit dem Boom der Vampirfilme tauchen Vampire in Träumen häufig auf. Sie sind ein klassisches Symbol unseres Schattens und versinnbildlichen beängstigende unbewusste Inhalte, die wir symbolisch ins Grab verbannten. Nachts, also uns unbewusst, steigen sie wieder auf und saugen uns

→ Grab (S. 81), Blut (S. 77), Gespenst (S. 49)

Energie ab. Häufig symbolisieren sie destruktive Gedanken, Ängste und aggressiv-sexuelle Wünsche, die wir in Form von Schuldgefühlen abgewehrt haben. Wo der aussaugende Aspekt im Vordergrund steht, ist dies ein Hinweis auf Minderwertigkeitsgefühle und die daraus resultierende Tendenz, sich – möglicherweise unbemerkt – ausnutzen zu lassen. Eine Frau, die sich im Traum als Opfer eines Vampirs erlebt, wird mit ihrem Wunsch nach Hingabe konfrontiert; ein Mann, der träumt, Graf Dracula zu sein, mit seiner Gier.

- **Objektebene:** Vampire machen Sie auf Menschen aufmerksam, die Sie ausnutzen. Oder bedienen umgekehrt Sie sich zu eigennützig anderer Menschen?

▲ Geister

◉ Energieverlust durch beängstigende unbewusste Inhalte, Hingabe, Schatten

VERFOLGUNG

- **Subjektebene:** Flieht bei einem Verfolgungstraum der Träumende, ist die Bedeutung unter dem Symbol »Flucht« nachzulesen. Verfolgen wir etwas, symbolisiert dies meist die Ambivalenz unserer Gefühle dem begehrten Objekt gegenüber. Einerseits wünschen wir zu besitzen, was wir verfolgen, andererseits fürchten wir uns davor, es unser eigen zu nennen. Sei es eine wunderschöne Frau, die unseren Wunsch nach Liebe, Beziehung und Sexualität symbolisiert, aber gleichzeitig die damit verknüpfte Angst vor Abhängigkeit und/oder Verantwortung aufsteigen lässt. Sei es die Jagd nach Geld und dem damit symbolisierten Wunsch nach mehr Energie und der dann bewusster werdenden Bequemlichkeit, der wir uns nicht stellen wollen. Aus diesen Gründen entgleitet uns das begehrte Objekt immer wieder.
- **Objektebene:** Mitunter ermutigt Sie die Verfolgung, sich durch auftretende Schwierigkeiten nicht von Ihren selbstgesteckten Zielen abbringen zu lassen.

➡ Flucht (S. 46), Polizist (S. 131), Gericht (S. 119)

▲ Verfolgen

◉ Ambivalenzkonflikt, Zielorientierung

WALD

- **Subjektebene:** Im Wald werden wir mit dem Unbewussten und den Ursprüngen unseres Seins konfrontiert. Waldträume treten deshalb häufig in Umbruchphasen auf. Wir sehen uns darin mit den Wurzeln konfrontiert, denen wir entstammen. Wir begegnen zugleich Räubern und Hexen, Anteilen also, die gegen das Hergebrachte rebellieren, sowie Furcht erregenden Tieren, die für die triebhaften Aspekte der Persönlichkeit stehen. Alles gilt es zu erforschen und für sich nutzbar zu machen.

- **Objektebene:** Insbesondere Träume von Angst einflößenden Urwäldern mahnen Sie, sich nicht durch Wünsche nach Anerkennung und Prestige, durch Eitelkeit und Machtstreben allzu weit von Ihren Ursprüngen zu entfernen.

➡ Baum (S. 76), Dunkelheit (S. 44)

🔺 Urwald

◉ Ursprung, Unbewusstes, Rebellion

WEIN

- **Subjektebene:** Wein, der aus harter Arbeit, Reifung und in unterschiedlichen Herstellungsprozessen entsteht, verkörpert Energie und Tatkraft. Diese sind ein Resultat der Lebenserfahrungen der Träumenden und deren positiver Verarbeitung. Wein in der Gemeinschaft getrunken, verweist auf die wichtige Funktion des Miteinanders. Wird er in religiösen Ritualen zu sich genommen, symbolisiert er die spirituelle Sinnsuche des Menschen und die darin beinhaltete Energie, das Leben auch in schwierigen Zeiten durchzustehen. Allgemein steht der Weißwein für Klarheit und der Rotwein wegen seiner Nähe zum Blut für Energie.

- **Objektebene:** Wein kann Sie auffordern, jemandem in Ihrem Umfeld »reinen Wein einzuschenken«, sprich: ihm die Wahrheit ins Gesicht zu sagen. Oder sollten Sie sich selbst mit den unbequemen Wahrheiten Ihres momentanen Lebens konfrontieren?

➡ Blut (S. 77), Weiß (S. 227), Rot (S. 222), Kelch (S. 182)

🔺 –

◉ Energie, Vitalität, Gemeinschaft, Spiritualität

WELLE

- **Subjektebene:** Die Welle symbolisiert die innere Bewegung, sie steht für das stete Auf und Ab des Lebens. Meist handelt es sich um eine Wasserwelle, in der sich der momentane emotionale Zustand widerspiegeln kann. Wellen haben durch ihre sanften Bewegungen eine entspannende Wirkung, können aber, je größer sie werden, desto bedrohlicheren Charakter annehmen. Wer sich im Traum dem sanften Schaukeln der Welle anvertrauen kann, dem ist es möglich, mit den inneren Gefühlsbewegungen mitzugehen. Wird man dagegen von einer großen Welle an Land überrascht, die einen wegzuspülen droht, ist dies als Aufforderung zu verstehen, sich mehr den ursprünglichen Impulsen und Gefühlen anzuvertrauen und Sicherheitsbedürfnisse aufzugeben.

- **Objektebene:** Wellen erinnern nicht selten an reale Erlebnisse, vor allem, wenn Sie schon einmal bei Seegang gebadet haben. Insofern drückt sich darin die Sehnsucht nach Entspannung und Erholung aus. Erleben Sie die Wellen im Traum als bedrohlich, weist dies darauf hin, dass Sie zu sehr auf Sicherheit bedacht sind und dadurch mögliche notwendige Veränderungen, gerade auch in Ihrem nahen Umfeld, zu lange ignorieren. Seien Sie mutiger, und vertrauen Sie sich den inneren und äußeren Bewegungen mehr an.

→ Meer
(S. 87),
Wasser
(S. 225),
Fluss (S. 178)

▲ Woge

◎ Lebens-
bewegung,
Gefühle

ZWERG

- **Subjektebene:** Unter den Begriff »Zwerg« werden neben den Märchengestalten auch alle Personen subsumiert, die im Traum zwergwüchsig erscheinen. Die Märchengestalten stehen für die häufig hilfreichen und naturverbundenen Kräfte in uns. Sie sind uns nicht nur unbewusst, sie leben ja in Höhlen und zeigen sich uns nur selten, sondern werden

→ Höhle
(S. 181),
Erde (S. 207),
Behinderung
(S. 42)

von uns intellektuellen Menschen ihrer Nähe zur Natur wegen abgelehnt. Sie fordern dazu auf, sich mehr mit ihnen zu verbünden. Zwergwüchsige Menschen stehen symbolisch für Persönlichkeitsanteile, denen man zu wenig Aufmerksamkeit zukommen lässt. Darüber hinaus können sie Minderwertigkeitsgefühle in speziellen Bereichen oder Situationen aufzeigen.

⚠ Kleinwuchs

◎ hilfreiche Kräfte, Minderwertigkeitsgefühle

- **Objektebene:** Erscheinen Ihnen Menschen, die Sie kennen, in Zwergengestalt, kann dies darauf hinweisen, dass Sie diese Personen zu sehr von oben herab behandeln.

TRAUMSYMBOLE VON TOD UND LEBEN
(VOM WERDEN UND VERGEHEN)

Loslassen und Neuanfang ist das zentrale Thema dieser Symbolgruppe. Alles dreht sich dabei um das Werden und Vergehen, dieses »Stirb und werde« des Menschen. Dieser Prozess beherrscht uns im Großen wie im Kleinen, wenn wir uns von unserem Partner trennen, eine neue Arbeit beginnen, wenn wir umziehen und uns verändern, wenn wir reifer werden. Diesen Prozess finden Sie direkt oder indirekt versinnbildlicht in den verschiedenen, hier aufgeführten Symbolen.

Häufiges und wichtigstes Traumsymbol dieser Gruppe ist der »Tod« – ein magisches Bild, das jeden berührt. Er symbolisiert das »innere Sterben« und damit das Aufgeben alter Gewohnheiten, Einstellungen oder Persönlichkeitsanteile.

Aber wo Tod ist, da ist auch Wiedergeburt – zumindest auf der Ebene der Symbole. Geschieht das notwendige Absterben im Einklang mit unserer persönlichen Entwicklung, kann es von uns als etwas grundlegend Bereicherndes erfahren werden, wie in den Symbolen »Baum« und »Schmetterling«.

Meist jedoch jagt uns Gevatter Tod Angst ein. Oft fordert er loszulassen an einem Punkt, an dem sich das Neue noch nicht zeigt, wie es zum Beispiel an dem Traumsymbol »Tunnel« deutlich wird. Wir müssen eine unbestimmte Zeit der Ungewissheit hinnehmen. Das auszuhalten, werden wir lernen, um uns für das wirklich Neue öffnen zu können.

Sowohl die Zeit davor als auch der Umbruch selbst sind bestimmt von einer inneren Zerreißprobe. Dabei kämpfen in uns die alten Sicherheit gebenden Aspekte gegen die Kräfte des Fortschritts. Beide Seiten zeigen sich in unterschiedlichen Symbolen. Bei ihrer Deutung – ob die Symbole uns in unseren progressiven Anteilen unterstützen oder den anstehenden Entwicklungsschritt boykottieren – entscheidet letztlich der Traumzusammenhang. Gerade Symbole wie der »Bauer«, die »Wurzel« und die »Biene«, die uns Sicherheit und Kontinuität vermitteln, werden in Zeiten des Umbruchs aktuell. Wir brauchen diese Basis, die uns die Symbole vermitteln, da wir sonst in diesem Verwandlungsprozess entwurzelt und ohne Struktur den Ängsten hilflos ausgeliefert sind. Aus diesem Grund regen die tendenziell konservativen und Struktur gebenden Symbole uns an, diese Seiten nicht abzulehnen und zu verleugnen, sondern zu erkennen, dass wir sie als Grundlage unseres Seins benötigen.

Darüber hinaus sind in dieser Kategorie Symbole aufgeführt, die andeuten, dass sich der Träumer oder die Träumerin vor den notwendigen Entwicklungsschritten drücken, oder dass sie sich in ihrer Unentschiedenheit häuslich eingerichtet haben. Dazu gehören unter anderem die Traumbilder aus dem Bereich der Krankheiten, das Bild der »Insel« und die im Traum so gefürchteten Hindernisse aller Art. Diese Traumbilder fordern uns auf, die anstehenden Aufgaben anzugehen, auch wenn wir noch so große Angst davor haben.

Dem gegenüber stehen jene Symbole, die unserer Persönlichkeit helfen, uns gegen Ängste unterstützen. Sie fördern unseren Entwicklungsprozess. Direkt und indirekt zeigt sich diese Hilfe in Symbolen wie »Ei«, »Samen« und »Garten«. Gerade diese Symbole zeigen uns, dass die Zeit reif ist, uns dem notwendigen Prozess des Werdens und Vergehens hinzugeben.

ABEND

- **Subjektebene:** Erscheint der Abend zu Beginn eines Traumes, symbolisiert er die Stimmung oder die zugrunde liegende Traumsituation. Als Übergang vom Tag zur Nacht versinnbildlicht der Abend die Hinwendung zum Unbewussten. Die äußere Realität verblasst und unser Innenleben gewinnt an Bedeutung. Dadurch verändern sich unsere Sicht und die Wertigkeit der Dinge. Träumen wir in einer bestimmten Lebensphase häufiger vom Abend, kann er auf eine bevorstehende Zeit des Umbruchs hinweisen.

- **Objektebene:** Bei älteren Träumerinnen und Träumern mag der Abend ein Hinweis auf den Lebensabend sein, bei jüngeren Menschen deutet er an, dass eine bestimmte Lebensphase zu Ende geht. Spielen Ihre Träume häufig am Abend, kann sich darin ein Bedürfnis nach Ruhe ausdrücken.

➡ Tod (S. 94), Nacht (S. 56), Dunkelheit (S. 44), Westen (S. 100)

⚠ Dämmerung

◎ Übergangszeit vom Bewussten zum Unbewussten, Umbruch, Lebensabend, Ruhebedürfnis

ABENTEUER

- **Subjektebene:** Erleben wir im Traum Abenteuer, sehnen wir uns danach, der Alltagsroutine zu entfliehen. Mit Recht beginnen wir, unser falsches Selbstbild, das wir auf der Grundlage von Kontrolle und Anpassung entwickelt haben, in Frage zu stellen.
Dieses Traumbild ermutigt uns, mit vollkommen neuen Denk- und Seinsweisen zu experimentieren.
- **Objektebene:** Versuchen Sie auch in der Realität aus der Alltagsroutine auszubrechen. Sie können im Kleinen beginnen, indem Sie alltägliche Gewohnheiten umstellen oder weglassen. Spüren Sie nach, wie sich das Neue anfühlt!

 Tunnel
(S. 96),
Held (S. 50),
Fremde (S. 46)

⚠ –

◎ vollkommen Neues beginnen, Kontrolle aufgeben

ABREISE

- **Subjektebene:** Bei der Abreise lässt man immer etwas hinter sich. Häufig sind damit Haltungen, Einstellungen oder Gefühle gemeint, von denen man sich trennt. Wird die Abreise als befreiend oder schmerzhaft, aber notwendig empfunden, versinnbildlicht sie das Loslassen von Altem, häufig verbunden mit einem Neubeginn. Hat die Abreise eher Fluchtcharakter, sollten wir uns ansehen, was wir zurücklassen. Der Traum konfrontiert uns mit einer innerpsychischen Konfliktsituation, der wir uns nicht durch Flucht entziehen sollten.
- **Objektebene:** Da das Traumbild häufig bei Stress und Partnerkonflikten auftritt, sollten Sie es als Aufforderung verstehen, sich diesen Problemen zu stellen.

→ Tod
(S. 94),
Abenteuer
(S. 73),
Umzug
(S. 98),
Bahnhof
(S. 171)

⚠ Abschied

◎ Loslassen von Altem, Auseinandersetzung mit Konflikten

ACKER

- **Subjektebene:** Der Acker ist symbolisch mit den positiven mütterlichen Anteilen verbunden, die den Nährboden für neue Entwicklungen bilden. Die Möglichkeiten für einen (inneren) Neubeginn sind gegeben – vor allem, wenn das Traumbild einen fruchtbaren und frisch gepflügten Acker zeigt. Harte, verkrustete Schollen sind Hinweis auf alte Probleme. Tiefe Furchen stehen für weiblich-fruchtbare Sexualität.
- **Objektebene:** Der Acker verweist möglicherweise auf eine zu starke Betonung des Intellekts in Ihren Beziehungen. Oder er führt Ihnen vor Augen, dass Sie noch etwas zu »beackern«, sprich: zu bearbeiten haben. Bei Stadtmenschen versinnbildlicht er die romantischen Vorstellungen nach einem naturnaheren Leben.

→ Bauer (S. 75), Erde (S. 207), Wiese (S. 199), Samen (S. 91), Ernte (S. 45)

 –

◎ positiv-mütterliche Anteile, innerer Neubeginn

BAD

- **Subjektebene:** Das Bad steht symbolisch für die Reinigung des Seelenlebens. Die Träumenden werden über dieses Traumbild mit belastenden Gefühlen und Gedanken in Kontakt gebracht und daran erinnert, diese in ihrem Traumbad loszulassen. Die Reinigung mit Wasser, mit dem das Bad eng verbunden ist, symbolisiert das Zulassen von Gefühlen. Damit kann sich der Träumer oder die Träumerin von den negativen Gefühlen, Gedanken und Vorstellungen befreien. Verhinderte Gänge ins Bad zeigen das Problem auf, sich von Fehlhaltungen und alten Emotionen zu entlasten.
- **Objektebene:** Häufige Badträume, die direkt auf Ihr Realleben Bezug nehmen, können Sie darauf hinweisen, dass Sie Probleme haben, Ihren Alltag und die damit verbundenen Erlebnisse hinter sich zu lassen.

→ Toilette (S. 95), Wasser (S. 225)

⚠ Dusche, Waschbecken

◎ Reinigung der Psyche

BAUCH

Subjektebene: Träume vom Bauch, dem Sitz des Magen-Darm-Trakts, haben mit Verdauung zu tun – also mit der Verarbeitung von Erlebnissen. Bauchschmerzen, ein dicker oder dünner Bauch, aber auch Magen-Darm-Erkrankungen, die auf tiefer liegende Konflikte hindeuten, machen den Träumer oder die Träumerin darauf aufmerksam, dass Erlebnisse auf der emotionalen Ebene nicht verarbeitet und somit nicht integriert werden können. Da der Bauch direkt mit den Grundbedürfnissen des menschlichen Daseins verknüpft ist, spricht das Traumbild auch die Bedürftigkeit des Träumers oder der Träumerin an. Dicke Bäuche symbolisieren entweder große Bedürftigkeit oder Übersättigung, während dünne Bäuche Hunger nach sinnlicher und sexueller Befriedigung ausdrücken können. Bauchträume weisen ganz allgemein darauf hin, dass Sie mehr aus dem Bauch heraus handeln, sprich: sich mehr nach Ihren spontanen Gefühlen richten sollten.

Objektebene: Träume vom Bauch können – wie alle Körperträume – durch Körperreize ausgelöst werden. Mehrfache Träume von Magen-Darm-Beschwerden können auf beginnende körperliche Erkrankungen hinweisen. Der dicke oder dünne Bauch im Traum bringt Sie mit Ihrem Körper- und Ihrem Selbstbild und damit auch mit Ihren Problemen in Kontakt, sich so zu akzeptieren, wie Sie sind.

➜ Körper (S. 85), Schlange (S. 60), Essen (S. 79), Süden (S. 93), Blumen (S. 138)

 –

◎ Grundbedürfnisse, Gefühle, Verarbeitung

BAUER

Subjektebene: Das Traumbild Bauer ist eng mit den Naturenergien verbunden, das heißt mit dem naturverbundenen Leben und der Tendenz zum Ursprünglichen. Er weist deshalb darauf hin, dass wir uns innerlich zu sehr von uns und unseren ureigensten Bedürfnissen und Impulsen entfernt haben. Gleichzeitig kann er, vor allem, wenn er im Traum negativ

➜ Acker (S. 74), Erde (S. 207), Wiese (S. 199)

⚠ Landwirt

erlebt wird, eine überstarke Bindung an her-
kömmliche und überlebte Einstellungen aufzeigen.

 Natur-
nähe, Ur-
sprünglichkeit

- **Objektebene:** Der Bauer ermuntert Sie, Ihre
  Ideen in realitätsnahes Handeln umzusetzen.

BAUM

- **Subjektebene:** Der Baum steht symbolisch für
  das naturverbundene zyklische Wachstum des
  Menschen und für seinen momentanen seelischen Zustand. Das Bild kann dabei einzelnen
  psychischen Aspekten oder der Gesamtperson
  gelten. Dicht belaubt und in vollem Saft veranschaulicht er den Träumenden, dass sie sich
  empfinden als voller Lebensenergie. Im kah-
  len und durchscheinenden Winterkleid versinnbildlicht der Baum einen momentanen
  Stillstand in der persönlichen Entwicklung.
  Das Zyklische in seinem Wachstum verdeutlicht, dass alles seine Zeit hat. Er macht deshalb Mut, die Chancen, die das Leben bietet,
  wenn man sich im Vollbesitz seiner Kräfte befindet, wirklich zu nutzen. In Lebenskrisen
  gibt er Hoffnung, indem er den Träumenden
  vermittelt, dass nach jedem Winter wieder ein
  Frühjahr kommt. Von Bedeutung sind die unterschiedlichen weiblichen und männlichen
  Aspekte, die sich im Baum wiederfinden. Die
  Wurzel, verbunden mit der Erde, ist mit dem
  Ursprünglichen und damit dem Mütterlichen
  assoziiert. Der aufragende Stamm steht für
  männliche Anteile. Die Baumkrone des
  Schutzes wegen, den sie gewährt, sowohl für
  mütterlich-frauliche Aspekte als auch für
  männliche Anteile, vor allem, wenn es sich um
  einen schlanken, hoch gewachsenen Baum
  handelt, der mit dem Himmel verbunden zu
  sein scheint.
  Wichtig ist, um was für einen Baum es sich
  handelt, in welchem Zustand er sich befindet
  und wie sein Umfeld beschaffen ist.

➡ Wurzel
(S. 101),
Winter
(S. 100),
Frühling
(S. 48),
Herbst (S. 83),
Sommer
(S. 92)

⚠ –

◎ zyklisches
Wachstum

- **Objektebene:** Baumträume, die häufig eine Sehnsucht nach Natur ausdrücken, können als Aufforderung verstanden werden, sich mehr in der freien Natur aufzuhalten.

BIENE

- **Subjektebene:** Sicherlich hängt die positive symbolische Bedeutung der Biene primär damit zusammen, dass sie zu den wenigen Insekten gehört, die der Mensch schon vor langer Zeit domestizieren konnte. Die Biene steht symbolisch für Fleiß, Ordnungsliebe und Unterordnung. Damit kann sie ein Hinweis sein, mehr Ordnung und Struktur in das eigene Leben zu bringen.

➡ Chef
(S. 224),
Wespe
(S. 166)

 –

◎ Fleiß,
Ordnungs-
liebe, Unter-
ordnung

- **Objektebene:** Der Bienentraum kann Sie auffordern, bei aktuellen Projekten mehr Fleiß, Engagement einzubringen und sich in bestehende Strukturen einzufügen. Als tendenziell sich unterordnender Mensch ermutigt Sie das Traumbild, sich weniger anzupassen und mehr auf sich und Ihre Bedürfnisse zu achten.

BLUT

- **Subjektebene:** Blut ist sowohl im Realleben als auch in der Symbolik mit Energie und Lebenskraft verknüpft. Im engeren Sinne steht Blut für Gefühl und vor allem Leidenschaft. Der Verlust von Blut warnt die Träumenden vor Energieverlust. Sie können sich fragen, wo es Wunden gibt, die nicht heilen wollen, oder wo ihr Engagement falsch oder vergeblich ist. Zugeführtes Blut, vor allem in Form von Transfusionen, verweist auf seelisch-geistige Bereicherung.

➡ Vampir
(S. 66),
Kelch (S. 182),
Wein (S. 68),
Wunde
(S. 100),
Arzt (S. 108)

△ Aderlass,
Transfusion

◎ Energie,
Lebenskraft

- **Objektebene:** In der Redewendung »jemanden bluten lassen« wird der finanzielle Aspekt des Traumbluts deutlich. Es kann Ihnen deshalb Ihre finanzielle Situation klar vor Augen führen.

BROT

- **Subjektebene:** Brot als Grundnahrungsmittel symbolisiert die Lebensgrundlage. Ist genügend Brot vorhanden, sind auch im übertragenen Sinn Selbstständigkeit und Lebensgrundlage gesichert. Wir können uns der weiteren Persönlichkeitsentwicklung zuwenden.
- **Objektebene:** Backen Sie im Traum kleine Brötchen, werden Sie mit diesem Traumbild darauf hingewiesen, dass Sie sich bei Ihren Unternehmungen allzu stark von Selbstzweifeln und mangelndem Selbstvertrauen beeinflussen lassen. Ist zu wenig Brot vorhanden, finden Sie in Ihren Beziehungen womöglich nicht einmal in elementaren Bedürfnissen Erfüllung. Brotmangel kann aber auch grundlegende finanzielle Probleme symbolisieren.

➡ Essen
(S. 79)

 –

◉ Lebensgrundlage, finanzielle Situation

CHAOS

- **Subjektebene:** Chaotische Traumbilder sind direkter Ausdruck eines chaotischen innerpsychischen Zustands. Spielen im selben oder in darauf folgenden Träumen Ordnungssymbole, zum Beispiel Autoritätspersonen oder Zahlen, eine Rolle, ist von einem kreativen Chaos auszugehen, in dem Neues entstehen kann, vor allem, wenn der Traum vom Gefühl her als positiv erlebt wird. Tauchen chaotische Traumbilder häufiger und im Zusammenhang mit Angst und Panik auf, sollte dies als Warnzeichen verstanden und psychotherapeutische Hilfe in Anspruch genommen werden.
- **Objektebene:** Chaos im Traum kann Sie auffordern, mehr Struktur in Ihr reales Chaos zu bringen, sei es eine unaufgeräumte Wohnung oder eine verworrene Beziehung.

➡ Mutter
(S. 217)

⚠ Verwirrung

◉ inneres Chaos, Muttersymbol, Neuanfang

Ei

- **Subjektebene:** Als klassisches Fruchtbarkeitszeichen und archetypisches Symbol (Seite 239) versinnbildlicht das Ei die inneren Potenziale und den Neubeginn. Wie das »Ei des Kolumbus« kann es für ein Projekt stehen oder auch nur für eine Idee. Die Zerbrechlichkeit des Eis macht darauf aufmerksam, dass man vorsichtig mit den neu entdeckten Möglichkeiten umgehen sollte.
- **Objektebene:** Das befruchtete Ei kann den Wunsch nach oder die Angst vor einer Schwangerschaft symbolisieren.

→ Weiß (S. 227), Frühling (S. 48), Grün (S. 211)

⚖ Eizelle

◉ zerbrechlicher Neubeginn

Essen

- **Subjektebene:** Essensträume geben uns entweder Hinweise zur geistig-seelischen Nahrungsaufnahme oder beziehen sich auf unser reales Essverhalten. Nahrungsmittel symbolisieren seelische Nahrung. Zusätzlich stehen sie für äußere Eindrücke, die wir verinnerlichen. Bedeutsam ist, aus welcher Speise das Essen besteht und wie wir es empfinden, mitunter auch, wer es uns auftischt. Vorspeise, Hauptgericht und Nachtisch stehen für den zeitlichen Ablauf. Die Vorspeise weist auf einen Neubeginn, das Hauptgericht auf den Höhepunkt und der Nachtisch auf den Ausklang einer Sache hin. Da Nahrungsaufnahme gleichzeitig Energieaufnahme ist, verdeutlicht der Essenstraum auch, woraus wir unsere Lebensenergie beziehen.
- **Objektebene:** Träume von Essen können Sie auf falsche Ernährungsweisen und günstige oder schädliche Nahrungsmittel hinweisen. Vor allem bei psychischen Essstörungen treten vermehrt Essensträume auf. Wenn Sie hungrig zu Bett gehen, produziert der Traum als Hüter des Schlafs fast zwangsläufig reichhaltiges Essen.

→ Gasthaus (S. 80), Tisch (S. 94), Brot (S. 78), Fleisch (S. 143), Gemüse (S. 81)

⚖ Vorspeise, Hauptgericht, Nachtisch, Mahlzeit, Nahrungsaufnahme

◉ Energieaufnahme, Verinnerlichung

GARTEN

- **Subjektebene:** Der Traumgarten ist die positive Verbindung zwischen Naturverbundenheit und Seele. Er symbolisiert die Sehnsucht nach Entspannung und Harmonie und ist verbunden mit seelischem Wachstum und dem engen Kontakt mit dem emotionalen Bereich. Ein gut gepflegter Garten weist auf eine unterstützende Struktur hin, in der Entwicklungen gedeihen können. Die Art und Weise wie der Garten von der Nachbarschaft abgegrenzt ist, veranschaulicht die Tendenz der Träumenden, sich mit diesen Bereichen zu zeigen. Umrandet er ein Haus, kann er als ein Bindeglied zwischen dem privaten und dem offiziellen Leben betrachtet werden. Von Bedeutung ist, was im Garten wächst und wer ihn pflegt.
- **Objektebene:** Der Garten verweist Sie darauf, dass Sie im Alltag verstärkt darauf achten sollten, mit sich und Ihrem ursprünglichen Empfinden in Kontakt zu bleiben.

➡ Blumen (S. 138), Gemüse (S. 81), Früchte (S. 144), Erde (S. 207), Mutter (S. 217)

⏏ Beete

◎ Naturverbundenheit, Gefühle, Fruchtbarkeit, Struktur

GASTHAUS

- **Subjektebene:** Das Gasthaus als Ort der Begegnung und des Essens steht für Kommunikation und dafür, wie sie empfunden wird. Dabei ist auf der symbolischen Ebene das Zusammensein eng mit der Nahrungsaufnahme verknüpft. Ein gutes, schmackhaftes Essen kann das Nährende des Gesprächs symbolisieren. Ein saures Getränk hingegen kann darauf hindeuten, dass das Zusammensein dem Träumer oder der Träumerin »sauer aufgestoßen« ist. Wichtig beim Gasthaustraum sind die Personen oder Gruppen, mit denen man zusammen ist und die Aufschluss darüber geben, mit welchen Anteilen man in näheren Austausch treten sollte.
- **Objektebene:** Der Traum vom Gasthaus bringt Sie mit Ihrem Bedürfnis nach zwanglosem, erholsamem Austausch in Kontakt und ermutigt Sie, mehr unter Menschen zu gehen.

➡ Essen (S. 79), Tisch (S. 94)

⏏ Restaurant, Gaststätte

◎ Kommunikation, Offenheit

GEMÜSE

- **Subjektebene:** Gemüse symbolisiert die natürliche Ernährung und steht damit für die naturnahen Persönlichkeitsanteile. Meist stehen dabei, je nach Gemüse, eher weibliche oder männliche Aspekte unserer Sexualität im Vordergrund. Die nähere Bedeutung ist vor allem von der Form des Gemüses abhängig. So versinnbildlichen alle Kohlarten mit ihren eher runden Formen weibliche Anteile unserer Sexualität. Spargel, Rettich, Sellerie, Gurken verweisen mit ihrer länglich phallischen Form auf die männlich phallische Sexualität. Gemüse wird im Traum dann gegessen, wenn eine Überbetonung des Intellekts besteht. »Junges Gemüse« weist darauf hin, dass die naturhafte sexuelle Seite noch entwickelt werden muss.

- **Objektebene:** Das Gemüse kann Sie dazu animieren, sich gesünder zu ernähren.

➡ Essen (S. 79)

⚠ Kohl, Rettich, Sellerie, Gurke, Spargel

◎ weibliche, männliche Aspekte der Sexualität, gesunde Ernährung

GRAB

- **Subjektebene:** Das Grab an sich symbolisiert zuallererst die Resignation und die Lebensunlust des Träumenden. Man sieht keinen Sinn mehr im Leben und fühlt sich von Gräbern und Friedhöfen magisch angezogen. Ein offenes Grab kann zusätzlich auf eine problematische Mutterbeziehung hinweisen. Häufig liegt in dem Grab eine dem Träumenden bekannte oder nahe stehende verstorbene Person. Das deutet auf eine unverändert enge emotionale Verbundenheit. Zugleich kann es ein Hinweis darauf sein, dass die Person etwas ins Grab mitgenommen hat: Erfahrungen oder Potenziale und Gefühle, die vergessen wurden und in der momentanen Phase wieder geweckt werden. Entdeckt man auf dem Grabstein den Namen einer noch lebenden Person, kann man sich fragen, welche mit dieser Person zusammenhängenden Anteile und Gefühle man

➡ Leiche (S. 53), Tod (S. 94), Personen (S. 220)

⚠ Friedhof, Grabstein

◎ Resignation, Verbundenheit, vergessene Potenziale

entweder am liebsten begraben würde oder
begraben hat und nun durch das Grab wieder
entdeckt.

- **Objektebene:** Liegen Sie im Grab, weist dies
auf massive Belastungsfaktoren in Ihrem Realleben hin, die mit zu Ihrer resignativen Haltung
beigetragen haben. Liegt eine Ihnen bekannte
Person im Grab, deutet dies auf aggressive Impulse dieser Person gegenüber hin.

HAAR

- **Subjektebene:** Der primäre symbolische Aspekt des Kopfhaars liegt in der damit verbundenen Vitalität. So zeigen Träume von grauem
oder gar ausfallendem Haar nachlassende
Energie und Tatkraft. Sieht man sich dagegen
im Traum vor dem Spiegel mit seiner Haar-
farbe aus jungen Jahren oder mit vollem, kräf-
tigem Haar, erinnert der Traum an die eigene
Lebenskraft. Allgemein symbolisieren helle
Haarfarben meist positive, dunkle hingegen
negative Aspekte der Persönlichkeit. Einzeln
auftretende Haare zeigen eine Neigung zur
»Haarspalterei«, der Tendenz also, alles etwas
zu genau zu nehmen. Die Behaarung einzelner
Körperteile oder des ganzen Körpers drückt
den Wunsch nach mehr Vitalität und Ursprünglichkeit aus. Nicht zuletzt die Werbung
sorgt dafür, dass Haare auch für unser Image
stehen. Ist unsere Haarpracht im Traum so
ganz anders als in der Realität, mag dies deshalb auch das Bild widerspiegeln, das wir
nach außen abgeben.
- **Objektebene:** Kämmen Sie sich oft im Traum
die Haare, kann Sie dies auf Ihre Eitelkeit beziehungsweise Verunsicherungen Ihres Aus-
sehens wegen aufmerksam machen. Auffällige
Körperbehaarung kann Sie auffordern, sich
ein »dickeres Fell« anzuschaffen.

➡ Spiegel
(S. 195),
Körper
(S. 85),
Gelb (S. 209),
Rot (S. 222),

 –

◎ Vitalität,
Eitelkeit,
Zwanghaftig-
keit

HERBST

- **Subjektebene:** Der Herbst ist die Zeit der Ernte und des allmählichen Absterbens. Im Herbst bringen wir ein, was wir im Frühjahr gesät haben. Insofern steht er für den Lebensabend, das Alter. Er thematisiert Ruhe und Abgeklärtheit, sowohl dem Leben als Ganzem als auch Beziehungen oder Engagements gegenüber. Gleichzeitig zeigt er ein bevorstehendes Ende auf, mit dem die Träumenden sich auseinander setzen sollten.
- **Objektebene:** Sie sollten sich Ihre wohlverdiente Ruhe gönnen.

➜ Ernte (S. 45), Tod (S. 94), Westen (S. 100), Abend (S. 72)

 –

◎ Ernte, Reife, Erfolg, Tod

HINDERNIS

- **Subjektebene:** Hindernisse stehen für Widerstände in uns, die unsere Entwicklung behindern oder hin und wieder auch fördern. Sie fordern auf, diese Widerstände beiseite zu räumen beziehungsweise sich davon nicht entmutigen zu lassen. Außerdem stellen Hindernisse Grenzen und Begrenzungen der eigenen Persönlichkeit dar, die es entweder zu überwinden oder zu akzeptieren gilt. Man trifft vorwiegend zwei Arten von Hindernissen an: Vom Menschen geschaffene wie Barrieren, Zäune, Umleitungen weisen hin auf Schwierigkeiten des Intellekts und der Vorstellungskraft. Überraschende Hindernisse, hervorgerufen durch Einwirkungen der Natur, wie Gewitter, umgestürzte Bäume, symbolisieren Probleme emotionaler Art.
- **Objektebene:** So wie Sie im Traum mit den Hindernissen umgehen, gehen Sie auch im Realleben mit Problemen um beziehungsweise sollten es so tun.

➜ Grenze (S. 120), Zaun (S. 199), Naturkatastrophe (S. 187)

▲ Barriere

◎ Hindernisse in der Persönlichkeitsentwicklung

INSEL

- **Subjektebene:** Umgrenzt vom Wasser, stehen Inseln für den emotionalen Rückzug. Die Insel ist ein Sinnbild der Angst vor den eigenen Gefühlen und den Gefühlen der Mitmenschen. Häufig ist diese Angst das Resultat aus Enttäuschungserlebnissen und Minderwertigkeitsgefühlen. Je kleiner die Insel im Vergleich zum umgebenden Wasser, desto größer die Furcht vor neuen negativen Erlebnissen. Fühlt man sich im Traum auf der Insel wohl und hat sich auf einen längeren Aufenthalt eingerichtet, deutet dies auf eine tief gehende Resignation hin. Das Traumbild fordert auf, sich bewusst mit seinen Rückzugstendenzen auseinander zu setzen und wieder aktiv auf das Leben zuzugehen.
- **Objektebene:** In der Insel können sich auch Ihre Bedürfnisse nach Erholung, vollkommener Ruhe und Abgeschiedenheit widerspiegeln.

➜ Wasser (S. 225), Gefängnis (S. 178), Ufer (S. 96)

⚠ Eremit, Eiland

◎ emotionaler Rückzug, Sehnsucht nach Erholung

KERZE

- **Subjektebene:** Gerade in unserer technisierten Welt treten Kerzen in Träumen immer wieder auf. Die Kerze, die langsam herunterbrennt, ist ein Sinnbild des Lebens. Wie die immer während Flamme das ewige Licht versinnbildlicht, so symbolisiert die heruntergebrannte Kerze das Ende unseres Lebens beziehungsweise eines wichtigen Lebensabschnitts. Mitunter bezeichnet die Kerze auch das männliche Glied, vor allem wenn sie in einen Kerzenständer gesteckt wird.
- **Objektebene:** Kerzen können Ihre Sehnsucht nach Romantik und Gefühlswärme widerspiegeln.

➜ Licht (S. 53), Feuer (S. 207)

⚠ Lampe

◎ Lebenslicht, Romantik, Gefühlswärme

KIND

- **Subjektebene:** Kinder kommen relativ häufig in Träumen vor, gleichgültig, ob man real in einer Familie oder allein lebt. Sie stehen für neue Möglichkeiten oder verkörpern unsere kindliche Seite, die entweder zu wenig Beachtung erhält und gefördert werden sollte oder unseren Widerstand gegen das Erwachsenwerden verdeutlicht. Wichtig ist das Alter des Kindes. Es setzt einen Bezug zur entsprechenden Lebensphase des Träumers oder der Träumerin oder zu etwas Neuem, wie eine Beziehung, ein Projekt oder Ähnliches, das um die Zeit der »Geburt« des Traumkindes seinen Anfang nahm.

→ Personen (S. 220)

△ –

◎ kindliche Seite, neue Möglichkeiten, Unreife

- **Objektebene:** Träume von Kindern können je nach Lebenssituation auf einen Kinderwunsch oder eine allgemeine Veränderung des Lebensstils hinweisen.

KÖRPER

- **Subjektebene:** Der Traumkörper und einzelne Körperteile symbolisieren Anteile der Träumenden. Sie sind direkt mit dem Ich des Träumers verbunden, das heißt mit dem subjektiven Empfinden, wie er sich selbst im Traum erlebt. Im Unterschied zu anderen symbolischen Darstellungen steht der Traumkörper in direktem und damit bewusstem Zusammenhang mit dem Ich. Körperliche Beeinträchtigungen können immer als seelische Behinderungen verstanden werden, die das Unbewusste den Träumenden aufzeigt. Wird der Körper im Traum funktionsfähig und gesund erlebt, kann der Träumer oder die Träumerin davon ausgehen, dass er oder sie sich im Alltag im seelisch-geistigen Gleichgewicht befindet. Sehen wir uns im Traum abgemagert und ausgezehrt, zeigt uns dies den Mangel im seelischen Bereich, vor allem in Bezug auf Gefühl und Wärme. Erleben wir uns oder andere Personen als

→ rechts (S. 221), links (S. 215)

△ mager, dick, Korpulenz

◎ seelischer Zustand des Ich

dick und unförmig, weist dies auf Abgrenzungsprobleme, Maßlosigkeit und fehlende
Selbstdisziplin hin. Sowohl als Dicke wie als
Dünne werden wir mit dem Thema, wie viel
Raum wir einnehmen beziehungsweise einnehmen wollen, konfrontiert. Weiterhin
werden unsere Suchttendenzen damit angesprochen.

● **Objektebene:** Körperträume werden häufig
durch Körperreize ausgelöst. Sie können Sie
damit auf mögliche körperliche Beeinträchtigungen aufmerksam machen, die Ihnen im Ta-
gesbewusstsein noch nicht aufgefallen sind.

KRANKHEIT

● **Subjektebene:** Kranke Personen symbolisieren immer erkrankte Persönlichkeitsanteile
der Träumenden. Von Bedeutung ist, für welchen Aspekt der Persönlichkeit die erkrankte
Person steht. Erkrankt das Traum-Ich selbst,
ist die Krankheit umfassender, und die Auswirkungen sind deutlicher spürbar. Auf der
Subjektebene stellt eine Krankheit seelische
Konflikte dar, die das Ich mit seinen ihm zur
Verfügung stehenden Mitteln nicht lösen zu
können glaubt. Epidemien und Infektionen
weisen auf Abgrenzungsprobleme hin, Erkäl-
tungen auf einen zu kaltherzigen Umgang mit
sich selbst. Wunden und Narben machen auf
seelische Verletzungen aufmerksam, die nicht
verheilen wollen und denen mehr Beachtung
geschenkt werden sollte. Wo durch eine Erkrankung einzelne Körperteile in ihrer natürlichen Funktion eingeschränkt sind, empfiehlt
es sich, auch unter diesen Stichworten nachzulesen.

● **Objektebene:** Krankheiten können Sie hinweisen auf möglicherweise real existierende Erkrankungen oder Gefährdungen, an diesen zu
erkranken. Sie raten Ihnen, sensibler mit sich
umzugehen.

➡ Arzt
(S. 108),
Personen
(S. 220),
Krebs-
erkrankung
(S. 87),
Zahn (S. 166)

⚠ Epidemie,
Infektion,
Erkältung,
Wunde

◉ seelische
Erkrankung
einzelner Per-
sönlichkeits-
anteile, Ich-
Schwäche

KREBSERKRANKUNG

- **Subjektebene:** Wie alle Krankheiten symbolisieren Krebserkrankungen Konflikte, durch die das Ich des Träumers sich überfordert fühlt. Sie weisen auf negative Gefühle hin, die sich im Träumer oder in der Träumerin festgefressen haben. Da Krebserkrankungen häufig zum Tod führen, deutet dieses Traumbild an, dass die Lösung des Konfliktes nur darin bestehen kann, dass man stirbt, sprich: alte und überlebte Anteile, die die negativen Gefühle auslösen, loslässt. Wichtig ist, welche Körperteile vom Krebs befallen sind.
- **Objektebene:** Krebserkrankungen spiegeln Ihre Angst vor Leiden und Sterben. Sie mahnen Sie, gesünder zu leben.

➡️ Krankheit (S. 86), Arzt (S. 108), Tod (S. 94)

🔺 Karzinom

◎ tief greifende Konflikte im Gefühlsbereich, Angst vorm Leiden

MEER

- **Subjektebene:** Das Meer ist symbolisch mit Gefühlen verbunden, nicht selten mit solchen, die wegen ihrer Tiefe unbewusst sind. Auch aus diesem Grund wird im Traum die Gewalt des Meeres häufig als bedrohlich empfunden. Schwimmen im Meer symbolisiert den Wunsch nach tiefem Verbundensein mit dem Gefühlsbereich. Darüber hinaus versinnbildlicht es den direkten Kontakt mit dem Ursprung des Daseins und damit mit dem Urmütterlichen, als welches das Meer häufig gesehen wird.
- **Objektebene:** Begegnet Ihnen das Meer im Traum, symbolisiert dies möglicherweise Ihr Bedürfnis, sich in Ihren Beziehungen mehr den Gefühlen hinzugeben, vor allem, wenn Sie das Meer im Traum positiv erleben. Gleichzeitig kann sich im Meer Ihr Wunsch nach Urlaub und Erholung zeigen.

➡️ Wasser (S. 225), Blau (S. 204), Fisch (S. 208)

🔺 See

◎ Gefühle, Unbewusstes

MILCH

- **Subjektebene:** Milch ist eng mit dem Mütter-
lich-Nährenden verknüpft. Im Traum steht sie
für das Bedürfnis, genährt zu werden, beziehungsweise für den nährenden Aspekt der jeweiligen Situation. Je nach Zusammenhang
und Persönlichkeit der Träumenden kann sie
auf kindliche Bedürfnisse verweisen, die es
erschweren, Verantwortung für das eigene Leben zu übernehmen. Diese grundlegenden
Bedeutungen spiegeln sich auch in Milchpro-
dukten: Die Butter auf dem Brot steht für Erfolg; Joghurt weist daraufhin, dass wir uns von
kindlichen Vorstellungen lösen beziehungsweise lösen sollten; Käse und Quark schließlich symbolisieren inneren Wohlstand und das
Nährend-Weibliche.
- **Objektebene:** Im Zusammenhang mit anderen
Personen können Milch oder Milchprodukte
auf Ihre mit diesen Personen verbundenen
kindlichen Wünsche hinweisen oder illustrie-
ren, wie positiv und nährend Sie die Beziehung erfahren.

➜ Weiß
(S. 227),
Kuh (S. 126),
Kind (S. 85),
Mutter
(S. 217)

⚠ Käse,
Quark,
Joghurt,
Butter

◎ mütterlich-
nährende,
kindliche Be-
dürfnisse und
Vorstellungen

MORGEN

- **Subjektebene:** So wie wir am Morgen unser
Tagwerk beginnen, steht er auch als Traumsymbol für Beginn und Neuanfang. Er vertreibt
die Dunkelheit der Nacht und symbolisiert damit das nun vorherrschende klare Tagesbe-
wusstsein. Der Morgen ist als Aufforderung an
die Träumenden zu verstehen, die Gunst der
Stunde zu nutzen und engagiert die anstehenden Aufgaben in Angriff zu nehmen. In anderem Zusammenhang kann er auch für Unreife
stehen.

➜ Osten
(S. 89)

⚠ –

 Beginn,
klares
Bewusstsein,
Unreife

NEBEL

● **Subjektebene:** Nebel trübt den Blick und symbolisiert somit eingeschränktes Bewusstsein. Gleichzeitig verweist er auf die Ursache dieser Bewusstseinstrübung, die im Konflikt zwischen Realitätssinn und geistigen Höhenflügen liegt. Daraus erwachsen Zweifel und Unsicherheit hinsichtlich des eigenen Lebenswegs. Je nach Traumzusammenhang und Lebenssituation wird mehr Bodenständigkeit oder größere intellektuelle Freiheit benötigt. Gleichzeitig kennzeichnet der Nebel ein Übergangsstadium, aus dem sich Neues entwickeln kann.

● **Objektebene:** Nebel macht Sie darauf aufmerksam, dass Sie vor allem in Beziehungen eine eingeschränkte Sichtweise entwickelt haben. Oder sollten Sie Ihren Standpunkt weniger »nebulös«, also deutlicher vertreten?

➡ Dunkelheit (S. 44), Luft (S. 215), Nacht (S. 56), Auge (S. 170)

⛰ Wolke

◎ eingeschränktes Bewusstsein

OSTEN

● **Subjektebene:** Der Osten, das Morgenland, wird von alters her mit Bewusstsein und Weisheit in Verbindung gebracht. Somit symbolisieren Träume vom Osten, in dem die Sonne aufgeht, häufig einen Neuanfang, vor allem im Hinblick auf neue Sichtweisen und ein verändertes Bewusstsein.

● **Objektebene:** Träume vom Osten können Sie auffordern, Ihrer Sehnsucht nach Bewusstseinsveränderung in Form einer geänderten Lebensweise Rechnung zu tragen.

➡ Frühling (S. 48)

⛰ –

◎ Bewusstseinsveränderung, Weisheit

RAUCH

- **Subjektebene:** Rauch, der bei schwelenden Bränden entsteht und unseren Blick trübt, symbolisiert Konfliktsituationen, die uns nicht bewusst waren, nun aber spürbar werden. Diese Konflikte gehen auf ungelebte Energien zurück, die wir unterdrückt oder verdrängt haben. Verfliegt der Rauch während des Traums, deutet dies auf Klärung und Entspannung hin.
- **Objektebene:** Rauch und Schwelbrände sind Anzeichen geistiger Überarbeitung.

➡ Feuer (S. 207), Luft (S. 215)

⚠ Schwelbrand

◎ unbewusster Konflikt

REGEN

- **Subjektebene:** Regen versinnbildlicht die gedrückte und traurige Stimmung. Als Erscheinungsform des Wassers besitzt er aber auch reinigende und vor allem befruchtende Aspekte. Gefühle sollten wahrgenommen und zugelassen werden, damit wir zu neuen kreativen Eingebungen finden können. Beim Gewitter hingegen stehen aufgestaute und sich gewaltig entladende Emotionen im Vordergrund.
- **Objektebene:** Haben Sie das Gefühl, man habe Sie »im Regen stehen lassen«, also im Stich gelassen?

➡ Wasser (S. 225), Sturm (S. 187)

⚠ Gewitter

◎ Traurigkeit, Fruchtbarkeit

RUINE

- **Subjektebene:** Sie thematisiert Vergangenes, Zerstörung oder Zerfall. Alte zerfallene Ruinen zeigen das sinnlose Festhalten an alten Bindungen und verweisen auf Möglichkeit und Notwendigkeit eines Neuanfangs. Ruinen neuerer Gebäude warnen vor dem möglichen Ruin, falls wir uns nicht mehr engagieren, oder zeigen die Sinnlosigkeit unseres Unterfangens auf, weil wir uns damit überfordern. Von Bedeutung ist, was in Trümmern liegt.
- **Objektebene:** Ruinen sind oft Hinweis auf mangelhaften körperlichen Zustand und fordern auf, mehr auf die Gesundheit zu achten.

➡ Haus (S. 212), Hochhaus (S. 123)

⚠ Trümmer

◎ Loslassen, Neubeginn, Ruin

SAMEN

● **Subjektebene:** Der Traum vom Samen versinnbildlicht unsere noch ungelebten Potenziale.
Er taucht in Phasen auf, in denen wir uns nach
Fruchtbarkeit sehnen oder bereits ansatz-
weise Neues zu erkennen ist. Der Samen ermuntert uns, unsere schlummernden Potenziale wachzurufen und umzusetzen. Häufig
haben Säen und Saat sexuelle Bedeutung und
symbolisieren den Geschlechtsverkehr.

● **Objektebene:** Träumt eine Frau vom Samen
oder der Saat, kann damit ein Kinderwunsch
verknüpft sein.

➡ Acker
(S. 74),
Ei (S. 79),
Erde (S. 207),
Ernte (S. 45)

⚠ Saat,
Keim,
Korn

◎ Potenziale,
Energie,
Kreativität

SCHMETTERLING

● **Subjektebene:** Der Schmetterling, der sich
aus der erdenschweren Raupe entwickelt,
steht für Entwicklung, Wandlung und plötzlich
auftauchende Möglichkeiten, die wir vorher
nicht einmal erahnen konnten. Gleichzeitig ist
im Schmetterling das Flatterhafte angesprochen; es verweist auf Leichtigkeit ebenso wie
auf Unstetigkeit in Beziehungen.

● **Objektebene:** Schmetterlinge können Sie in
Liebesbeziehungen vor Enttäuschungen warnen oder Sie auf Ihre eigene Oberflächlichkeit
hinweisen.

➡ Luft
(S. 215)

⚠ –

◎ Ver-
wandlung,
Leichtigkeit,
Unstetigkeit

SCHWARZ

● **Subjektebene:** Schwarz ist in unserer westlichen Gesellschaft mit Tod und Sterben verbunden. Es steht für Abschied und Dunkelheit
und fordert uns auf, alte und überholte Haltungen und Einstellungen loszulassen, die unbewusst unser Verhalten lenken. Das Schwarze
im Traum verlangt nach vermehrter Bewusstheit. Deshalb deutet die Farbe Schwarz auch

➡ Tod (S. 94),
Katze (S. 152),
Kleidung
(S. 183),
Dunkelheit
(S. 44),

die Möglichkeit eines progressiven Prozesses an. Aus dem unbewussten Schattendasein in unserer Psyche gelangt etwas ans Tageslicht, das in unsere Persönlichkeit integriert werden möchte. In Phasen der Depression überwiegt in unseren Träumen die schwarze Farbe. Sie symbolisiert Rückzug und Stillstand. Sie fordert uns zu einer tiefgehenden Auseinandersetzung mit uns selbst auf, bei der wir zu neuen Sicht- und Seinsweisen finden können.

- **Objektebene:** Häufiges Auftreten der Farbe Schwarz in Ihren Träumen können Sie als Aufforderung verstehen, Ihre unbewussten und negativen Haltungen und Einstellungen sich selbst und anderen gegenüber zu überdenken und zu verändern.

Schatten (S. 43, 222)

 –

◉ Unbewusstheit, Trauer, Tod, Veränderung

SOMMER

- **Subjektebene:** Sommer ist meist mit Wärme, Sonne, Urlaub und Lebenslust assoziiert. Der Sommer ist die Zeit der Fülle. Somit erzählen Sommerträume von unseren angenehmen Gefühlen, von erfüllten Beziehungen, von Energie, Tatkraft und Ausgeglichenheit beziehungsweise dem Wunsch danach.
- **Objektebene:** Sommerträume können mit Ihrem Bedürfnis nach Urlaub und Erholung zusammenhängen.

▶ Sonne (S. 62), Süden (S. 93), Urlaub (S. 198)

 –

◉ Energie, Tatkraft, Ausgeglichenheit

STRASSE

- **Subjektebene:** Traumstraßen symbolisieren den Lebensweg der Träumenden. Je nach Beschaffenheit der Straßen und Wege wird die momentane Lebensfahrt entweder als angenehm und reibungslos oder als gefährlich und hindernisreich erlebt. Die Landschaften, durch die diese Straßen führen, symbolisieren die wichtigsten Entwicklungsthemen in der jetzigen Lebensphase. Straßen können den Träu-

▶ Fahrrad (S. 175), Auto (S. 170)

mer oder die Träumerin darauf aufmerksam machen, dass sie den gewöhnlichen, bequemen, asphaltierten Weg gewählt haben. Dieser garantiert zwar ein schnelles Vorankommen, aber wie im realen Leben übersieht man dabei womöglich das, was gerade wirklich wichtig ist.

 Weg, Pfad, Autobahn

◎ Persönlichkeitsentwicklung

- **Objektebene:** Sind Sie in Ihren Träumen häufig auf Autobahnen oder anderen breiten Straßen unterwegs, sehen Sie dies als Aufforderung an, im Realleben die eingefahrenen Wege zu verlassen und etwas Neues und Unbekanntes zu wagen.

SÜDEN

- **Subjektebene:** Der Süden steht für Sonne und damit für Wärme und Lebenslust. Er zeigt die Nähe zu den eigenen Gefühlen und versinnbildlicht den Wunsch nach Wärme, Ruhe und Sorglosigkeit. Mitunter kann uns das Traumbild auf eine überstarke Gefühlsintensität und damit auf zu geringe Distanz zu unseren Gefühlen aufmerksam machen.

➡ Sonne (S. 62), Urlaub (S. 198), Sommer (S. 92)

△ –

◎ Gefühlsnähe, Ruhe, Erholung

- **Objektebene:** Häufige Träume vom Süden tauchen bevorzugt in Lebensphasen auf, in denen Sie sich erschöpft fühlen und nach Erholung und Urlaub sehnen. Sie fordern Sie auf, sich mehr Ruhe und Erholung zu gönnen.

TANK

- **Subjektebene:** In der Redewendung »mein Tank ist leer« wird die wichtigste Bedeutung des Traumsymbols deutlich. Es hängt eng mit den Energien der Träumenden zusammen. Wichtig ist dabei, wo sich der Tank befindet. Handelt es sich um einen Öltank im Keller, deutet dies auf mögliche Schwierigkeiten hin, sich in kalten Zeiten selbst genügend Wärme zu geben. Befindet sich der Tank in einem Fahrzeug, kommen die Träumenden damit in

➡ Straße (S. 92), Auto (S. 170)

△ Autoreifen, Benzin

Kontakt, wie viel Energien zur Verfügung stehen, den Lebensweg symbolisch mit einem solchen Gefährt zurückzulegen.

⊙ psychische Energien

- ● **Objektebene:** Träumen Sie öfter von leeren Tanks, kann dies auf eine notwendige Ruhepause in Ihrem Leben hinweisen.

TISCH

- ● **Subjektebene:** Der Tisch, eng verbunden mit geselligem Beisammensein, steht symbolisch für Kommunikation und Zusammensein mit anderen Menschen. Wichtig ist dabei, wie der Tisch gemacht ist, wo er steht und was der Träumer oder die Träumerin mit dieser Art von Tisch verbindet. So symbolisieren lange Biertische wie in Festzelten häufig Stammtischatmosphäre und damit das Bedürfnis nach normalen Alltagsgesprächen. Wer sich am Gasthaustisch sitzend träumt, fühlt sich offensichtlich hinsichtlich seiner Gespräche wohlgenährt. Altartische können das Bedürfnis nach spirituellem Austausch ausdrücken.
- ● **Objektebene:** Häufige Träume von Tischen können Sie auch direkt auffordern, sich wieder mehr unter Menschen zu begeben.

→ Gasthaus (S. 80)

⛰ Biertisch, Stammtisch, Gasthaustisch, Altar

⊙ Kommunikation, Zusammensein

TOD

- ● **Subjektebene:** Der Tod symbolisiert meist das »innere Sterben«, das heißt, das Aufgeben alter Gewohnheiten, Einstellungen oder Persönlichkeitsanteile. So beängstigend, wie wir im Traum den Tod oder das Sterben erleben, so bedrohlich erscheint uns im Realleben das Loslassen von Wesensteilen, die wir für geradezu lebensnotwendig halten. Doch nur durch diesen Kreislauf von Werden und Vergehen ist es uns möglich, wirklich Neues zu entwickeln. Insofern ist der Todestraum immer als Aufforderung zu verstehen, sein Leben zu ändern. Wichtig sind die Person, die stirbt, und die Todesart. Sterbende Personen stehen für Anteile,

→ Personen (S. 220), Friedhof (S. 81), Grab (S. 81), Leiche (S. 53), ertrinken (S. 175)

Gefühle und Eigenschaften in uns, die wir hinter uns lassen sollten. Sterben wir selbst, gilt es, unser falsches Selbstbild aufzugeben. Tod durch Alter oder Krankheit verweist auf eine innere Entwicklung, mit der wir uns in natürlichem Rhythmus von Altem lösen; Tod durch Unfall oder Hinrichtung weist auf Widerstände, Altes aufzugeben. Der tödlich verlaufende Autounfall verdeutlicht eine starke Fixierung auf die eigene Autonomie. Bei der Hinrichtung geben Urteilsgrund und Hinrichtungsart Aufschluss über die Widerstände, die sich einer Neuorientierung entgegenstellen. Einzig der Tod durch Mord oder Totschlag warnt uns vor selbstdestruktiven Kräften, vor allem vor angestauten Aggressionen, die wichtige Anteile in uns für immer zum Schweigen zu bringen drohen. In selteneren Fällen fordert der Mord dazu auf, sich in einem radikalen und aggressiven Akt von Altem zu befreien.

▲ Grenze, Sterben, Autounfall, Hinrichtung, Mord, Totschlag

◉ Abschluss, Wandlung

- **Objektebene:** Der Tod anderer in Ihrem Traum kann verdeutlichen, wie notwendig es ist, die Beziehung zu diesen Menschen zu beenden. Möglicherweise beschäftigen Sie sich auch mit den Themen Gesundheit, Tod und Sterben und werden durch den Traum in Ihrer Auseinandersetzung damit unterstützt.

TOILETTE

- **Subjektebene:** Die Toilette thematisiert immer das Loslassen von Altem und Unverdaulichem. Nicht selten sind Träume, in denen der Gang zur Toilette unmöglich wird, weil keine im Haus zu finden ist, die vorhandene besetzt oder die Kloschüssel bis unter den Rand mit Exkrementen gefüllt ist. All dies deutet darauf hin, dass der oder die Träumende Probleme hat, Einstellungen, Gefühle oder Erinnerungen loszulassen. Erst dann aber kann etwas wirklich abgeschlossen und damit die Möglichkeit zu Neuem geschaffen werden. Insofern sym-

➡ Urin (S. 163), Bad (S. 74)

▲ Abort

◉ Loslassen von Altem, Reinigung, Sexualität

bolisieren Kloträume, bei denen der Träumer oder die Träumerin eine ganze Schüssel voll Exkremente produziert, häufig einen bevorstehenden Neuanfang. Außerdem kommt der Mensch an diesem Traumort direkt und indirekt mit seiner Sexualität in Kontakt.

- **Objektebene:** Ein Klotraum kann auch durch einen Körperreiz ausgelöst werden und auf reale Verdauungsprobleme aufmerksam machen.

TUNNEL

- **Subjektebene:** In der Redewendung vom »Licht am Ende des Tunnels« kommt schon die wichtigste symbolische Bedeutung des Tunnels zum Ausdruck. Er symbolisiert eine spezielle Strecke des Lebenswegs. Sie führt zuerst in den Tunnel hinein. Aus dem Licht des Bewusstseins in noch unerschlossene Regionen. Dies löst häufig Gefühle von Verunsicherung aus. Es folgt der Weg im Dunkel und damit die Konfrontation mit oft beängstigenden Gefühlen, die dem Geburtserlebnis ähnlich sein mögen. Endlich taucht dann das Licht am Ende des Tunnels auf und damit die Hoffnung auf den Neubeginn.

➡ Straße (S. 92), Erde (S. 207), Höhle (S. 181)

🔺 Tor

◎ Unbewusstheit, Neuanfang

- **Objektebene:** Der Tunnel verweist auf eine schwierige Lebensphase in Ihrem Realleben, die nun möglicherweise durch einen Neuanfang beendet wird.

UFER

- **Subjektebene:** Das Ufer, eng verbunden mit dem fließenden Wasser als Sinnbild unserer Emotionen, steht symbolisch für den festen Grund und damit für den Verstand, auf dem man fußt. Vor allem Flussufer symbolisieren die Beziehung zwischen Verstand und Gefühl im Träumenden und damit meist auch zwischen Bewusstsein und Unbewusstem. So deutet eine Überschwemmung des Ufers die emotionale Überflutung von Verstandesbereichen an.

➡ Meer (S. 87), Fluss (S. 178), Brücke (S. 173), Erde (S. 207), Wasser (S. 225)

Flussläufe wie Kanäle mit einbetonierten Ufern wiederum zeigen eine zu destruktive Dominanz von Vernunft und Kontrolle. Wie die Redensart »Auf zu neuen Ufern« ermuntert das Traumbild dazu, die Aufgabe, an das andere und damit das neue Ufer zu gelangen, anzugehen. Dies verändert grundlegend den Standpunkt und eröffnet die Möglichkeit zu neuen Einsichten.

⚠ Strand, Küste, Kanal

◎ Verhältnis Verstand/ Gefühl

● **Objektebene:** Das gegenüberliegende oder weit entfernte Ufer verweist auf einen möglichen Neuanfang in Ihrem Realleben.

Uhr

● **Subjektebene:** Die Uhr weist im Traum wie in der Realität auf die zeitliche Perspektive hin und darauf, dass der Träumerin oder dem Träumer bei ihren Vorhaben nur noch bestimmte Zeit zur Verfügung steht. Sie macht damit darauf aufmerksam, dass einzelne Entwicklungen nur in bestimmten Lebensphasen abgeschlossen werden können. Die stehen gebliebene Uhr symbolisiert den Tod, will heißen, dass die Zeit für einen inneren Prozess abgelaufen ist.

→ Zahlen (S. 228), Morgen (S. 88), Mittag (S. 216), Abend (S. 72)

⚠ –

● **Objektebene:** Die Traumuhr ist meist ein Zeichen, dass Sie sich gestresst fühlen und sich eine Ruhepause gönnen sollten.

◎ Zeiträume, Stress

Umzug

- **Subjektebene:** Der Umzug stellt parallel zur Realität immer eine beginnende und notwendige Veränderung dar. Er versinnbildlicht die Chance für einen Neuanfang, weil man Altes hinter sich lassen kann. Von Bedeutung dabei ist sowohl der alte als auch der neue Wohnort. Eigenschaften, Gefühle und Erlebnisse, die wir mit unserem alten Zuhause verknüpfen, sollten wir hinter uns lassen. Der neue Wohnort und was wir mit ihm verbinden, gibt uns Aufschluss darüber, welche neuen Eigenschaften und Einstellungen wir uns aneignen sollten.
- **Objektebene:** Der Umzug kann auf ein in der Realität bestehendes Bedürfnis nach einem Ortswechsel hinweisen.

➡ Haus (S. 212), Fremde (S. 46)

⚠ Einwanderung, Auszug

◎ Veränderung, Neuanfang

Unfall

- **Subjektebene:** Unfälle sind als Signale der Psyche zu verstehen, dass einem Träumenden die gegenwärtige Entwicklung außer Kontrolle geraten könnte und somit als bedrohlich erlebt wird. Insofern nehmen Unfallträume direkten Bezug auf die Schwierigkeiten der momentanen Lebensentwicklung. Dabei spielen sowohl Selbstbestrafungstendenzen als auch unterdrückte Aggressionen häufig eine Rolle. Wie stark die Bedrohung erlebt wird, zeigt sich in der Schwere des Unfalls.
- **Objektebene:** Unfallträume können in Beziehung stehen mit in der Realität erlebten Unfällen, die in solchen Träumen verarbeitet werden. Sie machen Sie darauf aufmerksam, dass Sie im Augenblick psychisch labiler sind und deshalb vor allem im Straßenverkehr besondere Vorsicht walten lassen sollten.

➡ Hindernis (S. 83), Auto (S. 170)

 –

◎ Probleme, Ängste in der Persönlichkeitsentwicklung

VERWANDLUNG

- **Subjektebene:** Verwandlungen geschehen im Traum relativ häufig. Sie machen darauf aufmerksam, dass sich während des Traumgeschehens die Sichtweise in Bezug auf das, was sich verändert, verwandelt. Meist macht der Traum durch eine Verwandlung auf die Schattenseiten des sich wandelnden Symbols aufmerksam. So werden zum Beispiel weiße Menschen im Traum schwarz. Der Traum verdeutlicht damit, dass die positiven Eigenschaften, die diese Person bisher für die Träumerin oder den Träumer symbolisiert hat, nicht mehr im Vordergrund stehen. Die eigene dunkle Seite wird offensichtlich deutlicher wahrgenommen, symbolisiert durch die Verwandlung dieses Menschen.
- **Objektebene:** Verändern sich in Ihrem Traum Menschen, mit denen Sie in der Realität zu tun haben, deutet dies darauf hin, dass sich Ihre Sicht dieser Menschen ändert.

→ weiß (S. 227), Fremde (S. 46)

▲ –

◉ Veränderung der Sichtweise (von sich selbst und anderen)

VERWANDTE

- **Subjektebene:** Wie alle Personen stehen auch Verwandte, die im Traum vorkommen, für Eigenschaften und Energien des Träumers oder der Träumerin. Nahe Verwandte symbolisieren Wesensteile, die uns näher stehen, entferntere Verwandte Eigenschaften, die uns eher fremd sind.
- **Objektebene:** Haben Sie zu den Verwandten auch in der Realität eine Beziehung, trifft die Traumhandlung möglicherweise eine Aussage darüber.

→ Vater (S. 224), Mutter (S. 217)

▲ Tante, Onkel, Cousin, Cousine

◉ Eigenschaften

WESTEN

● **Subjektebene:** Der Westen, in dem die Sonne untergeht, bringt den Träumer in Kontakt mit seiner versöhnlichen Seite. Das Traumbild fordert auf, anstehende Aufgaben zu Ende zu bringen. Somit zeigt der Westen dem Träumenden die zeitliche Begrenztheit seines Lebens auf und ermuntert ihn, die verbleibende Zeit vor allem für die Beilegung noch bestehender innerpsychischer Gegensätze zu nutzen.

● **Objektebene:** Der Westen kann für den Lebensabend stehen und damit den Wunsch nach Ruhe und Ausspannen symbolisieren.

➡️ Herbst
(S. 83),
Drei (S. 205),
Abend (S. 72)

⚠️ –

◉ Versöhnung,
Lebensabend

WINTER

● **Subjektebene:** Der Winter symbolisiert Stillstand, Energielosigkeit, Rückzug, Vereinsamung, aber auch Selbstbesinnung. Er erinnert uns deutlich an das Werden und Vergehen des Lebens und daran, dass nach jedem Hoch ein Tief folgt. Der Winter ermahnt die Träumenden, sich nicht zu sehr in sich selbst zu vergraben, sondern dafür zu sorgen, dass sie auch in emotional kalten Zeiten ausreichend Wärme erhalten. Wer sich in den Oberflächlichkeiten des Alltags verliert, dem führt der Winter eindrücklich seinen inneren Stillstand und die Notwendigkeit vor Augen, sich auf das Wesentliche im Leben zu besinnen.

● **Objektebene:** Sie sollten in Ihrer jetzigen Lebensphase verstärkt den Kontakt zu anderen Menschen suchen.

➡️ Temperatur (S. 64),
Eis (S. 174),
Schnee
(S. 193)

⚠️ –

◉ Tod,
Stillstand,
Resignation,
Selbstbesinnung

WUNDE

● **Subjektebene:** Traumwunden erzählen von Verletzungen, vor allem im emotionalen Bereich. Nicht selten sind es nicht verheilende oder wieder aufgebrochene Wunden, die Träumer und Träumerin mit schmerzlichen Gefühlen in Kontakt kommen lassen. Von Bedeutung dabei ist, wo sich die Wunde befindet und wer sie wem zu-

➡️ Arzt
(S. 109),
Eiter (S. 44),
Krankheit
(S. 86)

gefügt hat. Wunden weisen immer auf eine seelische Behinderung hin, die durch sie hervorgerufen wird. Traumwunden sind deshalb als Aufforderung zu verstehen, sich dieser Behinderung
bewusst zu werden und sich den damit zusammenhängenden schmerzlichen Gefühlen zu stellen, damit sie verheilen können.

 –

 seelische
Verletzungen

- **Objektebene:** Wunden, die Ihnen im Traum
von anderen Personen zugefügt werden, können auf seelische Verletzungen aus dem Umgang mit diesen Personen hinweisen, die Sie
im Realleben nicht spüren wollen. Gehen Sie
im Alltag sensibler mit sich um.

WURZEL

- **Subjektebene:** Wurzeln deuten auf die Grundlagen unseres Seins hin. Sie sind direkt verbunden mit unserer Herkunft und dem, was davon
bis heute in uns wirkt. Sie weisen auf Prägungen und übernommene Ansichten und Einstellungen hin, die zur Grundlage unseres Seins
gehören. Dieses Traumbild fordert uns auf, uns
verstärkt mit unseren Ursprüngen auseinander
zu setzen. Empfinden wir das Traumbild als positiv, sollten wir uns auf unsere von den Eltern
mitgegebenen Potenziale konzentrieren. Negativ empfunden kann der Wurzeltraum auffordern, sich von alten Prägungen zu lösen.

➔ Baum
(S. 76),
Vater (S. 224),
Mutter
(S. 217)

▲ –

◎ Ur-
sprünge,
Prägungen,
Potenziale

- **Objektebene:** In einer Beziehungskrise weisen Wurzelträume darauf hin, dass Sie zu sehr
mit alten, übernommenen Beziehungsmus-
tern verbunden sind und noch keine eigene
Einstellung zu einer Partnerschaft entwickelt
haben.

WÜSTE

- **Subjektebene:** Das Traumbild Wüste enthält
zwei primäre Bedeutungsaspekte. Dürre,
Hitze und sengende Sonne versinnbildlichen
eine Phase des fruchtlosen Stillstands und der
Vereinsamung. Gleichzeitig weist die Wüste

➔ Feuer
(S. 207),
Sonne (S. 62)

darauf hin, dass Askese in Gestalt von Abgrenzung und Rückzug zu klarerem Bewusstsein und Erkenntnis führt.

- **Objektebene:** Sind Sie zu sehr in äußere Angelegenheiten verstrickt und benötigen mehr innere Einkehr?

⚠ Sand, Trockenheit

◎ fruchtloser Stillstand, Askese, innere Einkehr

ZIMMER

- **Subjektebene:** Statistiker haben festgestellt, dass ein Viertel aller Träume in Zimmern und Räumen spielt. Sie stehen für Eigenschaften und Persönlichkeitsanteile des Träumers oder der Träumerin. Bei den Traumzimmern handelt es sich häufig um Räume, die in unserem Realleben in irgendeiner Form schon eine Rolle spielen beziehungsweise gespielt haben. Deshalb sind sie immer mit den damit zusammenhängenden Erinnerungen, Gefühlen und Lebensabschnitten verknüpft. Träume von real existierenden Zimmern aus Gegenwart oder Vergangenheit bringen die Träumenden mit den damit zusammenhängenden Erfahrungen in Kontakt und machen sie darauf aufmerksam, dass sie damit in irgendeiner Form noch verbunden sind. Von Bedeutung ist immer, ob die Zimmer klein oder groß sind. Das zeigt, wie viel Platz diesem speziellen Zimmer in der Psyche des Menschen eingeräumt wird. Wie hell oder dunkel der Raum ist, deutet darauf hin, in welchem Maß sich Träumer und Träumerin dessen bewusst sind, was sie mit dem Raum verbinden. Ist das Zimmer mit allerlei Möbeln oder gar unnützen Dingen vollgestellt, bedeutet das, dass zu wenig Raum vorhanden ist, um die Möglichkeiten, die das Zimmer symbolisiert, zu nutzen.

➡ Tür (S. 198), Küche (S. 184), Toilette (S. 95), Bad (S. 74), Schlafzimmer (S. 161), Haus (S. 212)

⚠ Wohnzimmer

◎ Persönlichkeitsanteile

TRAUMSYMBOLE DER MACHT UND OHNMACHT

Sigmund Freud (Seite 240), der Urvater der modernen Traum-
deutung, ging in seiner Traumtheorie davon aus, dass das
Traumleben von unbewussten, meist kindlich verdrängten
Wünschen bestimmt ist. Traum ist Wunscherfüllung, so Freud
– Wünsche freilich, mit denen wir uns selbst überraschen und
die wir vor anderen niemals zugeben würden.

In jenen Träumen, in denen wir uns im Traum mächtig erleben,
ist der Aspekt der Wunscherfüllung deutlich nachzuvollziehen.
Unbefriedigte Bedürfnisse und/oder triebhafte Impulse, denen
wir uns versagten oder die uns versagt wurden, melden sich zu
Wort. So frei wie im Traum, der uns alle Wünsche erfüllt, würden wir uns gern im Realleben fühlen und verhalten. Häufiger
erleben wir uns jedoch beängstigenden Mächten ausgeliefert.
Wir kennen das von unserer Kindheit. Heutzutage sind diese
Ängste unberechtigt. Aber wir haben uns durch die Erfahrungen
unseres Lebens an die uns bekannten Rollen gewöhnt. In unseren Träumen erleben wir unsere Wünsche indirekt, indem wir
sie in die uns ängstigenden Personen, Tiere und Situationen hi-
neinprojizieren. So erleben wir uns zwar ohnmächtig, nehmen
aber indirekt teil an der Macht des anderen, die wir ersehnen.

An der Theorie Freuds mag man zweifeln. Jeder trifft jedoch in
seinen Träumen die in diesem Kapitel erläuterten Symbole der
Macht und Ohnmacht, da wir uns alle in unserer Psyche und im
Realleben täglich mit dem Herr-und-Knecht-Thema auseinan-
der setzen. Dabei versinnbildlichen einzelne Symbole direkt das
Gefühl Macht, zum Beispiel der »Löwe« oder der »Vorgesetzte«.
Ohnmacht dagegen kommt meist nur indirekt zum Ausdruck,
wie in den Symbolen »Wurm« und »Almosen«. Ohmacht geht in
diesen Symbolen fast immer mit Minderwertigkeitsgefühlen und
Selbstzweifeln einher.

In den weiteren Symbolen dieser Gruppe finden wir Anhaltspunkte, wie wir mit diesem Thema umgehen. Wir versuchen, uns
mit Hilfe unseres Verstandes einen Überblick zu verschaffen. Damit halten wir die Illusion aufrecht, wir hätten alles im Griff. Wir
versuchen, uns enge, mitunter massiv einengende Grenzen zu
setzen, wodurch wir uns wiederum das Gefühl vermitteln, alles
unter Kontrolle halten zu können. So meinen wir, dem Gefühl
der Ohmacht und des Ausgeliefertseins zu entgehen.

All diese Symbole berichten von der Angst vor Wünschen und
triebhaften Impulsen, die ins Bewusstsein drängen. Diese Wün-

sche scheinen nicht in unser falsches Selbstbild zu passen. Sie bedrohen uns. Wir befürchten, die Kontrolle über uns und unsere Umwelt zu verlieren. Sind einzelne Symbole bereits vom Bild her deutlich negativ besetzt, fordern diese und auch andere weniger negativ besetzte Symbole auf, uns unseren unbewussten Impulsen und Wünschen zu stellen.

Natürlich begegnen wir auch in dieser Kategorie Symbolen, die uns in den notwendigen Entwicklungsprozessen unterstützen. Wir kommen mit unserer heilend-helfenden Seite in Kontakt, die es Träumer wie Träumerin ermöglicht, alte Wunden zu heilen. Wir öffnen uns für neue Erfahrungen. Die Lebensschule des Traums vermittelt uns grundlegendes Wissen, das uns aus der ohnmächtigen Rolle befreit.

Kommen wir auf die oben erwähnte Traumtheorie von Freud zurück, möchten wir Ihnen mit unserem heutigen Wissen über Traum und Traumdeutung raten: Erkennen Sie Ihre unbewussten Wünsche. Versuchen Sie, diese mithilfe Ihrer Träume in Ihrem Realleben zu entdecken. Ob Sie Ihre kühnen Wünsche umsetzen oder nicht, und wie Sie das zu tun gedenken, das sollte allerdings bei klarem Bewusstsein entschieden werden.

ABGRUND

- **Subjektebene:** Am Abgrund werden wir mit den Tiefen unseres Seelenlebens konfrontiert. Mitunter thematisiert dieses Traumbild problematische Mutterbindungen beziehungsweise damit zusammenhängende Kindheitserfahrungen. Es tritt vermehrt in Entscheidungssituationen auf, in denen es notwendig ist, die Abgründe von Gefühlen zu erforschen, um sie auflösen zu können. Manchmal entdecken wir jedoch plötzlich eine Brücke über den Abgrund, die uns einen Weg zur Wandlung weist.
- **Objektebene:** Dieses Traumbild verweist Sie auf eine schwierige oder gar unlösbar erscheinende Situation, vor allem in Beziehungskonflikten.

→ Brücke (S. 173), fallen (S. 176), fliegen (S. 46)

▲ Abhang

◎ Abgründe der Seele, Aufarbeitung

ALMOSEN

- **Subjektebene:** Die Bedeutung hängt davon ab, ob wir Almosen geben oder empfangen. Als Gebende wenden wir uns unterstützend unseren eigenen bedürftigen Anteilen zu. Almosenempfänger weist das Traumbild auf ihre Minderwertigkeitsgefühle hin. Es ist deshalb als Aufforderung zu mehr Selbstreflexion und Selbstbewusstsein zu verstehen.
- **Objektebene:** Almosenträume machen Sie indirekt auf Ihre Ängste im finanziellen Bereich aufmerksam. Speisen Sie andere mit zu geringer Zuwendung ab, oder fühlen Sie sich von anderen zu wenig beachtet?

 Armut (S. 169), Geld (S. 118)

 Bettler

⊚ Minderwertigkeitsgefühle, die eigene bedürftige Seite unterstützen

AMPUTATION

- **Subjektebene:** Amputationsträume sind ein direkter Hinweis darauf, dass die Träumenden mit Begierden und anderen triebhaften Impulsen, die sie ängstigen, in Kontakt gekommen sind. Symbolisch ist das Abnehmen von Gliedmaßen oder anderen Köperteilen eine gegen sich selbst gerichtete Form der Unterdrückung und Verdrängung. Der Traum zeigt damit den Träumenden, dass sie mit den beängstigenden Impulsen nichts mehr zu tun haben wollen. Gleichzeitig fordert er sie auf, sich diesen Wünschen zuzuwenden und eine andere Form des Umgangs damit zu suchen, weil sonst eine massive Einschränkung des eigenen Seelenlebens droht. Die nähere Bedeutung hängt davon ab, welcher Körperteil amputiert wird.
- **Objektebene:** In Beziehungen weist die Amputation meist auf aggressive Impulse hin, die Sie oder andere Menschen aus Ihrem Umfeld im Umgang miteinander einschränken.

 Hand (S. 121), Arm (S. 107), Bein (S. 108), Fuß (S. 48), Finger (S. 116)

⟐ –

⊚ triebhafte Impulse werden unterdrückt

AMT

- **Subjektebene:** Das Amt, das wir im Traum be-
kleiden, kann uns Potenziale aufzeigen, die
vielleicht sogar in bisher ungeahnten Bereichen liegen. Gleichzeitig steht dieses Traumbild für den Wunsch nach Anerkennung und
signalisiert dem Träumenden, sich seiner
eigenen Werte bewusster zu werden. Je höher
das Amt, desto größer der Wunsch nach Anerkennung.
- **Objektebene:** Stellen Sie Ihr Licht nicht unter
den Scheffel. Zeigen Sie sich im Umgang mit
Ihren Mitmenschen auch mit Ihren bisher unbekannten Seiten, die für andere nicht minder
wertvoll sind.

 –

⚠ Bürger-
meister,
Landrat

◎ Wunsch
nach Aner-
kennung,
Potenziale

AMULETT

- **Subjektebene:** Amulette sind eng mit dem Gefühl verbunden, dem Leben oder bestimmten
Situationen ohnmächtig und hilflos gegen-
überzustehen. Sie symbolisieren unseren
Wunsch nach Hilfe und Unterstützung. Gleichzeitig ermutigen sie uns, die Probleme und
Schwierigkeiten mit Hilfe der eigenen Tatkraft
aus dem Weg zu räumen. Die Art des Amuletts
kann den Träumenden Hinweise darauf geben, was ihnen fehlt beziehungsweise um was
sie sich bemühen sollten.
- **Objektebene:** Lernen Sie zu sagen, wann Sie
Hilfe brauchen. Oder sollten Sie sich mehr auf
sich selbst verlassen?

➡ Zauberer
(S. 135),
Hexe (S. 50)

⚠ Talisman,
Glücksbringer

◎ Lebens-
angst, Hilfs-
bedürftigkeit

ANGST

- **Subjektebene:** Angst kommt in unseren Träumen häufig vor. Je stärker die Angst im Traum
erlebt wird, desto massiver wehren wir sie im
Alltag ab. Angstträume beinhalten immer die
Chance zu einem Reifungsschritt, dann nämlich, wenn es uns gelingt, uns dem Angst ma-
chenden Objekt zuzuwenden. Angst ist häufig
mit Anteilen verknüpft, die uns fremd und un-

➡ Fremde
(S. 46),
Dunkelheit
(S. 44),
Schatten
(S. 222)

gewohnt sind oder die wir zutiefst ablehnen, da sie sich unserer bewussten Kontrolle entziehen und/oder nicht in unser Selbstbild passen.

⏏ Albtraum

◎ Einengung, möglicher Reifungsschritt

- **Objektebene:** Angst im Traum können Sie als Hinweis verstehen, dass Sie sich in Ihrem Handeln und Empfinden zu sehr von Ihren Ängsten leiten lassen. Sie sollten versuchen, Beziehungen offener und entspannter zu gestalten.

ANWALT

- **Subjektebene:** Der Anwalt unterstützt den Träumer oder die Träumerin in der Auseinandersetzung mit eigenen strengen und bestrafenden Persönlichkeitsanteilen. Anwälte haben ihren Auftritt im Traum, wenn innere moralische Instanzen eine zu dominante Rolle in der Persönlichkeitsentwicklung spielen. Wichtig ist die Person des Anwalts und was mit ihm oder ihr assoziiert wird.

➡ Gericht (Richter) (S. 119), Polizist (S. 131)

⏏ Richter, Verteidiger

- **Objektebene:** Fühlen Sie sich im Realleben allein gelassen, symbolisiert der Anwalt Ihren Wunsch nach Unterstützung durch einen fachkundigen Menschen, der sich aktiv für Ihr Recht einsetzt. Sind Sie selbst der Anwalt, kann dies ein Hinweis sein, dass Sie Partei für andere ergreifen, dabei jedoch Ihre eigenen Interessen vernachlässigen.

◎ Konflikt mit moralischen Instanzen, Unterstützung

ARM

- **Subjektebene:** Der Arm, Ausdruck von Kraft und Willen, ist sowohl real als auch symbolisch mit der Hand verbunden. Das Traumbild trifft häufig eine Aussage über die aktive Seite eines Menschen. Beim rechten Arm sind Wille und Intellekt, beim linken die Gefühle angesprochen. Verletzungen oder Einschränkungen in der Funktion des Arms symbolisieren eine Beeinträchtigung der Aktivität. Zögerliche Naturen fordert ein solcher Traum auf, das Leben

➡ Hand (S. 121), Grenze (S. 120), Wunde (S. 100), rechts (S. 221), links (S. 215)

aktiver zu gestalten. Überlasteten Menschen rät er, sich mehr Entspannung zu gönnen. Ein betont kraftvoller Arm weist auf Dominanz im Umgang mit sich und anderen hin.

⏏ –

◉ Kraft, Wille, Aktivität

● **Objektebene:** Der Arm kann Aussagen über Beziehungen zu Ihnen nahe stehenden Personen treffen, vor allem, wenn diese am Traumgeschehen unmittelbar beteiligt sind. Dabei geht es meist um Themen wie Autorität, Macht und Tatkraft. Je nach seiner Haltung drückt der Arm Ihre Offenheit oder Verschlossenheit anderen gegenüber aus.

ARZT

● **Subjektebene:** Träume vom Arzt zeigen uns unsere heilend-helfende Seite. Dabei gibt die Fachrichtung des Arztes einen Hinweis, zum Beispiel der Chirurg darauf, dass ein schneller Schnitt notwendig ist, um etwas zu beenden, der Zahnarzt verhilft den Träumenden zu einem guten Biss, der Orthopäde unterstützt den, der Rückgrat zeigen muss, und der Homöopath vermittelt den Träumenden, sich nicht zu sehr auf das einzelne Problem zu fixieren, sondern sich in seiner Gesamtheit zu sehen.

➡ Wunde (S. 100), Krankheit (S. 86)

⏏ Heiler, Orthopäde, Homöopath, Heilpraktiker

◉ heilend-helfende Anteile, Rat

● **Objektebene:** Arztträume können vor möglichen realen Erkrankungen warnen und Sie insbesondere bei bestehenden Schmerzen auffordern, einen Arzt aufzusuchen. Kennen Sie den Arzt aus dem Traum, deutet dies an, dass Sie ihn für sich als heilsam erleben.

BEIN

● **Subjektebene:** Als unsere Verbindung zur Erde und zum Boden, auf dem wir stehen, thematisieren die Beine unsere Standfestigkeit und damit auch unser Selbstbewusstsein und Selbstvertrauen. Ist ihre Funktion durch Krankheit oder Lähmung eingeschränkt, fordern sie auf, »mehr auf eigenen Beinen zu

➡ Fuß (S. 48), Brust (S. 111), Rollstuhl (S. 58),

stehen«, das heißt Verantwortung für das eigene Leben zu übernehmen oder sich anderen Menschen mehr anzuvertrauen.

Die Beine dienen außerdem unserem Fortkommen und sagen deshalb häufig etwas darüber aus, wie wir auf dem Lebensweg und vor allem in unserer Persönlichkeitsentwicklung voranschreiten.

- **Objektebene:** Wie alle Körperträume können Beinträume auf mögliche Erkrankungen hinweisen.

Krankheit (S. 86)

 –

◎ Standfestigkeit, Selbstvertrauen, Voranschreiten auf dem Lebensweg

Berg

- **Subjektebene:** Der Traum-Berg ist eng verbunden mit Höhe und Überblick und damit mit einem verbesserten Bewusstsein. Der hohe Berg, auf dem wir stehen, zeigt uns den Wunsch nach höherem Bewusstsein oder verweist auf die Einsamkeit im Abgehobensein. Stehen wir am Fuß des Berges, symbolisiert er ein Hindernis, das sich auf unserem Lebensweg vor uns auftürmt. Weiterhin verkörpert er das Überdauernde und Erdverbundene in uns.

- **Objektebene:** Auf der Objektebene ist von Bedeutung, ob Sie den Berg aus der Realität kennen und wie er auf Sie wirkt. Reale Berge sind eng mit den zugehörigen Erlebnissen verknüpft und verweisen auf mögliche Parallelen zu diesen aus der Vergangenheit. Berge können außerdem für Autoritätspersonen stehen, die Sie als schroff und unbezwingbar erleben.

→ Himmel (S. 180), Luft (S. 215), Hindernis (S. 83), Hochhaus (S. 123)

▲ Gebirge, Hügel

◎ Überblick, Einsamkeit, Hindernis, Erdung, Statik

Berühmte Personen

- **Subjektebene:** Nicht selten erinnern wir uns morgens beim Anblick des Bundeskanzlers in der Tageszeitung, dass wir in der Nacht zuvor in vertraulichem Gespräch im Traum mit ihm zusammensaßen. Solche und ähnliche Situationen mit bekannten Personen des öffentlichen Lebens verweisen vor allem auf unseren Wunsch, berühmt zu sein und damit auf das Gefühl, zu wenig Lob und Anerkennung zu erhalten. Bei Personen aus der Politik spielt zusätzlich das Bedürfnis nach Macht und Einfluss hinein, während berühmte Künstler unsere kreativen Potenziale ansprechen. Wodurch sich die Person hervorgetan hat, kann ein Hinweis darauf sein, dass solche Potenziale in uns schlummern und wir uns aktiv auf die Suche danach begeben sollten.

- **Objektebene:** Träume von berühmten Personen verdeutlichen möglicherweise Ihre Tendenz, Ihr »Licht zu sehr unter den Scheffel zu stellen«, sprich Ihre Leistungen und Erfolge vor anderen abzuwerten.

➡ Personen (S. 220)

⚠ historische Persönlichkeiten, Künstler

◎ Wunschbilder, ungelebte Potenziale

Bestrafung

- **Subjektebene:** Werden wir im Traum bestraft, bestrafen wir uns selbst. Wir haben unseren selbst gesetzten Maßstäben zuwidergehandelt, und unsere strenge Seite setzt sich durch. Bestraft werden wir dabei meist für unerlaubte Fantasien. Strafen symbolisieren immer unsere Schuldgefühle für Übertretungen gegen unser falsches Selbstbild. Diese Übertretungen betreffen häufig triebhafte Gelüste, die wir zu wenig unter Kontrolle haben. Je drastischer die Strafe, desto massiver die Schuldgefühle und desto strenger unsere pflichtbewusste Instanz.

- **Objektebene:** Werden Sie etwas frecher und aufmüpfiger, und versuchen Sie, Ihre Fantasien in die Realität umzusetzen. Sind Sie gerade bestraft worden?

➡ Gericht (S. 119), Gefängnis (S. 178)

⚠ Hinrichtung, Strafe

◎ Schuldgefühle

BILDSCHIRM

- **Subjektebene:** Als Schnittstelle zwischen Computer und Anwender symbolisiert der Bildschirm einerseits den Wunsch, gesehen zu werden, andererseits den Mangel an eigenen Ideen und Gedanken. Je größer und auffälliger der Bildschirm ist, desto größer ist das Bedürfnis nach Anerkennung.
- **Objektebene:** Träumen Sie häufig von Bildschirmen, sollten Sie Ihre Aktivitäten am Computer einschränken. Mitunter zeigt sich darin Ihr Bedürfnis, im Mittelpunkt zu stehen.

 Fernseher (S. 177), Computer (S. 112)

◭ –

◎ Wunsch nach Anerkennung, Mangel an Ideen

BRUST

- **Subjektebene:** Die Brust, abgeleitet von der Mutterbrust, ist primär mit dem Nährenden verknüpft. Dabei kann sie für die positive Zufuhr von geistiger Nahrung und für das Bedürfnis nach Liebe und Zärtlichkeit stehen. Vor allem in Männerträumen verweist sie auf kindliche Bedürfnisse nach Schutz und Geborgenheit und versinnbildlicht somit eine überstarke Mutterbindung. Im Frauentraum drücken Brüste, besonders durch ihr Aussehen, die Einstellung zu den eigenen mütterlichen Anteilen aus.
- **Objektebene:** Die Brust verkörpert Ihr Bedürfnis, gesehen zu werden beziehungsweise sich zu zeigen. Sie fordert Sie auf, sich nicht zu sehr in den Mittelpunkt zu stellen beziehungsweise sich mit Ihrer gesamten Person konsequenter nach außen hin zu vertreten. Bei einer Frauenbrust vernachlässigen oder überbetonen Sie möglicherweise Ihre erotisch-sexuelle Anziehungskraft.

➡ Apfel (S. 144), Mutter (S. 217)

◭ Busen

◎ nährender Aspekt, Mutterbindung, Selbstdarstellung, erotisch-sexuelle Anziehungskraft

BUCH

- **Subjektebene:** Allgemein stehen Bücher für »Buchwissen«, das heißt erlerntes Wissen. Sie können dazu anregen, sich intensiver mit überliefertem und intellektuell erlernbarem Wissen zu beschäftigen oder beinhalten umgekehrt die Aufforderung, sich von der Theorie ab- und dem realen Leben zuzuwenden. Nähere Hinweise ergeben sich aus Buchtitel und Autor.
- **Objektebene:** Je nach Traumsituation können Bücher Sie dazu animieren, mehr oder weniger zu lesen.

→ Papier (S. 188)

⚠ Bibliothek, Bibliothekar, Buchhandlung

◎ Wissensaneignung, Realitätsverlust

COMPUTER

- **Subjektebene:** Der Computer steht symbolisch für das abstrakt-logische Denken. Für viele Anwender ist das Faszinierende am PC die Vorhersagbarkeit, mit der er die Befehle des Menschen ausführt. Damit drückt sich im Computer der Wunsch nach Kontrolle aus. Er verweist dadurch indirekt auf die Furcht vor den Unberechenbarkeiten des Lebens, vor allem im Gefühlsbereich. Insbesondere auf dem Gebiet der Kommunikation werden die Träumenden mit ihrem Wunsch nach Kontrolle und ihrer Angst vor unberechenbaren Gefühlen konfrontiert. Die nicht selten auftretenden Träume von Problemen mit dieser häufig überbewerteten Maschine machen die Träumenden darauf aufmerksam, dass sich Gefühle auch in diesem rein technischen Bereich nicht ausschließen lassen.
- **Objektebene:** Träumen Sie häufig vom Computer, sollten Sie Ihre Beschäftigung mit ihm zeitlich einschränken und vermehrt das Gespräch mit Ihren Mitmenschen suchen.

→ Festplatte (S. 116), Notebook (S. 129), Freizeit (S. 198),

 –

◎ abstraktlogisches Denken, Kontrolle

DACH

- **Subjektebene:** Das Dach steht symbolisch wie in der Realität vor allem für Schutz vor den Unbilden der Natur. Da es das Haus deckt, spricht es Geborgenheit und Schutz an, die wir in unserer Kindheit erfahren und uns als grundlegendes Gefühl des Behütetseins bewahrt haben oder die wir momentan erleben. Als höchster Bestandteil des Hauses, hoch in der Luft und dem Himmel, symbolisch also dem Intellekt nahe, verweist das Dach auf die Notwendigkeit, sich mit Hilfe des Verstandes besser gegen Regen und Sturm, das heißt gegen heftige Gefühle zu schützen.
- **Objektebene:** Ein undichtes Dach weist Sie darauf hin, sich besser gegen Gefühle von außen abzugrenzen.

➜ Haus (S. 212), Regen (S. 90)

⏃ –

◎ grundlegender Schutz

EINBRECHER

- **Subjektebene:** Träume von Einbruch und Einbrechern werden meist als höchst beängstigend erlebt und haben nicht selten albtraumartigen Charakter. Zentrales Thema dabei ist der Respekt vor den eigenen Grenzen und denen der anderen. Das Traumbild symbolisiert leichte Beeinflussbarkeit und das Unvermögen, zu sich selbst zu stehen, oder die Geringachtung von Grenzen anderer. Tritt etwas Neues in unser Leben, kann der Einbruch unsere Angst vor diesem Neuen und davor, dass uns dadurch etwas Entscheidendes genommen werden könnte, widerspiegeln.
- **Objektebene:** Der Einbruchstraum, nicht selten ausgelöst durch beängstigende Fernsehsendungen, kann Ihnen Ihre Angst vor Einbruch und das Misstrauen anderen Menschen gegenüber verdeutlichen.

➜ Dieb (S. 42), Haus (S. 212), Tür (S. 198), Fremde (S. 46), Grenze (S. 120)

⏃ Einbruch

◎ innere Grenzen, Misstrauen, Angst vor Neuem

EINSIEDLER

- **Subjektebene:** Der Einsiedler thematisiert den Rückzug. Er ist eng mit Einsamkeit assoziiert und fordert deshalb auf, sich nicht zu sehr in sich zurückzuziehen. Mitunter versinnbildlicht er den Wunsch nach vollkommener Ruhe und vor allem Selbstbesinnung.

- **Objektebene:** Dieses Traumbild signalisiert die Notwendigkeit, verstärkt auf andere Menschen zuzugehen, oder deutet umgekehrt auf die Erfordernis, den äußeren Reizen des Alltags zu entfliehen, um wieder mehr zu sich selbst zu finden.

→ Insel (S. 84)

⚖ Eremit

◎ destruktiver Rückzug, Selbstreflexion

ENTFÜHRUNG

- **Subjektebene:** Bei der Entführung ist von entscheidender Bedeutung, ob wir selbst entführt werden oder jemanden entführen. Sowohl als Entführer wie als Entführte fühlen wir uns vom Gegenpart emotional weit entfernt. In beiden Rollen also beschäftigen wir uns mit Anteilen, die uns fremd sind. Als Entführte sind wir in der Rolle des Opfers. Es geschieht etwas mit uns, dem wir uns hilflos ausgeliefert fühlen. Wir nähern uns Anteilen, symbolisiert durch die Person des Entführers, ohne ein schlechtes Gewissen bekommen zu müssen. Gleichzeitig kann dieses Traumbild darauf hinweisen, dass »fremde Kräfte« Macht über uns zu bekommen drohen. Als Entführer hingegen treten wir als diejenigen auf, die Macht über andere haben. Hier sind wir bereits aktiv, doch benötigen wir noch die Kontrolle über die uns beängstigenden Eigenschaften oder Gefühle, symbolisiert durch die Entführten.

- **Objektebene:** Sind Sie das Opfer, zeigt sich darin Ihre passive Haltung zum Leben. Der Traum fordert Sie auf, mehr zu sich selbst zu stehen, kann aber auch auf Ihr großes Misstrauen anderen gegenüber verweisen. Als

→ Personen (S. 220), Dieb (S. 42), Vergewaltigung (S. 164)

⚖ –

◎ fremde Anteile, Täter-Opfer

Entführer werden Sie mit Ihrem Wunsch konfrontiert, alles unter Kontrolle haben zu wollen. Sie werden ermuntert, mehr Gefühl zu wagen.

FELSEN

- **Subjektebene:** Der Felsen verkörpert das Feste und Unveränderliche, aber auch das Starre, Kalte und Abweisende. Als der sprichwörtliche »Fels in der Brandung« verweist er darauf, sich von dem, was einem wichtig ist, nicht durch Gefühle abbringen zu lassen. Zugleich kann er ein Hinweis darauf sein, sich flexibler und offener mit neuen Ideen, Gefühlen und Eindrücken zu befassen und sie sich gegebenenfalls zu eigen zu machen. Die Symbolik des Steins entspricht der des Felsens, allerdings in entsprechend verkleinertem Maßstab.

- **Objektebene:** Durch den Felsen werden Sie aufgefordert, in Ihrem Umfeld zu Ihrer eigenen Meinung zu stehen beziehungsweise flexibler und offener mit den Ansichten anderer umzugehen.

➡ Berg (S. 109), Hindernis (S. 83)

⏁ Stein

◉ Festigkeit, Starrheit, Kälte, abweisende Haltungen

FERNGLAS

- **Subjektebene:** Ferngläser bringen den Träumenden das nahe, was bisher nicht oder nur undeutlich gesehen wurde. Sie sind als Aufforderung zu verstehen, sich von dem, was betrachtet wird, berühren zu lassen.

- **Objektebene:** Betrachten Sie eine Ihnen bekannte Person durch ein Fernglas, zeigt Ihnen der Traum damit, dass Sie dazu neigen, aus einer »Mücke einen Elefanten zu machen«, also Konflikte zu sehr zu dramatisieren.

➡ Brille (S. 172), Auge (S. 170), Licht (S. 53)

⏁ Fernrohr

◉ zu viel Distanz oder zu viel Nähe

FESTPLATTE

- **Subjektebene:** Der Festplattentraum nimmt meist Bezug auf die Merkfähigkeit der oder des Träumenden. Eine volle Festplatte, ein Traumbild, das häufig vor Prüfungen, aber auch in Zeiten mit emotionalem Stress auftritt, symbolisiert die Überlastung der Denkfunktionen. Leere und gelöschte Festplatten können einerseits Stillstand und Fantasielosigkeit versinnbildlichen, andererseits für einen Neuanfang stehen.

- **Objektebene:** Wie fast alle Träume von Computern und anderen neuartigen technischen Geräten weisen Träume von der Festplatte Sie darauf hin, dass Sie zu sehr mit der Technik identifiziert sind und sich mehr mit Ihrer natürlich-instinkthaften Seite beschäftigen sollten.

➜ Kopf
(S. 125)

⚠ –

◉ Merk-
fähigkeit,
Stress

FINGER

- **Subjektebene:** Die Finger, Glieder der Hand, versinnbildlichen Gefühle und Geschicklichkeit. Der einzelne Finger gilt in der Psychoanalyse als Penissymbol.
  In der Form der Finger oder der gesamten Hand verkörpert sich die Wesensart des Menschen. Von Bedeutung ist, ob die rechte oder linke Hand gesehen wird.
  Wie wichtig Finger von alters her in der Symbolik sind, zeigt sich in unzähligen Redewendungen, wie »etwas mit spitzen Fingern anfassen«, »sich die Finger schmutzig machen«, »sich die Finger nach etwas lecken«, »lange Finger haben«. Sie alle können sich im Traumbild Finger widerspiegeln. Den einzelnen Fingern sind verschiedene Bedeutungen zugeordnet: Der Daumen steht für die schöpferische Tatkraft. Der Zeigefinger macht den Träumenden auf etwas unmittelbar Bevorstehendes aufmerksam. Der Mittelfinger gibt als der längste Finger der Hand die langfristige Richtung vor. Der Ringfinger, volkstümlich

➜ Hand
(S. 121),
Arm (S. 107),
Ring (S. 159),
Fünf (S. 209),
Zehn (S. 229),
rechts
(S. 221),
links (S. 215)

⚠ Daumen,
Zeigefinger,
Mittelfinger,
Ringfinger,
kleiner Finger

◉ Gefühle,
Geschick-
lichkeit,
Sensibilität

Herzfinger genannt, steht für Liebe und Treue, und der kleine Finger schließlich wird dem Intellekt zugeordnet.

- **Objektebene:** Wie Sie mit Fingern etwas anfassen oder berühren, symbolisiert Ihre Art, mit Menschen oder Dingen umzugehen.

FOLTER

- **Subjektebene:** In Zeiten massiver innerer Anspannung können vermehrt Folterträume auftreten. Diese Anspannung kann unterschiedliche Ursachen haben. Sie kann in Zusammenhang stehen mit den geheimnisvollen und unergründbaren Anteilen des Träumers, von denen er sich »auf die Folter gespannt« sieht, vor allem in Phasen, in denen etwas vollkommen Neues und Unbekanntes in ihm zum Vorschein kommt. Gewissenskonflikte, vor allem zum Themenkomplex Macht und Hingabe, können sich in Folterträumen ausdrücken. Gleichzeitig symbolisieren Folterträume den selbstzerstörerischen Umgang mit Aggressionen. Als Folterer wird man auf den aggressiven Umgang mit sich selbst aufmerksam gemacht, als Opfer auf seine zu passive Rolle im Leben hingewiesen.

 Zauberer (S. 135), Hexe (S. 50)

⚠ –

◎ Neues, Macht, Aggression gegen sich selbst gewandt

- **Objektebene:** Folterträume, die mit Bezug auf eine spezielle Person geträumt werden, weisen Sie auf Ihre Rachegelüste dieser Person gegenüber hin.

GAS

- **Subjektebene:** Gas wird im Traum fast immer als giftig wahrgenommen. Die grundlegenden, geistig-seelischen Aktivitäten der Träumenden, symbolisch die »Luft«, scheinen mit Gedanken und Vorstellungen versetzt zu sein, die sie zu vergiften drohen. Traumbilder dieser Art spielen in Lebensphasen eine Rolle, in denen man sich schädlichen Einflüssen von innen und außen gegenüber zu wenig zur Wehr zu setzen weiß.

 Radioaktivität (S. 57), Tod (S. 94), Atem (S. 216)

⚠ –

- **Objektebene:** Träume von Gasen können auch an Orten auftreten, an denen Sie vermehrt Umweltgiften ausgesetzt sind, zum Beispiel an verkehrsreichen Straßen.

◎ schädliche Einflüsse

GEFÄNGNIS

- **Subjektebene:** Im Gefängnis werden wir unter Kontrolle gehalten. Wichtig ist, weswegen wir einsitzen. Dieses Traumbild verdeutlicht einerseits die Angst vor hemmungslosen und ungezügelten Impulsen, andererseits steht es für die Identifikation mit der strengen moralischen Instanz, die alles bestraft, was nicht in ihr Bild vom korrekten Verhalten und Empfinden passt. In besonderem Maße gilt dies, wenn wir als Aufseher oder Gefängniswärter tätig sind. Bestraft werden nahezu ausschließlich unerlaubte Wünsche und Fantasien. Häufig wiederkehrende Gefängnisträume warnen vor überstarker Kontrolle und den daraus resultierenden Schuldgefühlen.

➡ Gericht (S. 119), Bestrafung (S. 110), Käfig (S. 124)

⚠ Aufseher, Gefängniswärter, Kerker, Zuchthaus, Zelle

- **Objektebene:** Mit diesem Traumbild geht häufig das Gefühl des Eingeengtseins einher. Es fordert Sie deshalb auf, sich bewusst zu machen, was Sie im Realleben einschränkt. Nicht selten sind dies Bindungen, etwa an die Eltern, die Sie lockern oder lösen sollten.

◎ Kontrolle, Schuldgefühle, Einschränkung

GELD

- **Subjektebene:** Auslöser für Geldträume sind sowohl in der Psyche als auch in realen finanziellen Gegebenheiten zu finden. Trotzdem ist der Geldtraum meist symbolisch zu verstehen. Münzen, Banknoten, Schecks, Wertpapiere verweisen auf unsere psychischen Kräfte und wie wir damit umgehen beziehungsweise umgehen sollten. Geben wir Geld aus, geben wir psychische Energien ab; stehen wir vor dem Bankrott, signalisiert der Traum, dass wir in dieser Hinsicht über unsere Verhältnisse ge-

➡ Armut (S. 169)

⚠ Reichtum, Kredit, Banknoten, Wertpapiere, Scheck, bezahlen,

lebt haben. Wenn wir Geld erhalten oder auf der Straße finden, kommen wir mit inneren Ressourcen in Kontakt, seien es Potenziale, neue Ideen oder Gefühle, die uns Kraft geben. Dabei verkörpern Silbermünzen positive weibliche, Goldmünzen männliche Energien.

- **Objektebene:** Der Geldtraum kann Sie darauf hinweisen, dass Sie sich zu viel oder zu wenig mit Ihren finanziellen Möglichkeiten beschäftigen.

Goldmünzen, Silbermünzen

 psychische Kräfte und wie wir damit haushalten

GERICHT

- **Subjektebene:** Dieses Traumbild bedeutet immer, dass wir über uns selbst zu Gericht sitzen, gleichgültig, in welche Rolle wir dabei schlüpfen. Es symbolisiert den Konflikt zwischen Selbstkritik und Eigenschaften oder Wesensteilen, die für uns wichtig sind, aber nicht in unser Selbstbild zu passen scheinen. Als Ankläger, insbesondere als Staatsanwalt, stehen wir hinter der strengen Seite, die sich selbst nichts durchgehen lässt. Je strenger wir auftreten, desto stärker lehnen wir unsere »Fehler« ab. Als Angeklagter sind wir mit unseren »Fehlern« und den daraus resultierenden Schuldgefühlen identifiziert. Damit führt der Traum uns vor Augen, wie sehr wir uns durch ein überstrenges Gewissen selbst einschränken.
- **Objektebene:** Gerichtsträume machen Sie darauf aufmerksam, dass Sie sich in Ihrem realen Leben zu selbstkritisch betrachten. Fällt es Ihnen schwer, Ihre Fähigkeiten und Leistungen anzuerkennen? Wer richtet über Sie?

→ –

⚖ Richter, Anwalt, Prozess, Zeuge, Geschworener, Schöffe

◉ Selbstkritik, Schuldgefühle

GRENZE

- **Subjektebene:** Durch Grenzen im Traum werden den Träumenden eigene Grenzen aufgezeigt. Diese Grenzen können darauf aufmerksam machen, dass der Weg an dieser Stelle zu Ende ist oder, im Gegenteil, dass man bestehende Grenzen überwinden muss, um Neuland betreten zu können.
- **Objektebene:** Grenzen können Sie darauf hinweisen, dass Sie sich entweder besser abgrenzen sollten oder im Umgang mit anderen Menschen zu starre Grenzen ziehen. Falls Sie im Traum die Grenze überwinden, mag Ihnen das einen Hinweis geben, wie Sie Hindernisse in Ihrem Alltagsleben überwinden können – oder es macht Ihnen deutlich, wie Sie in immer gleicher Weise vergeblich versuchen, Barrieren zu durchbrechen.

➡️ Zaun (S. 199), Einbrecher (S. 113), Hindernis (S. 83)

⚠️ Barriere, Absperrung

◉ Einschränkung, Übergang

GROSSELTERN

- **Subjektebene:** Die Begriffe Großvater und Großmutter sind eng mit dem Wort »groß« verbunden. Für die Traumsymbolik bedeutet dies, dass der Traum die Herkunft und die psychische Macht der Eltern über den Träumer betont. Erscheinen die realen Großeltern im Traum, sind zuallererst die subjektiven Erfahrungen mit diesen Personen angesprochen. Der Träumer oder die Träumerin sollte sich dabei fragen, was er/sie mit dem Großvater oder der Großmutter assoziiert und für welche Anteile in ihm/ihr die Großeltern stehen könnten.
- **Objektebene:** Träumen Sie von Ihren noch lebenden Großeltern, kann der Trauminhalt auch eine Aussage über die aktuelle Beziehung zu ihnen treffen.

➡️ groß (S. 211), Vater (S. 224), Mutter (S. 217), Wurzel (S. 101)

⚠️ Opa, Oma

◉ Macht der Eltern, Ursprung

HAND

- **Subjektebene:** Die Hand im Traum steht für die Handlungsfähigkeit der Träumenden. Dabei symbolisiert die rechte Hand das aktive Eingreifen, das von Wille und Verstand geleitet ist; die linke die Handlungsmöglichkeiten im emotionalen Bereich. Hände machen bewusst, dass Handeln notwendig ist, oder im Gegenteil, dass es überbetont wird. Funktionale Einschränkungen oder gar Verlust der Hände zeigen Probleme beim aktiven Handeln. Die Art der Hände versinnbildlicht die eigenen Potenziale. Feingliedrige und schmale Hände verweisen auf eine Betonung des Geistig-Intellektuellen; kraftvolle, große Hände auf die Fähigkeit zum praktischen Zupacken.

- **Objektebene:** Hände fordern Sie je nach Traumzusammenhang auf, Ihr Leben aktiver oder ruhiger zu gestalten. Oder vielleicht ist Ihnen im Schlaf die Hand eingeschlafen oder kalt geworden?

 Werkzeug (S. 134), Arm (S. 107), Finger (S. 116), rechts (S. 221), links (S. 215)

⚠ –

◎ Handlungsfähigkeit

HANDWERKER

- **Subjektebene:** Gerade in Träumen von »Kopfarbeitern« spielen Handwerker häufig eine wichtige Rolle. Sie stehen für Tatkraft und Handlungsfähigkeit, verbunden mit der dazugehörigen »Bodenhaftung«. Sie fordern die Träumenden auf, das Leben tatkräftig und ausgerichtet an den realen Gegebenheiten in die Hand zu nehmen. Dabei stehen die unterschiedlichen Berufe für die Potenziale, die man in der jeweiligen Lebenssituation benötigt. Alle Handwerksberufe im Ernährungssektor nehmen Bezug auf seelische Nahrung: der Bäcker mit seinem Brot auf alles grundlegend Nährende, der Fleischer auf fleischlich-sexuelle Gelüste und der Koch oder die Köchin, die uns Fast Food, gutbürgerliche Küche oder ein Drei-Sterne-Menü zubereiten, vermitteln bildhaft, wovon wir uns seelisch nähren. Alle Bauhand-

→ Hand (oben), Arm (S. 107), Haus (S. 212), Kaminfeger (S. 51), Brot (S. 78)

⚠ Bäcker, Fleischer, Koch, Köchin, Bauhandwerker, Schlosser, Schmied

werker verweisen, je nach Berufssparte und Einsatzort, auf die Notwendigkeit, Räume zu renovieren oder zu verändern, das heißt die damit assoziierten Eigenschaften zu wandeln oder loszulassen. Der Gärtner ermuntert uns, in unserem Garten der Gefühle für Ordnung zu sorgen. Andere Handwerker wie der Schlosser unterstützen uns dabei, Grenzen zu setzen oder umgekehrt verschlossene Türen zu öffnen, um dahinter Neues zu entdecken. Der Schmied, der das »Eisen schmiedet, solange es heiß ist«, hilft uns in unserem Bemühen, festgefahrene Einstellungen und Haltungen oder auch einen schweren Schicksalsschlag in eine für uns positive Richtung zu biegen.

◎ Tatkraft, Handlungsfähigkeit

- **Objektebene:** Handwerker fordern Sie auf, Ihre Luftschlösser aufzugeben und Ihre Ideen in die Tat umzusetzen.

HANDY

- **Subjektebene:** Inzwischen tritt das mobile Kommunikationsmittel Handy immer häufiger in Träumen auf. Handy wie Telefon stehen für Kontakt und Kommunikation. Wichtig sind die Gesprächspartner und unsere Einstellung zum Handy und zum Telefonieren. Wir treten darüber mit bestimmten Seiten von uns in Kontakt. Verbindungsprobleme, die in verzweifelten Situationen den Kontakt stören oder verhindern, verweisen auf Schwierigkeiten, sich selbst mit seiner hilfsbedürftigen Seite zu verstehen. Diese Thematik wird durch das Handy wesentlich drastischer dargestellt als durch ein herkömmliches Telefon, da man damit immer und überall erreichbar ist. Der Ruf nach Hilfe und Verständnis wird lauter.

→ Personen (S. 220)

 Telefon

◎ Kommunikation, Kontakt

- **Objektebene:** Das Handy verweist Sie auf Stress und Hektik in Ihrem Alltag. Es ermuntert Sie, Ihre Hilfsbedürftigkeit und Ihren Wunsch nach Kommunikation und Kontakt deutlicher zu äußern.

HOCHHAUS

- **Subjektebene:** Nicht erst seit dem 11. September 2001 spielen Hochhäuser in Träumen eine wichtige Rolle. Wiesen sie bisher auf intellektuelles Abgehobensein und Distanz zu den Gefühlen hin oder auf die Notwendigkeit, sich mit Hilfe des Verstandes einen besseren Überblick zu verschaffen, so stehen sie nach der Zerstörung der Twin Towers zusätzlich für eine unfassbare Bedrohung, der wir auch mit dem Verstand nicht Herr werden können.

- **Objektebene:** Je höher das Hochhaus in den Himmel ragt, desto deutlicher werden Sie darauf aufmerksam gemacht, dass Sie zwar hoch hinaus wollen, Ihnen dafür aber die nötige Basis fehlt.

→ Berg (S. 109), Luft (S. 215), Himmel (S. 180)

▲ Wolkenkratzer

◎ intellektuelle Abgehobenheit, Überblick, unfassbare Bedrohung

INVASION

- **Subjektebene:** Das Einrücken feindlicher Truppen wird meist als beängstigend erlebt. Dennoch kann die Invasion, je nach Lebenssituation und Traumzusammenhang, sowohl fördernde als auch hemmende Impulse in der Persönlichkeitsentwicklung symbolisieren. So spiegeln sich in diesem Traumbild Anpassungstendenzen, bei denen sich Träumer oder Träumerin dem aggressiv fordernden Diktat einer strengen moralischen Vorstellung unterwirft und sich dabei selbst aufgibt. Andererseits wird er durch dieses Traumbild aufgefordert, ja gezwungen, sich dem Fremden in sich selbst zu stellen, sich für neue Tendenzen zu öffnen.

- **Objektebene:** Invasionen deuten möglicherweise hin auf Ihre Angst vor Abhängigkeiten, sobald Sie sich Neuem öffnen. Sind Sie dagegen im Traum mit dem Aggressor identifiziert, symbolisiert er Ihre Tendenz, sich ohne Rücksicht auf Verluste durchzusetzen beziehungsweise Ihren Wunsch, dies zu tun.

→ Fremde (S. 46), Folter (S. 117), Diktator (S. 43)

▲ –

◎ Anpassungstendenzen, Offenheit für Neues

INZEST

● **Subjektebene:** Falls kein real erinnerter Inzest vorliegt, sollte der Inzest im Traum immer ausschließlich auf der Subjektebene gedeutet werden. Er kann sowohl positive als auch negative Aspekte symbolisieren. Wichtig sind das Erleben im Traum und die Empfindungen beim Erinnern des Traumes. So kann er eine tiefe umfassende Verbundenheit mit dieser verwandten Person versinnbildlichen. Der negative Aspekt kommt vor allem bei Personen zum Tragen, zwischen denen ein deutliches Machtgefälle besteht wie bei Eltern und Kindern. Inzesterlebnisse erwachsener Träumer mit ihren Eltern können eine tiefe, möglicherweise zu tiefe Verbundenheit und zugleich eine sexuelle Unreife aufzeigen, vor allem, wenn die Sexualität im Vordergrund steht und auch in der Fantasie solche Wünsche vorhanden sind.

● **Objektebene:** Inzestträume können sich zum einen auf ein reales Erlebnis beziehen, zum anderen, vor allem beim Inzest zwischen Geschwistern, mögen sie auf die Sehnsucht nach einer tiefen Verbundenheit mit einer anderen Person verweisen.

➡ Vater (S. 224), Mutter (S. 217), Geschlechtsverkehr (S. 145), Vergewaltigung (S. 164)

 –

◎ tiefe Verbindung, Machtmissbrauch, unreife Sexualität

KÄFIG

● **Subjektebene:** Träume von Käfigen vermitteln stets das Gefühl, eingesperrt zu sein. Der Käfig selbst symbolisiert die aus Gesellschaft und Erziehung übernommenen moralischen Vorstellungen. Von Bedeutung ist, wer oder was sich hinter den Gittern befindet. Sind es die Träumenden selbst, drückt sich darin die Angst aus, seine ursprünglichen Gefühle zu zeigen. Dies kann mit Minderwertigkeitsgefühlen einhergehen. Eine andere Person hinter den Gitterstäben versinnbildlicht die Einengung bestimmter Wesensteile, die wir mit dieser Person verbinden. Sitzt ein Tier im Kä-

➡ Tiere (S. 65), Personen (S. 220)

⚠ Zoo, Gefängnis

fig, das wir aus sicherer Distanz betrachten, freunden wir uns entweder mit unseren triebhaften Aspekten an oder werden darauf hingewiesen, unsere triebhaften Impulse besser im Zaun zu halten. Näheren Aufschluss geben die Art des Tieres und der Zustand, in dem es sich befindet.

⊙ Gefühlskontrolle, Annäherung an triebhafte Aspekte, Einschränkung

● **Objektebene:** Lassen Sie sich von anderen Menschen zu sehr in Ihrem Gefühlsausdruck einschränken, oder fühlen Sie sich wie im goldenen Käfig?

KOPF

● **Subjektebene:** Der Kopf steht im Traum für Bewusstsein, Denkvermögen und intellektuelle Fähigkeiten und damit auch für Selbstkontrolle. Er spricht häufig die »Kopflastigkeit« an und mahnt, mehr auf Herz oder Bauch zu hören. Ist man verliebt oder anderweitig von Emotionen dominiert, deutet der Kopftraum an, den Verstand einzuschalten, um sich nicht vollkommen in den Gefühlen zu verlieren.

➡ Luft (S. 215), Gesicht (S. 210), Auge (S. 170), Ohr (S. 188)

⚠ Gehirn

⊙ Bewusstsein, Denkvermögen, Intellekt

● **Objektebene:** Wie alle Körperträume kann der Kopftraum auf Dysfunktionen und Schmerzen im Kopfbereich hinweisen.

KRANKENHAUS

● **Subjektebene:** Das Krankenhaus weist auf schwer wiegende Konflikte und Krisen hin. Befinden wir uns als Patient im Krankenhaus, sollten wir uns verstärkt auf uns selbst konzentrieren und Unterstützung annehmen, um die anstehenden Probleme zu lösen. Arbeiten wir als Arzt, Krankenschwester oder Pfleger im Krankenhaus, sind die helfenden Aspekte unserer Persönlichkeit angesprochen, die wir bewusster wahrnehmen und einsetzen sollten, um für den Umgang mit unseren eigenen Kon-

➡ Haus (S. 212)

⚠ Krankenschwester, Pfleger

flikten Grundlegendes zu lernen. Wichtig ist, was die Träumenden allgemein mit dem Bild vom Krankenhaus verbinden, ob sie Erfahrungen mit Krankenhäusern gemacht haben und ob sie das Traumkrankenhaus kennen. Heute werden Krankenhäuser immer häufiger als krank machend erlebt und sollten dann entsprechend interpretiert werden.

 helfende Persönlichkeitsanteile, schwer wiegende Konflikte

- **Objektebene:** Das Krankenhaus kann Sie mit Ihren Ängsten vor Kranksein und langem Leiden in Kontakt bringen. Es fordert Sie auf, gesünder zu leben.

Krone

- **Subjektebene:** Die Krone als unübersehbares Zeichen von Macht betont, was sie krönt. Auf dem Kopf getragen, symbolisiert sie die positive Macht und Ausstrahlung des Menschen, der eine hohe Bewusstseinsstufe erlangt hat. An ungewöhnlichen Orten kann die Betonung eine negative Wendung nehmen, etwa indem sie etwas die sprichwörtliche »Krone aufsetzt«. Wichtig ist das Material, aus dem die Krone hergestellt ist. Je minderwertiger es erscheint, desto deutlicher der Hinweis auf das Bedürfnis, etwas Besonderes zu sein. Das Traumbild fordert damit dazu auf, sich um das Besondere in sich selbst zu bemühen.

→ –

⏫ –

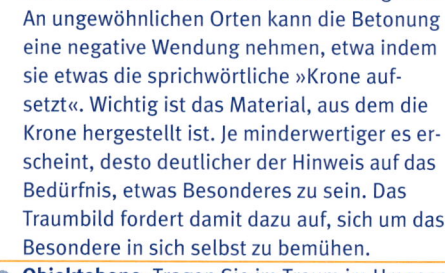 Macht, hohe Bewusstseinsstufe

- **Objektebene:** Tragen Sie im Traum im Umgang mit Menschen aus Ihrem Umfeld eine Krone, kann Sie dies auf Ihr Bedürfnis aufmerksam machen, im Mittelpunkt zu stehen.

Kuh

- **Subjektebene:** Die Kuh steht für das Mütterlich-Nährende. Vor allem im Frauentraum symbolisiert sie, je nach Lebensumständen und Persönlichkeit, die Notwendigkeit, diese Seite verstärkt zu entwickeln, oder weist umgekehrt auf eine überstarke Fixierung aufs Mütterliche hin. In der Traumkuh können sich

→ Milch (S. 88), Mutter (S. 217)

aber auch kindliche Bedürfnisse zeigen, vor allem, wenn Männer von ihr träumen. Sie ist dann als Aufforderung zu verstehen, sich diese Bedürfnisse bewusst zu machen.

 –

 Mutter-symbol, Nahrung

- **Objektebene:** Abgeleitet von dem Schimpf-wort »dumme Kuh«, kann die Kuh für eine weibliche Person aus Ihrem Umfeld stehen.

LEHRER

- **Subjektebene:** Häufig drückt man noch als Er-wachsener im Traum die Schulbank und wird dabei mit den Lehrern aus der Vergangenheit konfrontiert. Wichtig sind die persönlichen As-soziationen. Werden die Lehrenden im Traum streng und despotisch erlebt, so dass man nicht zu widersprechen wagt, ist die eigene, vielleicht zu strenge Autorität angesprochen. Sie hindert die Träumenden daran, Neues zu lernen. Lehrer, die dem Träumer oder der Träumerin wohlwollend und wegweisend be-gegnen, versinnbildlichen die inneren Führer, die in das Leben einweihen und zur Reife führen.

➜ Prüfung (S. 190), Vorgesetzter (S. 133), Schule (S. 131)

 –

 Autorität, innere Führung

- **Objektebene:** Lehrerträume können Ihr Be-dürfnis nach innerer Führung symbolisieren, das Sie möglicherweise zu sehr im Äußeren zu erfüllen suchen.

LOKOMOTIVE

- **Subjektebene:** Lokomotiven, insbesondere Dampflokomotiven, die heute in Träumen we-sentlich häufiger auftreten als in der Realität, versinnbildlichen Kraft und Energie im Um-gang mit anderen Menschen. Schwarze Dampflokomotiven, die schnaubend und rau-chend in rußgeschwärzten alten Bahnhöfen stehen, symbolisieren sexuelle Energien, die darauf warten, freigesetzt zu werden. Eine schwere Güterzuglok, die mühevoll einen un-endlich lang erscheinenden Zug hinter sich her zieht, verdeutlicht die täglichen Belastun-

➜ Zug (S. 200)

 –

 Kraft und Energie im Umgang mit Menschen

gen im Umgang mit anderen Menschen, die fast die gesamte Energie verbrauchen. Elegante Schnellzuglokomotiven, die in rasantem Tempo Personenwaggons voranbringen, stehen für Energie, Tatkraft und Kommunikationsbereitschaft auf dem momentanen Lebensweg.

- **Objektebene:** Lassen Sie sich möglicherweise mit Ihren Energien zu schnell vor einen Zug spannen, oder sollten Sie Ihre Energien einsetzen, um eine Führungsposition einzunehmen?

LÖWE

- **Subjektebene:** Als König der Tiere ist der Löwe ein Sinnbild starker seelischer Energien. Der Umgang mit ihm will gelernt sein. Je nach Traumsituation symbolisiert er das Ausgeliefertsein an Leidenschaften, die den Träumer oder die Träumerin aufzufressen drohen. Im Vordergrund steht dabei die impulsive Aggression, die beherrscht werden sollte. Der Traum vom stolzen Löwen, der durch die Savanne streift, versinnbildlicht die aufrechte und geradlinige Seite im Träumenden, die sich von nichts beirren lässt, aber auch auf andere keine Rücksicht nimmt.
- **Objektebene:** Löwen, die einen bedrohen, stehen häufig symbolisch für entsprechende Personen, vor allem für Vorgesetzte mit den oben beschriebenen Eigenschaften.

➡️ Sonne (S. 62), Feuer (S. 207)

🔺 Tiger, Panther

◎ Geist, Mut, Macht, Trieb

MAUS

- **Subjektebene:** Symbolisch stehen Mäuse, die im Traum selten allein vorkommen, für Sorgen um Nichtigkeiten und für Gewissensbisse. In der grauen, unscheinbaren Maus kann sich das Gefühl der eigenen Nichtigkeit ausdrücken. Zugleich spiegelt die Maus eine listige Schlauheit, weiß sich das unscheinbare Tierchen doch heimlich, still und leise seinen Teil

➡️ Grau (S. 210), klein (S. 213), Ratte (S. 57), Katze (S. 152) zu holen. Angst und Ekel vor der Maus und ihrer Fähigkeit, unbemerkt einzudringen, können in Frauenträumen mit Ängsten im sexuellen Bereich und vor Kontrollverlust in Zusammenhang stehen. Ebenso kann die Maus für das weibliche Geschlecht stehen.

 –

 Sorgen, Unscheinbarkeit, Ängste in der Sexualität

- **Objektebene:** Mäuseträume werden häufig durch Geräusche in der Nacht ausgelöst. Außerdem fordern solche Träume Sie auf, sich im Umgang mit anderen Menschen gerade nicht als »graue Maus«, sondern mit allen Ihren Potenzialen zu zeigen.

NORDEN

- **Subjektebene:** Der Norden ist für den Menschen sowohl mit dem Begriff »oben« als auch meist mit klarer Kühle, häufig klirrender Kälte verbunden. Deshalb symbolisiert der Norden im Traum den Intellekt der oder des Träumenden und damit auch Klarheit und Distanz. Er kann somit, je nach Traumzusammenhang und Lebenssituation, als Aufforderung zu mehr Verstand und Struktur verstanden werden, oder er symbolisiert die überstarke Dominanz des Intellekts und damit die Vernachlässigung des Emotionalen.

➡️ Winter (S. 100), Kopf (S. 125)

△ Gehirn

◎ Kühle, Klarheit, Distanz

- **Objektebene:** Träume vom Norden können durch reale Kühle oder Kälteempfindungen während des Schlafens ausgelöst werden.

NOTEBOOK

- **Subjektebene:** Das Notebook, das man überallhin mitnehmen kann, verdeutlicht eindrücklich die Abhängigkeit des Träumenden vom Computer. Es symbolisiert unseren Versuch, uns in jeder Situation mit Hilfe des abstrakt-logischen Denkens unter Kontrolle zu halten. Die Furcht vor dem unberechenbaren Gefühlsleben ist bei diesem Traumbild noch deutlich stärker betont als beim häuslichen Rechner. Aus diesem Grund fallen Notebooks

➡️ Computer (S. 112), Handy (S. 122)

△ Hand, Held, PC

bevorzugt in Flüsse und Seen als Symbole unserer Gefühle und als »Gegenspieler« dieser mobilen Computer.

● **Objektebene:** Häufige Träume vom Notebook können Sie auf Stresssituationen aufmerksam machen. Lassen Sie Ihr reales wie auch Ihr symbolisches Notebook öfter zu Hause, und versuchen Sie, das Leben mit mehr Gefühl zu genießen.

 abstrakt-logisches Denken, Furcht vor Gefühlen

PEITSCHE

● **Subjektebene:** Peitschen sind mit Bestrafung und Züchtigung verbunden. Vor allem, wenn sie im Umgang mit Tieren gebraucht werden, stehen sie in engem Zusammenhang mit der Domestizierung, damit symbolisch mit der Kontrolle über triebhafte Impulse. Bei Bestrafungen mit der Peitsche werden Gewissenskonflikte zwischen animalischen Kräften und Kontrollbedürfnissen aufgezeigt. Wer das Auspeitschen als lustvoll erlebt, wird als Opfer mit dem Bedürfnis nach Hingabe und als Täter mit den Themen Macht und Unterwerfung konfrontiert.

● **Objektebene:** Auch Aggressionen anderen gegenüber können sich in der Peitsche widerspiegeln.

Pferd (S. 158), Strafe (S. 110), Tiere (S. 65)

–

Gewissenskonflikt, Selbstbestrafung, Hingabe, Macht

PENIS

● **Subjektebene:** Der Penis, von dem relativ selten direkt geträumt wird, sollte immer zuerst auf der symbolischen Ebene betrachtet werden. Er versinnbildlicht die männliche Macht, das heißt: Zielgerichtetheit, aggressive Durchsetzungsfähigkeit und Fruchtbarkeit im weitesten Sinne.

● **Objektebene:** Träume vom Penis können auf direkte Lustgefühle oder Harndruck in der Nacht zurückgeführt werden.

 –

 –

männliche Macht, Zielgerichtetheit

POLIZIST

- **Subjektebene:** Wie im Realleben sorgen Polizisten auch im Traum für Ordnung und vermitteln den Menschen ein gewisses Sicherheitsgefühl. Sie stehen damit für konservative und autoritätsgläubige Seiten im Menschen, die zum Teil ängstlich darauf bedacht sind, das vorgegebene Bild von sich selbst aufrechtzuerhalten. Polizisten treten in Lebensphasen auf, in denen wir diese grundlegenden Vorstellungen von uns selbst in Frage stellen. Werden Polizisten im Traum am Einschreiten gehindert, kann dies deshalb durchaus positiv sein. Der Traum signalisiert damit, dass man sich nicht weiter auf das Althergebrachte stützen sollte, sondern sich dem Lebensfluss freier hingeben kann.

- **Objektebene:** Polizisten bringen Sie entweder mit Ihrer eigenen kontrollierenden Seite in Kontakt und fordern Sie auf, weniger Kontrolle auf andere auszuüben. Oder sie verweisen auf Personen Ihres Umfelds, gegen die Sie sich besser abgrenzen sollten.

→ Tiere
(S. 65),
Einbrecher
(S. 113)

 –

◎ Autoritätsgläubige,
konservative
Seite,
Kontrolle

SCHULE

- **Subjektebene:** So wie man sagt, dass jemand »noch einmal in die Schule muss«, wenn man meint, dass diese Person etwas Wichtiges zu lernen habe, macht auch der Traum uns mit diesem Bild bewusst, dass wir für unser Leben Bedeutsames zu lernen haben. Was es ist, hängt von der Schulform ab. In der Grundschule lernen wir Grundlegendes, etwa Ordnung und Struktur ins Leben zu bringen. Im Gymnasium bereiten wir uns aufs Erwachsensein vor. Kindliche Bedürfnisse und andere Hindernisse in der eigenen Entwicklung liegen im Konflikt mit progressiven Kräften. An der Universität zeigt sich das Engagement, das wir für eine Sache aufbringen. Der Traum nimmt dabei direkt Bezug auf unsere Erfahrungen

→ Lehrer
(S. 127),
Prüfung
(S. 190)

⚏ Grundschule,
Gymnasium,
Universität,
Schüler

◎ Lebensschule

mit den einzelnen Schulen und darauf, was
wir mit ihnen verbinden.

● **Objektebene:** Sie sollten sich mehr Wissen
aneignen, und zwar mit direktem Bezug auf
Ihre augenblickliche Lebenssituation.

UNIFORM

● **Subjektebene:** Die symbolische Bedeutung
von Uniformen hängt eng mit ihrer Art und
den damit verbundenen Assoziationen zusammen. Eine Uniform, die mit Autorität und Macht
verbunden wird, symbolisiert Machtgier oder
verweist auf Minderwertigkeitsgefühle. Steht
das Gleichmachende im Vordergrund, deutet
dies auf eine wenig differenzierte Persönlichkeit und auf Anpassungstendenzen zu Lasten
der eigenen Identität hin. Von Bedeutung ist,
um welche Art der Dienstkleidung und Berufssparte es sich handelt. So wird man als Polizist auf ein überstarkes Kontrollbedürfnis
hingewiesen, als Liftboy auf seine eifrige
Dienstfertigkeit und als einfacher Soldat auf
Unterordnungstendenzen.

● **Objektebene:** Die einheitliche Dienstkleidung
macht Sie darauf aufmerksam, dass Sie sich
nach außen auf immer gleiche Art und Weise
darstellen und damit Ihr wahres Gesicht zu verbergen suchen. Das Traumbild fordert Sie auf,
sich mutiger mit Ihren Eigenheiten zu zeigen.

➜ Soldat
(S. 162),
Kleidung
(S. 183),
Polizist
(S. 131)

⚖ militäri-
scher Rang

◎ Autorität,
Macht,
Minder-
wertigkeits-
gefühle,
Anpassung

VÖGEL

● **Subjektebene:** Vögel und Insekten, die sich
auf Flügeln durch die Luft bewegen, stehen im
Allgemeinen für bewusste und unbewusste
Gedanken und Fantasien. Je größer der Vogel,
desto bedeutender die Gedanken beziehungsweise desto öfter beschäftigen wir uns damit.
Fluginsekten stehen deshalb häufig für die
alltäglichen Gedanken und Fantasien, mit denen wir uns nur am Rande befassen. Im Rah-
men der Tiersymbolik verkörpert der Vogel

➜ Raubvögel
(S. 159),
Luft (S. 215),
fliegen (S. 46),
Flugzeug
(S. 177)

sexuell-erotische Gefühle, die jedoch im Gegensatz zum »Raubtier« weniger triebhaft erlebt werden. Je nach Traumzusammenhang ermuntert uns der Vogel, unsere Einstellung zur Sexualität zu überdenken und sie enger mit dem Geistig-Seelischen zu verbinden. Er kann uns auch davor warnen, uns zu sehr in idealisierten Vorstellungen zu verlieren. Die genauere Bedeutung hängt von den einzelnen Vogelarten und von unserer Einstellung zu ihnen ab. Singvögel thematisieren unseren Wunsch, Gefühle freier ausdrücken zu können, Zugvögel stehen für unsere Abenteuerlust, Wasservögel weisen auf die Notwendigkeit hin, Vorstellungen und Fantasien mit unseren Gefühlen in Einklang zu bringen.

🔺 Flug-
insekten,
Singvogel,
Zugvogel

◎ Intellekt
und Fantasie,
erotische Ge-
danken und
Vorstellungen

- **Objektebene:** Vögel ermuntern Sie, mehr Ihren Gedankenflügen nachzuhängen, oder führen Ihnen Ihre schönfärberischen Fantasien vor Augen, durch die Sie sich zu weit von den Realitäten des Lebens entfernen.

VORGESETZTER

- **Subjektebene:** Vorgesetzte spiegeln die häufig gespaltene Einstellung zu Autoritäten und dem Thema Autorität. Sie zeigen sich als tyrannische Chefs, wenn der Träumer oder die Träumerin zu nachlässig mit den anstehenden Lebensaufgaben umgeht oder auch sich zu wenig Freiraum für eigene Ideen und Lebenslust lässt. Überraschend wohlgesonnene Traumvorgesetzte deuten darauf hin, dass die oder der Träumende mit den eigenen positiven Führungsqualitäten in Kontakt kommt.

➡️ Vater
(S. 224)

🔺 Chef/in

◎ Autorität,
innere
Strenge

- **Objektebene:** Träume von Vorgesetzten kommen vor allem bei realen aktuellen Konflikten vor. Dabei ist darauf zu achten, wie sich der Chef im Traum verhält und wie Sie selbst agieren. Häufig zeigt der Ablauf des Traumes Möglichkeiten zu einem veränderten Umgang mit dieser schwierigen Situation auf.

WERKZEUG

- **Subjektebene:** Symbolisch betrachtet steht das Werkzeug in engem Zusammenhang mit der Hand und erweitert beziehungsweise verändert die Handlungsfähigkeit der oder des Träumenden. So symbolisiert der Hammer unsere Tatkraft und aggressive Durchsetzungsfähigkeit. Die Zange steht einerseits für das Zupacken, kann andererseits aber auch dem Gefühl Ausdruck geben, in die Zange genommen zu werden. Schrauben und Schraubenzieher sind Sexualitätssymbole. Sie können zusätzlich den Druck, dem wir ausgesetzt sind, widerspiegeln. Bei der Bohrmaschine wird vor allem die sexuelle Symbolik betont. Sägen symbolisieren unsere Unterscheidungsfähigkeit. Die meisten Werkzeuge und der Umgang mit ihnen spiegeln die eigenen, häufig männlich-sexuell geprägten Anteile und die Einstellung der Träumerin oder des Träumers dazu.

- **Objektebene:** Fast alle Werkzeuge können Sie als Aufforderung ansehen, sich stärker mit Ihrer männlich handlungsorientierten Seite zu verbinden.

→ Hand (S. 121)

⚠ Hammer, Nagel, Säge, Zange, Schraubendreher, Bohrmaschine

◎ Handlungsfähigkeit, männliche Sexualität

WURM

- **Subjektebene:** In der Redewendung »jemanden wie einen Wurm zertreten« kommt die Missachtung deutlich zum Ausdruck, die beim Traumsymbol Wurm mitschwingt. Der Wurm steht wegen der »niederen Lebensform« für massive Minderwertigkeits- und Schuldgefühle. Da Würmer sich von Verdorbenem und Abgestorbenem ernähren, verweist dies auf die Notwendigkeit, sich mit seelisch Unverdautem auseinander zu setzen. Durch die phallische Form kann sich im Wurm die Abwertung männlicher Sexualität zeigen.

- **Objektebene:** Dieses Traumbild fordert Sie auf, sich Ihrer Erfolge und Fähigkeiten im Realleben bewusster zu werden.

→ Maus (S. 128)

 –

◎ Minderwertigkeitsgefühle, Schuldgefühle, Abwertung von Sexualität

ZAUBERER

- **Subjektebene:** Träume von Zauberern oder Zauberinnen sind eng mit Ohnmachtsgefühlen dem Leben gegenüber verknüpft.
Einerseits symbolisiert diese Märchengestalt das Empfinden, alles sei »wie verhext«, man fühlt sich außerhalb des Lebensflusses. Andererseits kann der Zauberer oder die Zauberin als Aufforderung verstanden werden, die eigenen »Zauberkräfte« zu mobilisieren und etwas vollkommen Neues in sich entstehen zu lassen.
- **Objektebene:** Verzaubern Sie andere Menschen, oder fühlen Sie sich von anderen verzaubert? Spüren Sie damit die ungeahnten Möglichkeiten, die in Ihnen liegen, oder rufen Sie diese in anderen wach? Wird das Verzaubern im Traum beängstigend und insgesamt negativ erlebt, versinnbildlicht das Traumbild, dass Sie sich von solchen Zauberern aus dem Tritt bringen lassen.

→ Hexe (S. 50), Entführung (S. 114)

▲ Magier

◎ Ohnmacht, ungeahnte Möglichkeiten

ZÜGEL

- **Subjektebene:** Im Mittelpunkt der Symbolbedeutung steht das »Sich-zügeln-Müssen«. Es verweist meist auf einen entweder zu strengen und einengenden oder zu laschen und sorglosen Umgang mit Triebenergien. Dieses Traumbild fordert die Träumenden auf, die Zügel in die Hand zu nehmen und damit einfühlsam die Verantwortung für das eigene Leben zu übernehmen.
- **Objektebene:** Zügel im Traum symbolisieren Ihre Tendenz, sich von anderen Menschen zu schnell Zügel anlegen zu lassen. Das Traumbild kann aber auch ein Hinweis darauf sein, dass Sie lernen sollten, sich im Umgang mit anderen Menschen besser zu zügeln.

→ Pferd (S. 158),

▲ –

◎ Umgang mit und Ausdruck von Trieben

TRAUMSYMBOLE DER LIEBE UND DER AGGRESSION

Die grundlegenden archetypischen Symbole (Seite 239) der Anima – der weiblichen Seite in Mann und Frau – und des Animus – des männlichen Anteils in Frau und Mann – bilden die Basis der unter dieser Kategorie aufgeführten Symbole. Die Anima kann sich in jeder weiblichen, der Animus in jeder männlichen Person zeigen. Die Anima symbolisiert unsere unbekannte und meist unbewusste weibliche Gefühlsseite. Der Animus steht für unsere männlich strukturierten, zielgerichteten Denk- und Handlungsweisen.

Es ist das Ziel menschlicher Entwicklung, die unterschiedlichen und mitunter gegensätzlichen männlichen und weiblichen Kräfte in sich zu vereinigen. Je nach Träumer oder Träumerin stehen die weiblichen oder männlichen Anteile im Vordergrund. Das spiegelt sich in den in dieser Kategorie erläuterten Symbolen wider. Sind wir zu sehr auf unsere männliche Seite fixiert, stehen männlich-phallische, aggressive Symbole wie »Dolch«, »Speer« und »Kanone« im Vordergrund. Leben wir mehr aus unserer weiblichen Seite, zeigt sich dies in Symbolen, die entweder durch die Fixierung auf mütterliche Eigenschaften oder auf Realitätsflucht und Angst vor der weiblichen Sexualität gekennzeichnet sind. Dabei können – unabhängig vom Geschlecht der Träumenden – männliche oder weibliche Kräfte vorherrschen.

Zu den Symbolen dieser Kategorie gehören auch uns bekannte Menschen. Beachten Sie, dass diese die männlichen oder weiblichen Anteile von uns verkörpern.

Auch alle sexuellen Handlungen im Traum sollten wir auf uns beziehen, selbst wenn nur andere Personen aktiv sind. Sexualität im Traum ist vorrangig auf der Subjektstufe zu deuten. Sie symbolisiert die Annäherung und Vereinigung männlicher und weiblicher Aspekte der eigenen Persönlichkeit. Der bewusste und unbewusste Umgang mit unseren aggressiven und sexuellen Triebimpulsen ist mitentscheidend dafür, ob wir eine befreite Sexualität genießen können. Können wir diese sexuellen Impulse und Wünsche dem Ziel der Vereinigung männlicher und weiblicher Anteile unterordnen, oder führen sie ein Eigenleben, losgelöst von unserer Persönlichkeitsentwicklung?

Gelingt uns diese Vereinigung nicht, wird dies von verzerrten und übernommenen Einstellungen verhindert, die wir durch unsere Eltern oder als gesellschaftliche Normen vermittelt bekamen. Die Folge davon ist eine Stärkung destruktiv-aggressiver Haltungen, oder wir erleben die Sexualität losgelöst von einer tief gehenden Beziehung zu uns selbst und zu unserem Gegenüber. Durch die Symbole dieser Gruppe werden wir aufgefordert, uns dieser Zusammenhänge und unserer Fixierungen auf alte Muster bewusst zu werden. Nur dadurch wird es uns möglich, in der »chymnischen Hochzeit«, in der Vereinigung unserer weiblichen und männlichen Anteile, ganz und glücklich zu werden.

ABRISS

- **Subjektebene:** Der Abriss ist häufig mit Aggressionen verknüpft. Wichtig ist das Objekt, das abgerissen wird. Der Abriss kann für einen notwendigen Neuanfang stehen oder für einen selbstdestruktiven Akt, der häufig auf Enttäuschungen zurückgeht.
- **Objektebene:** Ein Abriss kann eine abrupt zu Ende gehende Beziehung symbolisieren beziehungsweise vor solch einer Situation warnen.

 –

⚠ Abbruch

◉ Abbruch, Neuanfang, Beziehungsabbruch

AFFE

- **Subjektebene:** Affen im Traum verweisen auf wenig Bewusstsein und parallel dazu auf eine allzu starke Identifikation mit den eigenen triebhaften Bedürfnissen. Das geringe Bewusstsein steht im Zentrum der symbolischen Bedeutung, wie es in der Skulptur der drei Affen, die nichts sehen, nichts hören und nichts reden, sowie in verschiedenen Redensarten zum Ausdruck kommt. Das Traumbild führt uns vor Augen, wie ignorant wir unserem eigenen Verhalten gegenüberstehen. Dies steht in engem Zusammenhang mit dem unreflektierten Ausleben triebhafter Impulse, insbesondere in der Sexualität.
- **Objektebene:** Lassen Sie sich aus »Affenliebe« »zum Affen machen«, und ignorieren Sie dabei, dass Sie ausgenutzt werden? Oder »geben Sie Ihrem Affen Zucker« und nutzen damit andere zu Gunsten Ihrer eigenen triebhaften Be-

➡ Tiere (S. 65), Käfig (S. 124)

⚠ –

◉ geringes Bewusstsein, unreflektierte Triebhaftigkeit

dürfnisse aus? Mitunter verweist der charakteristische, unreflektierte Nachahmungstrieb von Affen auf die Tendenz, sich fremde Normen vorschnell zu Eigen zu machen.

BLUMEN

● **Subjektebene:** Blumen, insbesondere Blüten, symbolisieren die weiblichen Aspekte unseres Gefühlslebens. Sie sind meist mit Sexualität und Wachstum verbunden. Allgemein verweisen Blütenknospen auf Potenziale, die uns gerade erst bewusst werden. Die geöffnete Blüte steht für das positive Erleben und Umsetzen unserer Möglichkeiten. Verwelkt deutet die Blume auf das Ende eines Lebensabschnitts. Insofern symbolisiert die Blume auch das Werden und Vergehen unseres Menschseins. Wichtig sind Farbe, Gestalt, Zustand und Standort der Blume sowie unsere individuellen Assoziationen dazu. Weiterhin ist relevant, zu welcher Jahreszeit sie blüht, da auch dies Bestandteil ihrer Symbolik ist. Blumen, die in der freien Natur wachsen, symbolisieren unsere vernachlässigten natürlichen Gefühle. Sie verweisen auf eine überstarke Betonung des Intellekts. Gartenblumen sind besonders positiv in ihrer Bedeutung. Sie sind als gelungener Kompromiss zwischen unserem männlich betonten Intellekt und unserer eher weiblich assoziierten Gefühlswelt zu sehen. Bei Schnittblumen, insbesondere wenn sie in Vasen stehen, wird die sexuelle Bedeutung betont.

● **Objektebene:** Die Blumen, die Sie im Traum geschenkt bekommen oder verschenken, sind Abbild Ihrer Gefühle der betreffenden Person gegenüber. Sie können direkt für bestimmte Menschen und damit dafür stehen, wie Sie diese erleben. Gefühle spiegeln sich auch in Schnittblumen wider, die im Traum nicht selten welk oder gar vertrocknet aussehen und damit direkter Ausdruck Ihrer erlöschenden Gefühle für diese Person sind.

Garten (S. 80), Wiese (S. 199), Rose (S. 160), klein (S. 213), groß (S. 211)

⚠ Gartenblumen, Wiesenblumen, Knospe, verwelkt, Schnittblumen

◎ weibliche Aspekte des Gefühlslebens, weiblich-erotische Symbolik

BOMBE

- **Subjektebene:** Die Bombe verweist auf angestaute Gefühle und deren Energien. Es handelt sich dabei meist um von uns abgelehnte und verdrängte Emotionen, bevorzugt Aggressionen. Sie drohen sich unkontrolliert in einer Explosion zu entladen. Legen wir selbst die Bombe, wissen wir uns nur durch die vollkommene Vernichtung des Feindes zu helfen. Dieses Traumbild verweist auf Ohnmacht und Hilflosigkeit und die daraus folgenden Aggressionen. Sie verhindern einen konstruktiveren Umgang mit den anstehenden Konflikten. Mitunter fordert die Bombe zu zielgerichtetem Handeln auf.
- **Objektebene:** Im Realleben sollten Sie einen offeneren Umgang mit Ihren Emotionen pflegen. Oder befürchten Sie zur Zeit, dass etwas geschehen könnte, das »wie eine Bombe einschlägt«?

→ Feind (S. 142), Krieg (S. 153), Tod (S. 94), Waffen (S. 165)

⚠ Sprengstoff, Explosion

◎ angestaute Gefühle und Energien, zielgerichtetes Handeln

BRAND

- **Subjektebene:** Der Brand ist eng mit unseren zerstörerischen Kräften verbunden. Er symbolisiert leidenschaftliche Gefühle, die nicht zugelassen werden und sich Bahn zu brechen drohen. Etwas in uns ist in Brand geraten. Es droht zu verbrennen und dabei die gesamte Person zu erfassen. Der Traum von einem besonders zerstörerischen Brand kann eine Warnung vor psychisch-geistiger Erkrankung sein. Wichtig ist, was brennt und zerstört wird. Mitunter kommt dem Brand positive Bedeutung zu, vor allem, wenn etwas Belastendes durch das Feuer vernichtet wird. Der Brand ermöglicht damit einen Neubeginn.
- **Objektebene:** Brände können vor Unachtsamkeiten warnen oder mit realen Erlebnissen in Zusammenhang stehen.

→ Feuer (S. 207), Rauch (S. 90)

⚠ brennen

◎ Kraft, Zerstörung, Wandlung

Dinosaurier

- **Subjektebene:** Nicht erst seit Spielfilmen wie
»Jurassic Park« oder den jüngsten, eindrucks-
voll animierten Dokumentationen über Dinosaurier zeigen sich diese Giganten der Vergangenheit in unseren Träumen. In Kinderträumen
symbolisieren sie die beängstigenden Gefühle,
Kräfte und Energien, die in einzelnen Entwick-
lungsphasen entstehen. Zugleich verkörpern
sie, ähnlich wie Monster, die als übermächtig
erlebten Eltern. Träumen wir als Erwachsene
vom Dinosaurier, symbolisiert dieser mit mäch-
tigen Gefühlen verbundene alte Vorstellungen,
die wir häufig als bedrohlich erleben. Zugleich
zeigt uns dieses Traumbild, dass sie eigentlich
überlebt sind. Der Dinosaurier führt uns damit
unsere Bindung an alte Vorstellungen und Gefühle vor Augen, die nicht mehr zu uns passen
und die wir deshalb loslassen sollten.
- **Objektebene:** Dinosaurier ermuntern Sie, mutiger aufzutreten und sich von Menschen in
Ihrem Umfeld, die symbolisch für diese Urzeit-
tiere stehen, nicht einschüchtern zu lassen.
Oder sollten Sie Ihre eigenen Wünsche nach
»Größe« kritischer unter die Lupe nehmen?

 Monster
(S. 55),
groß (S. 211)

⚠ –

◎ bedroh-
liche Gefühle
und Kräfte,
Bindung an
überlebte Vor-
stellungen

Dolch

- **Subjektebene:** Der Dolch als Stichwaffe, die
man benutzt, wenn man dem Gegner Auge in
Auge gegenübersteht, deutet auf mächtige
aggressive Impulse hin. Da er in den Körper
eindringt, ist er symbolisch meist mit der
männlich-aggressiven Sexualität verknüpft.
Der Dolch, versteckt unter den Kleidern getragen, symbolisiert die Angst vor den eigenen
übermächtigen Aggressionen oder auch die
Heimtücke, die man bei sich oder anderen lau-
ern wähnt.
- **Objektebene:** Auf der Beziehungsebene kann
der Dolch auf konkrete Aggressionen bestimmten Menschen gegenüber hinweisen.

 Messer
(S. 155),
Mörder (S. 55)

⚠ –

◎ aggressive
Impulse,
Heimtücke,
Sexualität

DORNEN

- **Subjektebene:** Dornen sind durch ihre Form mit männlich-aggressiven Impulsen verknüpft. Sie stehen für schmerzliche Erfahrungen und einem sich daraus ergebenden Bedürfnis nach Distanz. Dies gilt vor allem, wenn Blumen und Pflanzen mit Dornen im Traum vorkommen. Verletzen wir uns an Dornen von Blumen oder Pflanzen, symbolisiert dies unsere Angst, durch Gefühle verletzt zu werden, insbesondere in der Sexualität. Hat eine Pflanze oder Blume, die in der Realität Dornen besitzt, im Traum keine oder kleine Dornen, deutet dies auf Abwehr der eigenen aggressiv-sexuellen Impulse hin.
- **Objektebene:** Dornen an Pflanzen und Blumen weisen Sie auf bestehende Beziehungsprobleme hin, vor allem in der Sexualität.

 Hindernis (S. 83), Blumen (S. 138), Rose (S. 160)

⚠ –

◎ Leiden, Distanz, aggressiv-sexuelle Impulse, Beziehungsprobleme

EX-FREUND/IN

- **Subjektebene:** Träume von Ex-Freunden oder Ex-Freundinnen sind vor allem in der Pubertät häufig. Sie verunsichern uns meist, da wir glauben, die Beziehung zu diesen Personen weit hinter uns gelassen zu haben. Im Traum symbolisieren sie Anteile von uns, die wir längst überwunden glaubten. Mit ihnen wird uns vor Augen geführt, dass wir nach wie vor mit diesen Aspekten unserer Person eng verbunden sind.
- **Objektebene:** Mitunter weist dieses Traumbild darauf hin, dass Sie emotional noch stärker an Ihren Ex-Freund oder Ihre Ex-Freundin gebunden sind, als Sie es sich bisher eingestehen wollten. Wichtig ist, wie Sie die Person im Traum empfinden. Häufig sind es nicht verarbeitete Aggressionen, die es uns unmöglich machen, die Beziehung innerlich loszulassen. Haben Sie eine neue Partnerin oder einen neuen Partner, erleben Sie im Traum Seiten einer Beziehung, die Sie in Ihrer jetzigen Partnerschaft möglicherweise vernachlässigen.

 Untreue (S. 163), Partner/in (S. 157)

⚠ –

◎ Aspekte der eigenen Person

Fee

- **Subjektebene:** Erscheint die Fee im Traum eines Erwachsenen, weist sie ihn darauf hin, dass er Probleme hat, sich den Realitäten und damit den Pflichten und Aufgaben des Alltags zu stellen. Der Feentraum deutet auf ein Gefühl der Überforderung, wobei die oder der Träumende dazu neigt, allzu sehr auf Hilfe von außen zu hoffen. Als die eigene innere Fee macht die Traumgestalt deutlich, dass der Ausweg in einem selbst liegt.
- **Objektebene:** Die Fee kann für eine von Ihnen idealisierte weibliche Person stehen, die Ihnen rein und unschuldig vorkommt und von der Sie sich unbewusst die Erfüllung geheimster Wünsche erhoffen.

➡ Hexe (S. 50), Zauberer (S. 135), Anima (S. 202), Mutter (S. 217)

 Elfe

◎ Realitätsflucht

Feind/in

- **Subjektebene:** Der Feind im Traum ist immer der Feind in uns. Er symbolisiert Eigenschaften oder Gefühle von uns, die wir ablehnen. Diese Ablehnung stammt aus dem Konflikt zwischen unserer Idealvorstellung von uns selbst und Aspekten unserer Person, die wir als unpassend empfinden. Je aggressiver die Auseinandersetzung geführt wird, desto schwerwiegender ist der innerpsychische Konflikt. Feinde sind als Aufforderung zu verstehen, die abgelehnten Anteile in die eigene Persönlichkeit zu integrieren. Voraussetzung dazu ist meist die Veränderung des Selbstbildes. Der Traum vom Feind beinhaltet immer die Chance, von unserem Scheuklappendenken über »Gut und Böse« wegzukommen.
- **Objektebene:** Handelt es sich um reale Personen Ihres Umfelds, werden Sie mit diesem Traumbild aufgefordert, sich mit der Ablehnung auseinander zu setzen. Versuchen Sie bewusst, die positiven Seiten dieser Person zu sehen. Bedeutend ist dabei, ob Sie die Person ablehnen oder sich von ihr abgelehnt fühlen.

➡ Krieg (S. 153), Kampf (S. 151), Gegner (S. 48)

 –

◎ abgelehnte Aspekte der eigenen Person

FLEISCH

- **Subjektebene:** Träume von Fleisch und Wurstwaren symbolisieren fast immer die »fleischlichen Gelüste« und sprechen damit direkt den Umgang mit Sexualität an. Dabei steht vor allem der allgemeine Umgang mit Sexualität im Vordergrund der Symbolbedeutung.
- **Objektebene:** Auf der Objektebene spricht der Traum vom Fleisch Sie auf Ihre Probleme an, sich tiefer auf eine Beziehung einzulassen, vor allem im Sexuellen. Bei Vegetariern können häufige Träume vom Fleisch ein Hinweis darauf sein, dass sie innerlich noch nicht wirklich zur Nahrungsumstellung bereit sind.

➡ Tiere
(S. 65)

🔺 Braten, Wurst

◎ Umgang mit Sexualität

FRAU

- **Subjektebene:** Traum-Frauen symbolisieren das Weibliche und Mütterliche schlechthin. In Frauenträumen verkörpern unbekannte Frauen das fremde und unbekannte Frausein, je nach Gefühlen auch die Schattenseiten der Träumerin. Wichtig ist, was mit dem entsprechenden Frauentyp assoziiert wird. Das Bild fordert auf, diese Anteile in sich zu integrieren. In Männerträumen stehen Frauen für die weibliche Seite im Mann, die direkt mit der Mutterbeziehung in Zusammenhang zu sehen ist. Frauen symbolisieren die intuitive und gefühlsmäßige Seite im Mann. Mitunter stellen sie auch im wahrsten Sinne die »Traumfrau« dar, eine Frau also, in der sich alle bewussten und unbewussten Wünsche widerspiegeln.
- **Objektebene:** Im Männertraum kann die Frau auch für die Partnerin oder Mutter stehen und somit eine Aussage über die Beziehung zu diesen Frauen treffen.

➡ Anima
(S. 202), Mutter
(S. 217), Fremde
(S. 46), Partner/in
(S. 157)

 –

◎ weibliche und mütterliche Seiten, Integration weiblicher Anteile

FREUND/IN

● **Subjektebene:** Der Freund oder die Freundin stehen symbolisch immer für Aspekte unserer Persönlichkeit, die wir – je nach emotionaler Nähe – als mehr oder minder positiv erleben. Sie symbolisieren damit Wesensteile, die wir als zu unserem Selbstbild passend empfinden. Wandelt sich das Verhältnis zu der Person, verändert sich unsere Einstellung zu diesen unseren Eigenschaften. Gewinnen wir einen neuen Freund oder eine neue Freundin, bedeutet das, dass sich unser Selbstbild verändert. Uns werden neue Eigenschaften bewusst. Wir integrieren sie positiv in die eigene Person, obwohl wir sie bisher als fremd empfunden haben oder ihnen möglicherweise feindlich gegenüberstanden.

● **Objektebene:** Geht es in Ihrem Traum um eine reale Freundschaft, trifft der Traum meist eine Aussage über die Qualität der Beziehung.

 Fremde (S. 46), Partner/in (S. 157)

▲ –

◎ positiv erlebte Aspekte unserer Persönlichkeit

FRÜCHTE

● **Subjektebene:** Früchte haben als Naturprodukte sowie wegen ihrer Gestalt und Süße meist erotisch-sexuelle Bedeutung. Dies gilt nicht nur für die Banane, die aufgrund ihrer Form direkt mit der männlich-phallischen Sexualität assoziiert wird. So verweisen Äpfel, Birnen, Apfelsinen und Pfirsiche auf die weiblichen Brüste und die damit verknüpften weiblich-erotischen Aspekte. Die meisten Beeren sind mit der Klitoris assoziiert und stehen für weibliche Triebimpulse. Pflaumen, Feigen und Datteln sind Vagina-Symbole. Kirschen wiederum werden auf der symbolischen Ebene mit dem Mund verknüpft. Wichtig ist der Zustand der Früchte. Grün und noch unreif sprechen sie die erotisch-sexuelle Entwicklung an, vollreif sind sie eine Aufforderung, sich seinen sexuellen Bedürfnissen bewusster zuzuwenden. Faulig und verdorben

 –

▲ Obst, Beeren, Kirsche, Feige, Pflaume, Dattel, Banane, Apfel, Pfirsich, Birne

◎ erotisch-sexuelle Aspekte

verweisen Früchte auf Probleme mit der eigenen Sexualität.

- **Objektebene:** Früchte fordern Sie auf, sich auch in der Realität vermehrt mit Ihren erotisch-sexuellen Bedürfnissen auseinander zu setzen.

GESCHLECHTSVERKEHR

- **Subjektebene:** Geschlechtsverkehr ist, wie alle Traumbilder mit direktem sexuellem Inhalt, zuallererst subjektstufig zu interpretieren. Er ist auch im übertragenen Sinn die Vereinigung von Männlich und Weiblich, von Animus und Anima. Damit deutet der Traum auf die grundlegende Annäherung zweier sich bisher gegensätzlich gegenüberstehender Seiten, die männlichen beziehungsweise weiblichen Tendenzen zuzuordnen sind. So träumt ein Mann vom Beischlaf, wenn es ihm möglich wird, seine bisher zu stark ausgeprägten aggressiven Impulse mit seinen nachgiebigen Anteilen zu versöhnen.

 Animus (S. 203), Anima (S. 202)

△ –

◎ Vereinigung von männlichen und weiblichen Anteilen

- **Objektebene:** Beischlafträume können dann vermehrt auftreten, wenn reale Defizite im sexuellen Bereich bestehen. Sie bringen Sie in Kontakt mit Ihrer persönlichen, körperlichen Sexualität und damit, dass Sie diese womöglich zu wenig leben.

HAFEN

- **Subjektebene:** Der Hafen symbolisiert Schutz und Geborgenheit vor den stürmischen Wogen des Lebens. Deshalb ist er mit weiblich-mütterlichen Aspekten verknüpft. Je nach Traumzusammenhang führt er uns unsere übermäßig ausgeprägten Sicherheits- und Geborgenheitsbedürfnisse vor Augen, die uns daran hindern, uns aufs offene Meer der Gefühle zu begeben. Wird der Aufenthalt im Hafen im Traum als lang empfunden, weist dies zusätzlich auf geringes Selbstvertrauen und

→ Schiff (S. 190), Schwimmen (S. 194), Meer (S. 87), Mutter (S. 217)

△ –

Lebenszuversicht hin. In selteneren Fällen kann er uns auffordern den sicheren Hafen aufzusuchen, wenn die Gefühlswogen zu hoch schlagen. Wichtig für die Bedeutung ist die Beschaffenheit des Hafens und des Schiffes.

- **Objektebene:** Je nach Lebenssitaution fordert der Hafen als Symbol für die Ehe Sie auf, sich mehr auf Beziehungen einzulassen oder verstärkt Ihrer Abenteuerlust nachzugeben.

◉ Schutz, Geborgenheit, Abenteuer, weiblich-mütterliche Aspekte

HALS

- **Subjektebene:** Der Hals, die Verbindung zwischen Körper und Kopf, steht symbolisch für die Vermittlung zwischen Verstand und Gefühl. Als »Engpass« symbolisiert er, dass wir häufig Probleme haben, das zu schlucken, was wir uns als seelische Nahrung zuführen. Er spricht den Ausdruck unserer Gefühle an, die wir in uns wahrnehmen. So verweist ein dicker Hals auf nicht geäußerte Aggressionen oder darauf, dass wir »den Hals nicht voll kriegen können«, sprich zu gierig sind und zu wenig auswählen. Spitzt sich ein Problem zu, »geht es uns an den Kragen«, was als dringende Aufforderung zu verstehen ist, uns den jeweiligen Schwierigkeiten zuzuwenden. Die Kehle verweist speziell auf Probleme beim sprachlichen Ausdruck von Gefühlen.
- **Objektebene:** Der Hals fordert Sie auf, in Beziehungen offener zu werden.

→ Kopf (S. 125), Körper (S. 85)

 Kehle

◉ Verbindung zwischen Verstand und Gefühl

HAUT

- **Subjektebene:** Die Haut als Kontaktorgan symbolisiert die Art und Weise, wie wir mit anderen Menschen in Kontakt treten. Ihre Beschaffenheit verkörpert unseren geistig-seelischen Zustand. Werden wir oder andere Personen »berührt« oder geht uns »etwas unter die Haut«, werden wir im Gefühlsbereich angesprochen. Wichtig ist dabei, wie und vom wem wir berührt werden oder jemanden berühren, und wie wir

→ Körper (S. 85), Kuss (S. 154), Wunde (S. 100), Arzt (S. 108)

die Berührung empfinden. Je nach Traumzusammenhang fordert uns dieses Bild auf,
sensibler auf andere zu reagieren oder sich
durch äußere Eindrücke nicht zu sehr beeinflussen zu lassen. Wie immer stehen dabei die
anderen Personen für Wesensteile von uns
selbst. Hautanomalitäten verweisen auf Probleme mit Kontakten. So symbolisiert Juckreiz
den Wunsch nach liebevoller Zuwendung und
Sexualität, oder er weist auf Abgrenzungsprobleme hin. Verletzungen der Haut ermahnen,
vorsichtiger mit sich selbst umzugehen. Blu-
tende Wunden symbolisieren Energieverlust. Je
schwerwiegender die Hauterkrankung, desto
tiefer gehend die Problematik. Sie warnt vor zu
starkem Rückzug oder zu geringer Abgrenzung.
Die Haut kann Sie außerdem mit Ihrer Angst
vor Alter und Unattraktivität in Kontakt bringen.

- **Objektebene:** Je nach Kontext fordert der
  Hauttraum Sie auf, Ihre sozialen Kontakte zu
  überdenken. Hautträume werden auch durch
  reale Hautreizungen, zum Beispiel Mücken-
  stiche, ausgelöst.

▲ Haut-
erkrankung,
Hautkrebs,
Juckreiz

◎ Kontakt,
Abgrenzung,
Rückzug

HERZ

- **Subjektebene:** Das Herz ist symbolisch der
  Sitz unserer Gefühle. Gleichzeitig bedeutet
  das Herz beziehungsweise sein Schlagen
  schlechthin das Leben. Somit steht das Herz
  für tiefgehende und echte Gefühle, die wir
  für die momentane Lebensphase als bestim-
  mend erleben. Dieses Traumbild tritt in Zeiten
  auf, in denen wir uns gefühlsmäßig stark, vielleicht sogar zu stark engagieren oder umgekehrt zu oberflächlich leben.

- **Objektebene:** Wie alle Traumbilder von Kör-
  perorganen kann das Herz Sie auf körperliche
  Probleme aufmerksam machen, vor allem,
  wenn Sie in der Realität am Herzen erkrankt
  sind.

➔ Blut (S. 77)

▲ –

 tief
gehende,
echte Gefühle

HOCHZEIT

- **Subjektebene:** Die Hochzeit symbolisiert die Vereinigung von männlichen und weiblichen Gegensätzen. Die beiden Personen, die im Traum heiraten, verkörpern zwei einander bisher als gegensätzlich gegenüberstehende Persönlichkeitsanteile. Die Hochzeit kann die Verschmelzung dieser beiden Wesensteile versinnbildlichen, aus der sich auf einer »höheren« Ebene etwas Neues und Ganzes entwickelt. Dieses Traumbild fordert die Träumenden auf, ihre inneren Kämpfe aufzugeben und die widerstreitenden Anteile einander anzunähern und miteinander zu versöhnen.

- **Objektebene:** Mit der Hochzeit können Ihre Wünsche nach einer realen Hochzeit angesprochen werden. Bei Ehestreitigkeiten sollten Sie sich Ihren eigenen Beitrag zu den Problemen bewusster vor Augen führen, um dadurch offener auf Ihren Partner oder Ihre Partnerin zugehen zu können.

➡ Animus (S. 203), Anima (S. 202)

 Heirat

⊚ Verbindung der konträren weiblichen und männlichen Wesensteile

HOMOSEXUALITÄT

- **Subjektebene:** Homosexualität sollte, wie alle direkten sexuellen Bilder, immer auf der Subjektebene interpretiert werden. Dies bedeutet, der Mann oder die Frau, mit dem oder der wir sexuellen Kontakt haben, symbolisiert spezielle männliche beziehungsweise weibliche Anteile von uns selbst, denen wir uns freundlich, ja liebevoll zuwenden. Wichtig ist außerdem, wie wir das Zusammensein erleben. Weiterhin können Träume von Homosexualität mit Angst und Abwehr realer gleichgeschlechtlicher Neigungen zusammenhängen. Dabei verweist dies auf Ablehnung der eigenen weiblichen Anteile beim Mann und der männlichen Anteile bei der Frau.

- **Objektebene:** Beginnen Sie auch in der Realität, Ihre Vorstellungen von »richtiger« und »falscher« Sexualität in Frage zu stellen.

➡ Animus (S. 203), Anima (S. 202)

△ lesbisch, schwul

⊚ weibliche, männliche Identität, Abwehr

HUND

- **Subjektebene:** Hunde kommen häufig in Träumen vor, und dies nicht nur, weil sie in der Nähe des Menschen leben und stark auf ihn bezogen sind. Die Bedeutungsaspekte des Hundes sind sehr vielfältig und können letztlich nur aus dem gesamten Traumzusammenhang erschlossen werden. Die wichtigsten sind seine Anhänglichkeit, Treue und Bindung an den Menschen sowie seine animalische Triebhaftigkeit, die aus seiner Abstammung vom Wolf resultiert. Seine Anhänglichkeit und seine sensible Wahrnehmung ließen ihn schon vor langer Zeit symbolisch zum Seelenführer werden. Diese Anhänglichkeit, die schnell zur Abhängigkeit wird, ist im Traum eher negativ zu bewerten. Träume von Hunden können deshalb auf eine zu gering entwickelte Individualität verweisen. Vor allem Menschen, die sich mit ihren aggressiven und sexuellen Impulsen unter Kontrolle halten, werden im Traum oft mit gefährlich erscheinenden Hunden konfrontiert.
  Je größer und gefährlicher der Hund, desto größer der Konflikt zwischen nicht gelebter Triebhaftigkeit und Kontrolle. Ob es sich dabei primär um aggressive oder sexuelle Impulse handelt, kann nur aus dem gesamten Traum geschlossen werden.
- **Objektebene:** Hunde bringen Sie meist in Kontakt mit Ihrer Tendenz, sich von anderen oder andere von sich abhängig zu machen. Der Hund ist aus diesem Grund als Aufforderung zu verstehen, die eigenen Ecken und Kanten deutlicher zu zeigen.

➡ Katze
(S. 152)

 –

◎ Seelenführer,
Abhängigkeit,
Konflikt Triebhaftigkeit/
Kontrolle

Hure

- **Subjektebene:** Wie bei allen ausgeprägt weiblichen und männlichen Symbolen ist auch bei der Hure von Bedeutung, ob dieses Traumbild von einem Mann oder einer Frau geträumt wird. Beim Mann ist die Hure zuallererst als Wunsch nach einer andersartigen, ungebundeneren Sexualität zu sehen. Gleichzeitig kann die Hure, vor allem, wenn sie unattraktiv erscheint, auf Angst vor Bindung und Abhängigkeit hinweisen. In Frauenträumen steht die positiv empfundene Lust nach mehr Abwechslung und Abenteuer im Vordergrund der Traumsymbolik. Dahinter verbergen sich meist zu enge moralische Vorstellungen der eigenen Sexualität, die aufgebrochen werden sollten.

- **Objektebene:** Das Traumbild fordert Sie auf, Ihre Einstellung zur Sexualität in einer real existierenden oder erhofften Zweierbeziehung näher zu betrachten. Bei einer bestehenden Beziehung sollten Sie Ihrem Partner, Ihrer Partnerin diesen Traum erzählen und ihn zum Anlass nehmen, in ein Gespräch über Ihre Sexualität einzutreten.

➡️ Anima (S. 202), Schatten (S. 222)

⚠️ Freudenmädchen, Nutte

◎ Sexualität, Ausbruch aus Konventionen

Jugend

- **Subjektebene:** In Phasen, in denen wir uns unscheinbar und wenig begehrt fühlen, taucht bevorzugt das Traumbild Jugend auf. Darin spiegelt sich unsere Sehnsucht, jung zu sein, und die damit verbundene Angst vor Verlust unserer Attraktivität und vorm Älterwerden. So wie Jugendliche sich gegen Älterwerden und Verantwortung auflehnen oder es sehnlichst herbeiwünschen, so wehrt sich der Erwachsene, sein Selbstbild ewiger Jugendlichkeit aufzugeben. Der Jugendliche im Traum ermutigt uns, diese falschen Selbstbilder in Frage zu stellen und hinter uns zu lassen. Wichtig ist, wie wir die häufig schwierige

➡️ Gemüse (S. 81), Mädchen (S. 154)

⚠️ Pubertät

◎ Attraktivität, Alter, Umbruch

Phase der Pubertät erlebt haben und wie dies uns geprägt hat. Möglicherweise empfinden wir unsere momentane Lebensphase als ähnlich schwierig.

● **Objektebene:** Lernen Sie, Ihr Alter zu akzeptieren, und versuchen Sie, diese Realität nicht durch äußere Abenteuer von sich fern zu halten.

JUNGFRAU

● **Subjektebene:** Die Jungfrau im Traum sollte immer zuallererst auf der Subjektebene betrachtet werden. Sie steht für weibliche Seiten in Träumerin und Träumer, die meist unbewusst und unerlöst, also nicht in die eigene Persönlichkeit integriert sind. Bei der Träumerin rührt dies aus einer überstarken Bindung an den Vater, beim Träumer aus einer Fixierung auf die Mutter. Beides verhindert eine Weiterentwicklung in Form der Integration der eigenen weiblichen Anteile. Deshalb fordert das Traumbild dazu auf, sich aktiv mit dieser Situation auseinander zu setzen.

➡ Mutter (S. 217), Vater (S. 224), Anima (S. 202)

 –

◎ unbewusste weibliche Anteile

● **Objektebene:** Hin und wieder kann die Jungfrau im Traum als symbolischer Ausdruck für Nicht-Berührtes stehen. Das heißt, sie symbolisiert in diesem Falle etwas Neues, das Sie in Angriff nehmen sollten. Gleichzeitig sollten Sie sich darüber im Klaren sein, dass es danach möglicherweise einen Schritt zurück nicht mehr gibt.

KAMPF

● **Subjektebene:** Kampf symbolisiert den Konflikt zwischen gegensätzlichen Seiten in Träumer oder Träumerin. Die Art und Weise, in der die Auseinandersetzung ausgetragen wird, verdeutlicht die Schwere des Konflikts. Sie reicht vom spielerisch sportlichen Wettkampf bis zum todbringenden Krieg. Kampf, meist assoziiert mit Sieg, gaukelt den Träumenden

➡ Krieg (S. 153), Zwei (S. 229)

 –

vor, dass diejenige der widerstreitenden Seiten, die ihnen näher ist, die andere mithilfe aggressiver Impulse überwinden kann. Das Traumbild sollte jedoch immer als Aufforderung verstanden werden, die inneren »Konfliktparteien« einander anzunähern.

◉ Aggression, Gegensätze

- **Objektebene:** Traumkämpfe können Sie darauf aufmerksam machen, dass Sie mithilfe Ihrer spontanen aggressiven Impulse versuchen, Konflikte in Ihrem Realleben einseitig Ihren Vorstellungen entsprechend zu entscheiden.

KANONE

- **Subjektebene:** Markante Kennzeichen des Traumbilds Kanone sind die Dicke des Rohrs und die Gewalt, die eine Kanone durch ihre Vernichtungskraft verkörpert. Die Form der Kanone ist mit der phallisch-aggressiven Männlichkeit gleichzusetzen. Wegen ihrer zerstörenden und undifferenzierten Macht überwiegen dabei allerdings die negativen Bedeutungsaspekte. Der Träumer oder die Träumerin werden dadurch mit ihren unsensiblen und selbstdestruktiven Impulsen konfrontiert, die zarte Töne nicht zulassen. Wer zu anpassungswillig ist, den fordert der Kanonentraum auf, sich mit der eigenen Durchsetzungskraft zu verbünden und Ängste hintanzustellen, man könnte dabei andere übergehen.

➡ Burg (S. 205), Waffen (S. 165)

⚔ Geschütze, Haubitze

◉ männlich-sexuelle Aggressivität, Gewalt, Durchsetzungsfähigkeit

- **Objektebene:** Kanonenträume können Sie auf Ihre Tendenz, »mit Kanonen auf Spatzen zu schießen«, hinweisen und Sie auffordern, sich für Ihren Durchsetzungswillen adäquatere Mittel zu suchen.

KATZE

- **Subjektebene:** Durch ihr eigenwilliges und mehr an den Ort als an den Menschen gebundenes Verhalten verkörpern Katzen insbesondere weibliche Individualität und Eigenständig-

➡ Raubtier (S. 57),

keit. Je nach Traumzusammenhang ermuntern sie, die individuellen Eigenheiten zu akzeptieren, machen aber auch auf egozentrische Sichtweisen aufmerksam. Gleichzeitig stehen sie, wie alle Haustiere, für die domestizierten triebhaften Impulse in uns. Durch ihre Anmut und Geschmeidigkeit und durch ihr deutlich ausgedrücktes Zärtlichkeitsbedürfnis verkörpern sie von alters her die weibliche Sexualität. Auch wegen ihres sensiblen Wahrnehmungsvermögens galten schwarze Katzen im Mittelalter als Begleiterinnen von Hexen und versinnbildlichen deshalb die männliche Angst vor der weiblichen Sexualität. Wichtig für die symbolische Bedeutung der Katze ist, ob wir sie aus der Realität kennen und welche Einstellung wir zu Katzen haben.

- **Objektebene:** Katzen ermutigen Sie, sich mehr mit Ihren Ecken und Kanten zu zeigen oder, wenn die bereits negativ in Erscheinung treten, den Bedürfnissen anderer aufgeschlossener zu begegnen.

Hexe (S. 50)

 –

◉ Individualität und Eigenständigkeit, weibliche Sexualität

KRIEG

- **Subjektebene:** Krieg im Traum bedeutet immer Krieg gegen uns selbst. Zwei Anteile in uns liegen miteinander im Kampf. Das Traumbild verweist auf Konflikte in der Kindheit, die nicht verarbeitet wurden und denen wir uns zuwenden sollten. Das gilt vor allem für unseren problematischen Umgang mit Aggressionen. Häufig steht dabei ein falsches Selbstbild progressiven Kräften gegenüber, die wir jedoch aus dem Bedürfnis nach Sicherheit und Kontrolle heraus ablehnen.

  Der inzwischen fast vergessene Hippiespruch »make love not war« drückt aus, wozu dieses Traumbild uns auffordert, nämlich unsere progressiven und kreativen Potenziale mit den konservativen Grundlagen unserer Persönlichkeit zu versöhnen.

➡ Zwei (S. 229), Kanone (S. 152), Kampf (S. 151), Invasion (S. 123)

⚠ Kapitulation

◉ innere Zerrissenheit, Kampf, Aggression

- **Objektebene:** Beenden Sie die Kleinkriege, die Sie in Ihrem Realleben gegen andere führen. Dieses Traumbild kann auch mit Ihrer Angst vor Kriegen zusammenhängen.

Kuss

- **Subjektebene:** Wie alle liebevollen Körperkontakte symbolisiert der Kuss die Annäherung und/oder intensive Verbindung mit der Person, die man küsst. Diese Person wiederum steht für Anteile und Eigenschaften von uns selbst. Wichtig sind außerdem der Körperteil, der geküsst wird, und die Gefühle, die wir dabei empfinden. Der Kuss auf den Mund verweist auf den sprachlichen Bereich und damit auf die Notwendigkeit, mit dem Wesensteil, den wir küssen, in einen engeren geistigen Austausch zu treten. Beim Zungenkuss wird dies verstärkt, da die Zunge symbolisch für unsere Neugier und unser Bedürfnis nach Neuem steht. Gleichzeitig versinnbildlicht der Kuss auf den Mund, vor allem der Zungenkuss, erotische Bedürfnisse und Wünsche, die wir mit der Person in unserem Traum verknüpfen. Küsse auf andere Körperteile heben deren symbolische Bedeutung hervor.
- **Objektebene:** Haben Sie Streit mit der Person, die Sie im Traum küssen, sollten Sie sich versöhnen.

➜ Personen (S. 220), Fuß (S. 48), Mund (S. 185)

⚠ Zungenkuss

◎ liebevolle Annäherung, Erotik, Verbindung

Mädchen

- **Subjektebene:** Mädchen symbolisieren im Frauen- wie im Männertraum meist die Begegnung mit der Anima, also mit der eigenen weiblichen Seite. Sie verkörpern die sich entfaltende Weiblichkeit. Außerdem kann das Traumbild auf mögliche Entwicklungsdefizite und damit auf kindlich naive Einstellungen hinweisen.
- **Objektebene:** Frauen kann das Mädchen auf Ängste um die eigene äußere Attraktivität auf-

➜ Anima (S. 202), Kind (S. 85)

⚠ –

◎ die sich entfaltende

merksam machen. Im Männertraum tauchen Mädchen bei Bedürfnissen nach sexuellen Abenteuern auf, die vom inneren Zensor im Wachbewusstsein verurteilt werden.

weibliche Seite, Entwicklungsdefizit

MANN

- **Subjektebene:** Männer stehen für das Männliche und Väterliche in den Träumenden. Unbekannte Männer symbolisieren im Traum des Mannes fremde, männliche Persönlichkeitsanteile, die Schattenseiten des Träumers darstellen, falls sie im Traum abgelehnt werden. Sie wollen akzeptiert und in die eigene Person integriert werden. Von Bedeutung ist immer, was der Träumer oder die Träumerin mit diesem Typus von Mann verbindet. Träumt eine Frau vom Mann, wird sie mit ihrer unbewussten männlichen, das heißt aktiven, strukturierten und zielgerichteten Seite konfrontiert. Je nach Traumzusammenhang und Lebenssituation wird der Träumerin zuweilen auch ihr »Traummann« vorgeführt, in dem sich alle ihre Wünsche und Hoffnungen widerspiegeln.
- **Objektebene:** Im Frauentraum kann der Mann auch für den Partner oder Vater stehen und die Beziehung zu diesem darstellen.

➡ Animus (S. 203), Vater (S. 224), Fremde (S. 46)

⬙ –

 väterliche und männliche Seiten, Integration dieser Anteile, Wunschpartner

MESSER

- **Subjektebene:** Messer, die ja dem Schneiden und Zerteilen dienen, sprechen die intellektuelle Differenzierungsfähigkeit an. Sie können zumeist als Aufforderung verstanden werden, vermehrt seine intellektuellen Fähigkeiten und vor allem den analytischen Verstand einzusetzen. Ein stumpfes Messer symbolisiert den getrübten Verstand. Bei Messern als Waffe, vor allem in Form von Dolchen etc., kommen auf der symbolischen Ebene männlich-aggressive Impulse hinzu. Darüber hinaus kann das Messer, vor allem

➡ Dolch (S. 140), Waffen (S. 165)

⬙ schneiden, Schere, Küchenmesser, Brotmesser, Skalpell

wenn gestochen wird, mit sexuellen Aspekten verknüpft sein.

- **Objektebene:** Lange und sehr scharfe Messer verweisen Sie auf Ihren messerscharfen Verstand, der Sie je nach Traumzusammenhang damit auf ihre verletzenden Seiten aufmerksam macht.

◉ intellektuelle Differenzierungsfähigkeit, männlich-aggressive Impulse

NIXE

- **Subjektebene:** Die im Wasser lebende Frau mit Fischschwanz taucht vor allem im Männertraum auf. Sie ist weibliche Verführung par excellence, die den Träumer in die Tiefen des Meeres hinabzuziehen droht. Gleichzeitig verkörpert der fischartige Unterleib die kalte und nicht auf bestimmte Personen bezogene weibliche Sexualität. Insgesamt symbolisiert die Nixe destruktive weibliche Anteile in den Träumenden, die ihn oder sie in die Tiefen des Gefühls zu entführen drohen. Intellektgesteuerte Menschen fordert dieses Traumbild auf, sich bewusster mit ihren Gefühlen und vor allem mit ihrer Angst davor auseinander zu setzen. Gefühlsbetonte Menschen warnt dieses Bild vor einer zu einseitigen Betonung des Gefühlslebens auf Kosten ihres Bewusstseins. In Frauenträumen symbolisiert die Nixe die Schwierigkeit, die eigene weibliche Sexualität anzunehmen, was häufig auf Schuldgefühle zurückzuführen ist.

➡ Wasser (S. 225), Fisch (S. 208), Meer (S. 87)

⚠ –

◉ unterentwickelte weibliche Sexualität, Angst vor weiblicher Sexualität, Schuldgefühle

- **Objektebene:** Nixen bringen Sie mit Ihrer Lust an der Bewegung im Wasser in Kontakt. Oder gibt es in Ihrem Umfeld Nixen, denen Sie zu erliegen drohen?

OFEN

● **Subjektebene:** Der Ofen verkörpert Gefühlswärme und Energie. Als Heizkörper steht er
mitunter für unsere sexuellen Gefühle und Bedürfnisse. Mütterlich-weibliche Aspekte zeigen sich in Backofen oder Herd. Funktionie-
rende Öfen signalisieren ausreichende
Energiereserven. Defekte oder gar fehlende
Öfen weisen auf Probleme in der Persönlichkeitsentwicklung hin. Die Bedeutung ist auch
von der Temperatur abhängig. Heiße Öfen, an
denen man sich leicht die Finger verbrennen
kann, fordern zu verstandesmäßiger Kühle
und Distanz auf. Kalte oder fehlende Öfen stehen für Gefühlskälte. Man sollte sich der eigenen verdrängten Gefühle bewusster werden.

● **Objektebene:** Ofenträume treten bei Kälte-
oder Hitzegefühlen während des Schlafs auf.
Kalte oder fehlende Öfen weisen auf Partner-
probleme hin.

➡ Feuer
(S. 207)

⚠ Kachel-
ofen,
Heizung,
Küchenherd

◎ Gefühls-
wärme,
eigene
Reserven,
Partner-
probleme

PARTNER/IN

● **Subjektebene:** Träume vom Partner oder der
Partnerin sollten sowohl auf der Subjekt- als
auch auf der Beziehungsebene betrachtet
werden. Überlegen Sie bei diesem Traumbild
sorgfältig, für welche Anteile in Ihnen selbst
Ihr Partner oder Ihre Partnerin stehen könnte.
Von Bedeutung ist dabei sowohl, was ihn oder
sie allgemein kennzeichnet, als auch, womit
er oder sie sich Ihrem Empfinden nach momentan hauptsächlich beschäftigt. Beides
kann Gefühle, Eigenschaften oder andere Anteile von uns selbst verkörpern, die uns häufig
unbewusst sind und denen wir uns im Traum
zuwenden.

● **Objektebene:** Je nach Traumsituation zeigt
das Symbol einen veränderten Umgang in der
Beziehung und/oder eine veränderte Wahrnehmung Ihres Partners oder Ihrer Partnerin.

➡ Hochzeit
(S. 148)

⚠ Ehe-
mann/
Ehefrau,
Geliebte/
Geliebter

◎ eigene
Persönlich-
keitsanteile

PFERD

- **Subjektebene:** Das Pferd symbolisiert ursprüngliche Triebe und Energien. Wildpferde weisen dabei auf mangelnde Kontrolle dieser Triebkräfte hin, die es zu zügeln gilt. Dabei sind vor allem die männlich-strukturierenden Persönlichkeitsanteile gefragt, mit deren Hilfe es gelingen kann, diese Urkräfte für sich nutzbringend einzusetzen. Ein gesundes Pferd, auf dem man reitet, weist auf die gelungene Synthese zwischen Triebimpulsen und geistigen Anteilen hin. Alte, lahme und sehr zahme Pferde können sowohl auf zu starke Triebkontrolle als auch auf nachlassende Kräfte deuten.

- **Objektebene:** Durchgehende oder zügellose Pferde führen Ihnen Ihren zu nachlässigen Umgang mit Gefühlen in Bezug auf andere Menschen vor Augen.

➔ –

⚠ Reiten

◎ Triebkräfte nutzbringend einzusetzen lernen

PISTOLE

- **Subjektebene:** Pistolen, häufig assoziiert mit Kriminalfilmen und Duellen, bringen die Träumenden mit ihren männlich-aggressiven und sexuellen Impulsen in Kontakt. Der Pistolentraum ist als Aufforderung zu verstehen, sich damit auseinander zu setzen. Positiv betrachtet unterstützen Pistolen den Träumer oder die Träumerin in Persönlichkeitsbereichen, in denen Tatkraft und aggressive Zielgerichtetheit erforderlich sind. Dagegen können sie, je nach Traumsituation und Lebensphase, auch als Hinweis verstanden werden, dass man allzu unüberlegt versucht, mit Hilfe der männlich-aggressiven, zielgerichteten Seite Entscheidungen zu erzwingen. Steht der sexuelle Bedeutungsaspekt im Vordergrund, kann er auf die Dominanz der männlich-aggressiven Seite hinweisen beziehungsweise auf die Erfordernis, diese stärker zu entwickeln.

➔ Krieg (S. 153), Kampf (S. 151)

⚠ Schusswaffe, Gewehr

◎ männlich-aggressive Seite, Sexualität

● **Objektebene:** Pistolen fordern Sie auf, Ihre Ziele anderen gegenüber konsequenter zu vertreten oder sich in Ihrer männlich-aggressiven Dominanz zurückzunehmen.

RAUBVÖGEL

● **Subjektebene:** Wie alle Vögel ist auch der Raubvogel mit unserer Gedankenwelt und vor allem mit unseren Ideen und Vorstellungen verbunden. Im Vordergrund steht der aggressive Aspekt, vor allem was unsere sexuellen Fantasien angeht. Die genauere Bedeutung kann zwischen den einzelnen Raubvögeln stark variieren. Der Adler ist von seiner symbolischen Bedeutung dem Löwen ähnlich. Er steht für den Weitblick und die Durchsetzungskraft der Träumenden und ist damit hilfreiches Symbol in Umbruchssituationen, in denen eine veränderte Sichtweise notwendig ist. Ähnlich ist die symbolische Bedeutung des Kondors. Bei Habichten steht der aggressive Aspekt wesentlich deutlicher im Vordergrund. Noch mehr gilt dies für den Falken, der häufig zur Jagd abgerichtet wird. Er symbolisiert deshalb den »Jagdinstinkt«, vor allem in der Sexualität. Gleichzeitig bildet er den Gegensatz zur Taube, dem Symbol für die harmonische Liebe, die häufig Opfer des Falken wird. Der kleine Sperber, der wie seine Opfer, kleine Singvögel und Mäuse, in Büschen lebt, ist symbolisch dem Falken ähnlich. Recht häufig zeigen sich auch Eulen in unseren Träumen, die als in der Dunkelheit sehende Vögel von alters her mit Weisheit und höherem Bewusstsein verbunden sind.

→ Vögel (S. 132), Luft (S. 215), Raubtier (S. 57)

△ Adler, Habicht, Falke, Sperber, Eule

◎ sexuelle Fantasien, gepaart mit Aggression

RING

● **Subjektebene:** Alle ringförmigen Gebilde, also auch der Fingerring, sind symbolisch mit dem Kreis verknüpft. Beim Fingerring will das Fehlen von Anfang und Ende das Gefühl zeitloser

→ Kreis (S. 213),

Verbundenheit ausdrücken. Gleichzeitig versinnbildlicht er das Zugehörigkeitsgefühl zu
einer Gemeinschaft. Beim Ehering ist es die
Verbundenheit zum Partner, beim Siegelring
die zu den eigenen Wurzeln, bei Ringen, die
für größere Gemeinschaften stehen, die Bindung an diese.

- **Objektebene:** Ringe können Ihnen Ihr Bedürfnis nach einer engeren Verbindung zum Partner oder anderen Gemeinschaften, allerdings
auch Ihre Abhängigkeit davon, bewusst machen.

Finger
(S. 116)

▲ Ehering,
Siegelring

◎ Verbun-
denheits-
gefühl,
Abhängig-
keiten

ROSE

- **Subjektebene:** Nicht anders als im Realleben
versinnbildlicht die Rose auch im Traum Liebe
bis über den Tod hinaus. Die Rose ist Symbol
des eigenen Selbst und steht außerdem für
tiefe Liebe und Erkenntnis, also für einen hohen Bewusstseinsstand. Dabei stellen die
Knospe die beginnende, die geöffnete Blüte
die erfüllte und die verwelkte Rose die vergangene Liebe dar. Von Bedeutung sind die
Dornen. Wo sie überwiegen, ist die Angst vor
Verletzungen in Liebesbeziehungen angesprochen. Die dornenlose rote Rose steht für romantische Vorstellungen von der Beziehung
zwischen Mann und Frau, verknüpft mit der
Sehnsucht nach der reinen und vollkommenen
Liebe. Nicht zuletzt deshalb war die Rose auch
Symbol der Jungfräulichkeit.
Träumende, bei denen die Rose solche Assoziationen auslöst, sehen sich mit der Angst
vor realen Beziehungen konfrontiert oder mit
der Diskrepanz zwischen realer Beziehung
und irrealer Erwartung.

- **Objektebene:** Die Rose kann symbolisch für
eine reale Person beziehungsweise die Erfahrung mit ihr stehen.

→ Engel
(S. 45),
Blumen
(S. 138),
Biene (S. 77),
Rot (S. 222),
Weiß (S. 227),
Jungfrau
(S. 151)

▲ Knospe

◎ Liebe,
hohes
Bewusstsein,
romantisie-
rende
Vorstellungen

SCHLAFZIMMER

- **Subjektebene:** Im Traum vom Schlafzimmer befinden wir uns in unseren inneren Räumen, die mit Intimität, Partnerschaft und Sexualität verbunden sind. Es ist somit Ausdruck unserer Einstellung zu den genannten Themen. Mitunter fehlt einem Traum-Haus das Schlafzimmer; offensichtlich klammert der Träumende die damit zusammenhängenden Themen aus. Schlafzimmer können sehr unterschiedlich eingerichtet sein. Kinder- und Jugendzimmer weisen auf Entwicklungsdefizite in der Sexualität hin. Betont männlich oder weiblich eingerichtete Schlafzimmer veranschaulichen die Dominanz der jeweiligen Seite.

  Vor allem das Bett spielt für die Bedeutung des Traumbildes eine zentrale Rolle. Es ist direkt mit dem Schlaf verbunden und signalisiert dem Träumer seine »Verschlafenheit« oder symbolisiert sein Bedürfnis nach Ruhe und Erholung. Im ersten Fall ist es als Aufforderung zu einem bewussteren Leben zu verstehen. Die Art des Bettes und seine Position im Raum zeigen die Einstellung der Träumenden zu Partnerschaft und Sexualität. Bei Partnerschaftskonflikten treten vermehrt Einzelbetten auf, die das Bedürfnis nach Distanz und Rückzug symbolisieren. Das schlafzimmerfüllende französische Doppelbett symbolisiert ein übersteigertes Verlangen nach Sexualität.

- **Objektebene:** In Zeiten von Stress und Anstrengung weisen Sie häufige Träume von Schlafzimmer und Betten auf Ihr vermehrtes Ruhebedürfnis hin.

➡ Mann (S. 155), Frau (S. 143), Hochzeit (S. 148),

⚠ Kinderzimmer

◎ Intimität, Partnerschaft, Sexualität, Ruhebedürfnis

SOLDAT

- **Subjektebene:** Als rangniedrigste Befehls-
empfänger in der Armee sind Soldaten verknüpft mit Korpsgeist und enger Gemeinschaft, außerdem mit Aggressionen, Kampf
und Krieg. Sie sind deshalb häufig Ausdruck
innerer Kämpfe. Mehr Selbstbewusstsein und
Differenzierungsfähigkeit sind gefordert, und
nicht blinder Gehorsam den eigenen unreflektierten Impulsen gegenüber.
- **Objektebene:** Überlegen Sie mehr, bevor Sie
handeln. Oder sollten Sie Ihre überdeutlich
zur Schau getragene Individualität besser
hintanstellen?

 Uniform
(S. 132),
Abenteuer
(S. 73)

⚖ –

◎ überstei-
gertes Ge-
meinschafts-
gefühl,
undifferen-
ziertes
Handeln

SPEER

- **Subjektebene:** Als eine der ersten vom Menschen geschaffenen Waffen symbolisiert der
Speer Zielgerichtetheit. Wegen seiner Form
wird er nicht nur von Freud (Seite 240) als Penissymbol betrachtet. Damit steht er in engem
Zusammenhang mit männlich-aggressivem
Verhalten. Somit verweist der Speer auf eine
möglicherweise zu passive Haltung in der Verfolgung eigener Ziele oder umgekehrt auf eine
zu strikte Ausrichtung auf das Ziel. Er kann
auch Potenziale oder Konflikte in der Umsetzung männlich-phallischer Haltungen in der
Sexualität aufzeigen.
- **Objektebene:** Möglicherweise ist im Realleben mehr Zielgerichtetheit gefordert.

 Arm
(S. 107)

⚖ Pfeil

◎ Ziel-
gerichtetheit,
männlich-
phallische
Sexualität

UNTREUE

- **Subjektebene:** Untreue in Zweierbeziehungen ist eine häufige Traumsituation, die besonders oft in der Pubertät auftritt und primär auf der Subjektebene gedeutet werden sollte. Gerade hier sind die Empfindungen im Traum besonders wichtig. Erfahren wir das Zusammensein mit dieser Person eher negativ, lassen wir uns zu schnell verführen. Das bedeutet, wir entfernen uns innerlich von dem, was wir für uns als richtig und stimmig erachten. Positiv empfunden, fordert das Traumbild auf, uns den Seiten, die der oder die Geliebte symbolisiert, liebevoll zuzuwenden. Denn einerseits mögen wir sie, empfinden sie aber andererseits als noch nicht zu uns gehörend. Schuldgefühle deuten auf einen zu strengen inneren Zensor hin, der die Auseinandersetzung mit diesen wichtigen und bisher abgewehrten Wesensteilen erschwert.

➡ Hochzeit (S. 148), Partner/in (S. 157)

⚠ Fremdgehen, Geliebte, Geliebter

◎ sich selbst treu bleiben, Fremdes integrieren

- **Objektebene:** Untreue tritt bevorzugt bei innerer und äußerer Verunsicherung auf, die Ihrer Partnerschaft, aber auch Ihren Idealvorstellungen von Zweierbeziehung gelten kann. Sie verweist auf den Wunsch nach Abwechslung, dem Sie jedoch nicht vorschnell nachgeben sollten. In der Person des Mannes oder der Frau, mit der Sie fremdgehen, und in Ihren Gefühlen dabei sind Hinweise darauf enthalten, was Sie in Ihrer Partnerschaft vermissen.

URIN

- **Subjektebene:** Der Urin ist wie der Kot zumeist kein negatives Traumbild. Die Traumbilder Urin und Urinieren treten meist in Phasen von Stress sowie innerer und äußerer Anspannung auf. Das Befreiende des Urinierens rät je nach Traumzusammenhang dazu, Gefühle nicht in sich anzustauen, sondern sie loszulassen. Der fließende Urin kann auch auf sexuelle Spannungen hinwei-

➡ Toilette (S. 95)

⚠ Exkremente, Kot

sen, die durch dieses Traumbild abgebaut
werden.

- **Objektebene:** Urinieren ist ein häufiger Körperreiztraum. Er hat die Funktion, dass Sie trotz Harndrang weiterschlafen können.

◉ aufgestaute Gefühle, Loslassen von Anspannung

VAGINA

- **Subjektebene:** Die Vagina steht zuallererst für weibliche Gefühle, Kreativität und Fantasie. Diese Potenziale, die man als weibliche Kraft schlechthin bezeichnen kann, sind genauso beim Mann vorhanden. Träumen Frauen von der Vagina, kann dies Ausdruck körperlicher Lust oder auf einen Kinderwunsch zurückzuführen sein.
- **Objektebene:** Der Traum von der Vagina kann Sie, je nach Lebenssituation, auf einen verborgenen Kinderwunsch aufmerksam machen.

➔ Anima
(S. 202),
Geschlechtsverkehr
(S. 145),
Penis (S. 130)

⚠ Scheide

◉ weibliche Gefühle und Kreativität, Kinderwunsch

VERGEWALTIGUNG

- **Subjektebene:** Vergewaltigung im Traum löst oft Erschrecken aus, ist aber auf der Subjektebene betrachtet stets ein Symbol für problematische Einstellungen zur Sexualität. (Die Ausnahme: wenn eine real erlebte Vergewaltigung oder sexueller Missbrauch erinnert wird.) Sie deutet auf hohe moralische Ansprüche, aber auch auf den Wunsch nach sexueller Hingabe. Die scheinbare Lösung des Dilemmas besteht darin, dass einem Gewalt angetan wird, man deshalb nicht verantwortlich ist und auch keine Schuldgefühle zu entwickeln braucht. Außerdem kann dieses Traumbild Hinweis darauf sein, dass der Wunsch nach Sexualität zwar besteht, man sich diesen aber aus Angst vor verletzenden Erfahrungen nicht eingesteht.

➔
Geschlechtsverkehr
(S. 145)

⚠ –

◉ Konflikt zwischen Selbstbild und sexueller Hingabe, Verletzungen

● **Objektebene:** Vergewaltigungsträume können Sie in Einzelfällen darauf aufmerksam machen, dass Sie sich zu etwas gezwungen fühlen, was Sie absolut nicht tun wollen, beziehungsweise dass Sie selbst dazu neigen, anderen Ihren Willen aufzuzwingen.

WAFFEN

● **Subjektebene:** Waffen weisen auf männlich-aggressive Impulse hin, die sexuellen Charakter haben können. Diese Impulse sind uns im Realleben meist nicht oder nur wenig bewusst. Außerdem machen Waffen unsere inneren Konflikte deutlich. Je mächtiger die Waffe, desto ausgeprägter der Konflikt oder die abgewehrte Aggression. Ebenso gut kann der Traum mit Hilfe dieser drastischen Symbole die Träumenden auf die massive Verdrängung ihrer aggressiven Impulse aufmerksam machen. Schusswaffen bedeuten Macht und Stärke, meist im Bereich der Sexualität. Je größer die Reichweite, desto weniger sind wir uns der aggressiven Impulse bewusst.
Bei Geschützen und Kanonen stehen Masse und Kraft im Vordergrund, entweder ironisierend wie in der Redewendung »mit Kanonen auf Spatzen schießen« oder als Aufforderung, sich durchsetzungsfähiger zu zeigen. Hieb- und Stichwaffen symbolisieren Aggressionen, die direkter erfahren werden. Dabei haben vor allem Stichwaffen häufig sexuellen Charakter.

● **Objektebene:** Im direkten Umgang mit Menschen symbolisieren Waffen häufig die verbalen Attacken, zum Beispiel ironische oder zynische Bemerkungen. Je massiver die Waffe, desto deutlicher die Aggression. Je nach Traumzusammenhang symbolisieren sie eigene Aggressionen oder machen auf mögliche Verletzungen durch aggressives Verhalten anderer aufmerksam.

→ Pistole (S. 158), Messer (S. 155), Dolch (S. 140), Speer (S. 162)

▲ Geschütze, Hieb- und Stichwaffen, Schusswaffen, schießen, stechen

◎ männlich-aggressive Impulse, Sexualität, Verletzungen

WESPE

- **Subjektebene:** Auch wenn die Wespe heutzutage vermehrt von ihrer nützlichen Seite als Schädlingsbekämpfer betrachtet wird, ist sie symbolisch vor allem mit ihrem schmerzhaften Stich assoziiert. Im Gegensatz zur Biene gilt sie als Synonym ungezügelter Wut, die manchmal mit Rache und Hassgefühlen verknüpft oder auf ausgeprägte Nervosität zurückzuführen ist. Dahinter steht mangelnde Selbstreflexion der eigenen Gefühle und eine egozentrische Lebenseinstellung. Kommen Wespen oder Wespenschwärme häufiger in Träumen vor, kann dies ein ernstes Anzeichen für eine Persönlichkeitskrise sein. Der Stich selbst kann sexuelle Bedeutung haben.
- **Objektebene:** Wespen können Personen in Ihrem Umfeld verkörpern, die Sie ausnützen, oder sie verweisen auf Ihre eigenen Wutausbrüche.

➡ Insekten (S. 51), Gelb (S. 209), Biene (S. 77)

⚠ Hornisse

◎ ungezügelte Aggressivität, Egozentrik

ZAHN

- **Subjektebene:** Zahnträume gehören zu den am häufigsten erinnerten Träumen. Sie symbolisieren unseren Umgang mit Aggressionen, der sich auch in Redewendungen wie »einen guten Biss haben« verdeutlicht. Sie stehen für Abgrenzung und deshalb in direktem Zusammenhang mit dem, was wir in uns aufnehmen und was nicht. Nicht zuletzt beinhalten sie häufig sexuelle Aspekte. Wichtig für die Bedeutung ist der Zustand der Zähne. Ungepflegte Zähne verweisen auf Probleme, sich gegen Einflüsse aggressiv abzugrenzen. Kranke und einzeln ausfallende oder abfaulende Zähne verkörpern Energieverlust und regressive Tendenzen. Außerdem können diese Traumbilder, je nach Traumzusammenhang, auf Ängste und Probleme in der Sexualität hinweisen. Der Verlust vieler Zähne, der im Traum meist als sehr beängstigend erlebt

➡ Arzt (S. 108)

⚠ Zahnausfall, Zahnarzt, Zahnersatz, Prothese, Milchzahn

◎ Aggression, Abgrenzung, Sexualität, Attraktivität

wird, symbolisiert eine Umbruchphase, die bereits begonnen hat oder unmittelbar bevorsteht, kann jedoch auch einen massiven Vitalitätsverlust verdeutlichen. Nicht zuletzt durch den Einfluss der Werbung sind weiße Zähne heute ein Attraktivitätsmerkmal. Der Traum vom Zahnausfall ruft deshalb die Angst vor Verlust der Attraktivität ins Bewusstsein. Milchzähne verkörpern kindliche Tendenzen und vor allem Aggressionshemmungen. Ängste vor dem Alter werden im Traum von Zahnersatz und Prothesen dargestellt. Geht man im Traum zum Zahnarzt, erhofft man sich eine Lösung der angesprochenen Probleme.

- **Objektebene:** Treten Zahnträume im Zusammenhang mit Zahnschmerzen auf, sollten Sie einen notwendigen Zahnarztbesuch nicht weiter aufschieben.

TRAUMSYMBOLE DER FREIHEIT, DES WIDERSTANDS UND DER ANGST

Diese Kategorie kennzeichnet die Suche nach unserem »höheren Selbst«. Das ist der Teil in uns, der eine höhere integrative Struktur darstellt und am ehesten Begriffen wie Gott vergleichbar ist. Diese Suche ist davon bestimmt, wie wir innerlich bewegt sind oder ob wir erstarren und stehen bleiben. Sie ist abhängig von unserer Bewusstheit oder Unbewusstheit. Dabei ist von Bedeutung, welches Fortbewegungsmittel wir gewählt haben und ob dieses unserer momentanen Lebensphase entspricht.

Eine angenehme Zugfahrt mit kurzweiliger Unterhaltung vermittelt uns, dass wir die Sicherheit der eingefahrenen Gleise nutzen, um in Kommunikation mit anderen zu treten. Fahren wir dagegen mit einem Segelboot auf einer Straße, sollten wir realisieren, dass wir uns nicht mehr im Gefühlsbereich bewegen, sondern den festen Boden der Realität unter den Füßen haben und das schützende Boot verlassen können. Stets ist die Beschaffenheit der Verkehrswege von wesentlicher Bedeutung. Sie fordert uns womöglich auf, das Verkehrsmittel zu wechseln, um beispielsweise mit Hilfe des »Fahrrads« oder gar auf »Schusters Rappen« aus eigener Kraft unseren nun individuelleren Weg fortzusetzen.

Geschwindigkeit ist nur von untergeordneter Bedeutung. Weit wichtiger ist die Bewusstheit, mit der wir uns mit dem befassen, was uns auf unserem Lebensweg begegnet. Somit finden Sie unter dieser Rubrik Symbole, die Sie darauf aufmerksam machen, dass Sie innerlich schlafen, also unbewusst sind oder sich ablenken lassen von Ihrem eingeschlagenen Weg. Verhalten Sie sich kindlich, spiegelt sich das im »Spielzeug« wider. Unnötig Belastendes zeigt sich in Form von Taschen und Koffern. Minderwertigkeitsgefühle, die uns an uns zweifeln lassen und die unseren Blick einseitig auf das Äußere lenken, bringen im Traum »Kleidung« und »Schmuck« hervor. Kontrollbedürfnisse und strenge Haltungen, die Kreativität verhindern, zeigen sich in Symbolen wie dem »Zaun« und dem »Gefängnis«.

Dem gegenüber stehen die Symbole, die Neues ankündigen, die uns wie die »Naturkatastrophe« ängstigen. Sie führen uns vor Augen, dass wir hinter den Stand unseres Wissens und Fühlens über uns selbst nicht mehr zurückgehen können. In diese Gruppe gehören unter anderem Symbole, die wie der »Spiegel« uns auffordern, der ungeschminkten Wahrheit ins Gesicht zu schauen. Das wird verstärkt, wenn wir uns im Spiegel nackt sehen.

Häufig finden wir uns auch in einem klaren »See« schwimmen. Diese lustvolle Bewegung im Traum vermittelt eine Bewusstheit im Gefühlsbereich.

Ferner gehört in diese Kategorie die »Kirche«, die uns mit unserer spirituellen Seite in Kontakt bringt.

Ziel unseres Lebens sollte sein, innerlich ganz zu werden und darüber hinaus, wie dies der »Kelch« symbolisiert, zu einer vollkommen neuen Seinsweise zu gelangen.

ALKOHOL (GETRÄNKE)

- **Subjektebene:** Alkoholische Getränke können das Bedürfnis nach Entspannung und weniger Kontrolle symbolisieren, aber auch auf Suchttendenzen hinweisen. Die Bedeutung hängt vom Traumzusammenhang und vor allem davon ab, ob Alkoholgenuss positiv oder negativ erlebt wird.

- **Objektebene:** Trinken Sie Alkohol, sollten Sie Ihren Alkoholkonsum kritisch betrachten. Träume von übermäßigem Alkoholgenuss tauchen vermehrt bei Abhängigkeit in Beziehungen auf.

➡ Blau (S. 204),

⚠ –

◎ Kontrolle, Suchttendenzen, Abhängigkeit

ARMUT

- **Subjektebene:** Armut spiegelt meist unsere innere Armut wider. Dies betrifft unsere Gefühle, Ideen und Vorstellungen. Wir sind nicht in der Lage, unsere Potenziale und damit unseren inneren Reichtum zu erfahren und umzusetzen. Hintergrund dafür sind meist Gefühle von Unfähigkeit und Minderwertigkeit oder ein übersteigertes Sicherheitsbedürfnis. Mitunter wird die Armut als etwas Positives, ja Befreiendes erlebt. Dies symbolisiert einen wichtigen Entwicklungsschritt, bei dem wir äußeren Besitz gegen inneren Reichtum eintauschen.

- **Objektebene:** Armut im Traum weist Sie hin auf Ihre Angst vor Verarmung in finanzieller Hinsicht. Dieses Traumbild kann Sie deshalb darauf aufmerksam machen, dass zum Glücklichsein nicht unbedingt finanzieller Reichtum gehört.

➡ Almosen (S. 105)

⚠ Bankrott, Konkurs

◎ innere Armut

Auto

- **Subjektebene:** Das Auto selbst steht zumeist für einen bestimmten Persönlichkeitsanteil. Dieser wird sowohl vom Zustand als auch von der Marke des Traumautos symbolisiert. Autofahren versinnbildlicht den von den individuellen Gewohnheiten und Erfahrungen geprägten Lebensweg. Autos, die wir in der Vergangenheit gefahren haben, zeigen uns Parallelen zu der damaligen Lebenssituation auf. Wichtig bei der Autofahrt ist die Sitzposition. Als Fahrer ist unser Bedürfnis nach Selbstbestimmung und Kontrolle unseres Lebenswegs angesprochen. Je öfter wir ein Auto selbst lenken, umso stärker symbolisiert dies unseren Wunsch nach Autonomie, dem wir auch in der Realität mehr Gewicht geben sollten oder den wir umgekehrt zu ausgeprägt leben. Eine Fahrt als Beifahrer weist uns auf eine wohlverdiente Auszeit hin. Befindet man sich jedoch zumeist auf dem Beifahrersitz oder gar auf den Rücksitzen, ist man mit kindlichen Bedürfnissen konfrontiert und es erscheint nun an der Zeit, Verantwortung für die eigene Lebensfahrt zu übernehmen.
- **Objektebene:** Gerade im so genannten »Traumauto« spiegeln sich Ihre realen Wünsche und Bedürfnisse in Bezug auf ein mögliches neues Auto.

→ Straße (S. 92), Weg (S. 93), Bus (S. 173), Fahrrad (S. 175)

 –

◎ Autonomie und Individualität auf dem Lebensweg

Auge

- **Subjektebene:** Das Auge ist symbolisch verbunden mit unserer Bewusstheit. Seine Funktionstüchtigkeit drückt aus, inwiefern Bewusstsein über innere und äußere Vorgänge vorhanden ist. Gleichzeitig gewährt das Auge direkten Zugang zu unserer Seele. Augen fordern uns auf, näher hinzusehen. Intensive Blicke symbolisieren die Intensität und Nähe einer Beziehung. Tauchen im Traum häufiger Augen allein auf, losgelöst vom Gesicht, kann

→ Brille (S. 172), Licht (S. 53), Dunkelheit (S. 44)

▲ sehen, schauen

dies für übermäßige Kontrolle stehen und damit Anzeichen einer tiefen seelischen Krise sein.

◎ Bewusstheit, Einsichtsfähigkeit, Selbst

- **Objektebene:** Eine eingeschränkte Funktion der Augen beim Zusammensein mit anderen Menschen lenkt Ihr Augenmerk auf das, was Sie bei sich oder der anderen Person nicht sehen möchten.

BAHNHOF

- **Subjektebene:** Der Bahnhof symbolisiert eine bevorstehende Veränderung. Dabei verpassen wir hin und wieder den Zug und werden damit ermahnt, die sich bietenden Chancen nicht zu vertun. Oder wir warten endlos auf einen Bus und bekommen damit vermittelt, dass die Zeit für eine Veränderung noch nicht reif ist oder wir ein anderes Verkehrsmittel wählen sollten. Steigen wir in den falschen Zug, schlagen wir möglicherweise eine falsche Richtung in unserer Lebensgestaltung ein. Verabschieden wir abreisende Personen, symbolisiert dies die Notwendigkeit, Eigenschaften hinter uns zu lassen, die diese Personen verkörpern.

➡ Personen (S. 220), Gepäck (S. 180), Zug (S. 200), Lokomotive (S. 127)

⚠ Flughafen

◎ Veränderung

- **Objektebene:** Der Bahnhof kann Ihre Sehnsucht zu verreisen darstellen.

BOOT

- **Subjektebene:** Das Boot symbolisiert den oberflächlichen Kontakt zu den Gefühlen. Sie scheinen für das Fortkommen auf dem momentanen Lebensweg zwar wichtig zu sein, zugleich aber schützt man sich vor ihnen, um nicht tief berührt zu werden. Die Bedeutung variiert mit der Art des Bootes und vor allem seines Antriebs. In einem Ruder- oder Paddelboot bewegt man sich aus eigener Tatkraft und Handlungsfähigkeit vorwärts. Die Schwierigkeiten und Anstrengungen, sich im Reich der Gefühle fortzubewegen, sind deutlich spürbar. Ganz anders in einem Motorboot, mit

➡ Wasser (S. 225), Meer (S. 87), See (S. 87), Fluss (S. 178)

⚠ Ruderboot, Paddelboot, Motorboot, Segelboot

dem man über das Wasser braust. Von der fremden Kraft des Motors vorangetrieben, spürt man keinen Kontakt mehr zum Wasser. Im Segelboot gleiten wir unter der Leitung des Intellekts durch die Gefühlswelt.

 ober-flächlicher Kontakt zu den Gefühlen

- **Objektebene:** Die Fahrt im Ein- oder Mehrpersonenboot symbolisiert Ihre Beziehungen zu Ihrem nahen Umfeld.

BRIEF

- **Subjektebene:** Briefe sind geschriebene Informationen von Personen, insofern symbolisieren sie das Kommunikationsverhalten der Träumenden. Meist verweist der Brief auf die Notwendigkeit, sich mit seinen Gefühlen auszutauschen und insgesamt Kontakte besser zu pflegen. Von Bedeutung sind Absender, Empfänger und Inhalt. Der Brief selbst steht für eine wichtige Information, die uns unser Unbewusstes übermitteln möchte.

➡ Buch (S. 112), Papier (S. 188), Personen (S. 220)

⚠ SMS

- **Objektebene:** Der Brief kann Ihre Lust am Briefeschreiben wecken oder mit Ihren Befürchtungen vor unangenehmen Nachrichten zusammenhängen. Er fordert Sie allgemein zu mehr Kontakt nach außen auf.

◎ Kommunikation, Nachricht aus dem Unbewussten

BRILLE

- **Subjektebene:** Brillen symbolisieren Aspekte unserer Person, die uns beim Sehen und Erkennen unterstützen oder die Wirklichkeit verändern, womöglich sogar verzerren. Wichtig sind Funktion, Aussehen und Trägerin oder Träger der Brille. Eine Brille mit geschliffenen Gläsern ist ein Hinweis, dass man genauer hinschauen sollte. Sie unterstützt uns, entweder das nahe Liegende oder das weiter Entfernte, sei es zeitlich oder räumlich, besser zu erkennen. Typische Frauenbrillen betonen die weibliche, Männerbrillen die männliche Sicht. Sie fordern auf, diese stärker zu entwickeln oder verdeutlichen unsere überbetont männliche oder weibli-

➡ Auge (S. 170), Dunkelheit (S. 44), Licht (S. 53)

⚠ Kurzsichtigkeit, Weitsichtigkeit, Sonnenbrille

che Perspektive. Sonnenbrillen symbolisieren unsere Angst vor Erkenntnissen.

⊚ Erkenntnis, Sichtweisen, Betonung von Wesensanteilen

- **Objektebene:** Wenn Sie die Brille selbst tragen, sollten Sie sich fragen, was Sie damit verbinden und wie die Brille Sie äußerlich verändert. Sie unterstreicht unterschiedliche Anteile Ihrer Person, die Sie im Realleben möglicherweise zu sehr vernachlässigen oder betonen. Das gilt entsprechend auch für andere Personen, die in Ihrem Traum eine Brille tragen.

BRÜCKE

- **Subjektebene:** In der zumeist positiv gebrauchten Redewendung »Brücken schlagen«, zeigt sich die grundlegende symbolische Bedeutung der Brücke, die Verbindung von Gegensätzen. Das Traumbild Brücke ist deswegen so häufig, da wir oft die zwei Seelen in unserer Brust spüren, die wir liebend gerne vereinigen würden. Gelingt uns dies, indem wir den oft nicht ganz ungefährlichen Gang über die Brücke wagen, schaffen wir damit die Möglichkeit eines Neubeginns. Zur konkreten Deutung sollten wir unser Augenmerk darauf legen, was die Brücke überbrückt, in welchem Zustand sie sich befindet, und wie wir uns oder die entsprechende Traumperson auf der Brücke empfinden.
- **Objektebene:** Häufig taucht die Brücke in Beziehungskrisen auf und kann Ihnen direkte Hinweise geben, wie Sie die scheinbar unüberbrückbaren Gegensätze miteinander verbinden können.

➜ Ufer (S. 96), Fluss (S. 178), Abgrund (S. 104), Zwei (S. 229), Drei (S. 205)

⚠ Steg

⊚ Verbindung, Beginn von Neuem, Risiko

BUS

- **Subjektebene:** Beim Verkehrsmittel Bus stehen Ziel und Route fest. Insofern symbolisiert es eine Phase der Persönlichkeitsentwicklung, in der weniger Individualität als vielmehr das Erreichen des Ziels in der Gemeinschaft von Bedeutung ist. Der festgelegte Fahrplan kon-

➜ Zug (S. 200)

⚠ –

frontiert Sie mit Ihren Erstarrungen. Je nachdem, wie die Busfahrt erlebt wird, kann dieses Traumbild auffordern, sich entweder Konventionen anzupassen oder mehr Eigenständigkeit zu leben.

◉ festgelegte Entwicklung, Gemeinschaft

● **Objektebene:** Busfahrten sind in Träumen häufig mit den entsprechenden Erfahrungen verknüpft und symbolisieren damit den Wunsch nach Reisen und Urlaub.

Eis

● **Subjektebene:** Eis verweist meist auf eine innere Krisensituation, in der wir resignieren und uns vollkommen in uns zurückziehen, oder es warnt uns vor dieser Haltung. Breiten sich die gefrorenen Gefühle, symbolisiert durch das Eis, in uns aus, lässt dies Lebensfreude und Lebendigkeit nicht mehr zu. Dieses Bild warnt vor Stillstand und Lebensüberdruss. Wird das Eis dagegen bei Sport und Spiel positiv erlebt, erweist sich das Wasser der Gefühle als tragfähig und ermöglicht damit lustvolle Erfahrungen. Nicht selten werden dabei Erinnerungen an unbeschwerte Kindertage in uns wachgerufen. Schmilzt das Eis, steht ein Neuanfang bevor.

➡ Wasser (S. 225), Winter (S. 100), Schnee (S. 193)

 –

◉ Gefühlskälte, Resignation, Distanz zu Gefühlen

● **Objektebene:** Ist Ihnen in der Nacht zu kalt, können dadurch Bilder von Eis und Kälte ausgelöst werden.

E-Mail

● **Subjektebene:** Die E-Mail, die den Brief inzwischen in vielen Bereichen ablöst, ist symbolisch ähnlich zu deuten wie der Brief. Dabei steht allerdings die Distanziertheit der Kommunikation verstärkt im Vordergrund. Sie verweist auf die Notwendigkeit eines direkteren Gedanken- und Gefühlsaustauschs. Wichtig sind Absender und Empfänger, vor allem die geschriebenen E-Mail-Adressen sowie der Inhalt. Ist der virenverseucht, unterstreicht dies Probleme in

➡ Brief (S. 172), Papier (S. 188), Computer (S. 112), Festplatte (S. 116)

der Kommunikation mit der speziellen Person. Wird dadurch die Festplatte oder der gesamte Computer beeinträchtigt, besteht ein gravierender Konflikt zwischen unserem Schutzbedürfnis und unserem Gefühlsleben, dem wir zu unbewusst gegenüberstehen.

- **Objektebene:** E-Mails fordern Sie auf, öfter den realen Kontakt zu anderen Menschen zu suchen.

 Viren

⊙ distanzierte Kommunikation

ERTRINKEN

- **Subjektebene:** Häufig träumen Mütter von ihren ertrinkenden Kindern und sind verständlicherweise in der Folgezeit im Umgang mit ihnen verängstigt und verunsichert. Gerade ein solcher Traum sollte zunächst auf der Subjektebene interpretiert werden. Ertrinken, der Tod durch das Wasser, symbolisiert den Verlust der Erdung und damit das Versinken in Unbewusstheit und das Verschlungenwerden von Gefühlen. Das Traumbild weist die Träumerin auf die Gefahr hin, aus ihrer überstarken Fixierung auf das Wohl der Familie heraus sich selbst und vor allem alles Neue, dargestellt durch die Kinder, zu verdrängen. Es deutet weiterhin auf starke Gefühle hin, in denen alles Neue zu ertrinken droht. Insofern ist beim Ertrinken immer von Bedeutung, wer ertrinkt und ob das Traum-Ich passiv zusieht oder als Retter agiert.
- **Objektebene:** Ertrinken weist Sie je nach Traumsituation auf Abhängigkeitstendenzen bei sich oder anderen hin.

→ Wasser (S. 225), Tod (S. 94), Blau (S. 204), Alkohol (S. 169)

▲ –

⊙ Unbewusstheit, überstarke Gefühle

FAHRRAD

- **Subjektebene:** Unabhängig davon, ob wir das Fahrrad auch in der Realität als Fortbewegungsmittel schätzen oder nicht, befahren wir hin und wieder im Traum damit die Straßen unseres Lebenswegs. Wir fahren mithilfe unserer Muskelkraft und sind dabei in Kontakt

→ Straße (S. 92), Auto (S. 170)

mit uns selbst und der Natur. Insofern ist die symbolische Bedeutung meist positiv, vor allem, wenn die Fahrt erfolgreich verläuft. Das Fahrrad fordert uns auf, unserer eigenen Kraft und Geschicklichkeit zu vertrauen. Häufig ist damit der Hinweis verbunden, einen eigenen individuellen Weg zu gehen. Wichtig ist die Beschaffenheit des Fahrrads.

⚖ Rennrad, Mountainbike

◎ Vorwärts-kommen aus eigener Kraft

- **Objektebene:** Sollten Sie öfter mal das Auto stehen lassen und eine natürlichere Fortbewegungsart wählen?

FALLEN

- **Subjektebene:** Fallträume treten relativ häufig auf. Das Fallen selbst kann sehr unterschiedlich erlebt werden, löst aber meistens Angst und Panik aus. Es beinhaltet immer Kontrollverlust und gilt damit der Befürchtung, den Halt im Leben zu verlieren. Somit symbolisiert Fallen den Konflikt zwischen unseren Vorstellungen und der scheinbaren Unerreichbarkeit unserer Ziele sowie den damit einhergehenden Gefühlen von Unsicherheit, Zweifel und Minderwertigkeit. Das Fallen animiert uns, die Lebensziele mehr an unseren inneren und äußeren Möglichkeiten auszurichten. Vor allem in Beziehungskrisen symbolisiert es, dass man sich fallen lassen sollte, statt angestrengt nach einer intellektuellen Lösung zu suchen. Das Fallen kann sich zum Beispiel durch einen Fallschirm in den kontrollierten Fall und ins Fliegen verwandeln. Dies symbolisiert unseren Wunsch, den Fall doch noch steuern zu können.
  Ausrutschen und Hinfallen verweisen auf vorübergehende Problemsituationen.

→ Abgrund (S. 104), fliegen (S. 46)

⚖ Fall-schirm, abstürzen, stolpern, ausrutschen, hinfallen

◎ Kontroll-verlust, Krise, Hingabe

- **Objektebene:** Fallträume verweisen auf mögliche grundsätzliche Probleme, die wir bei realen Projekten haben.

FERNSEHER

- **Subjektebene:** Der Fernseher führt uns unsere allzu passive Haltung im Leben insgesamt und speziell in der Kommunikation vor Augen. Er fordert auf, Verantwortung für das Leben zu übernehmen und es bewusster zu gestalten. In seltenen Fällen verweist er auf Weltoffenheit und gesellschaftliches Interesse.

- **Objektebene:** Träume vom Fernsehen deuten auf einen zu häufigen Fernsehkonsum hin. Gestalten Sie Ihren Feierabend kreativer, und suchen Sie das Gespräch mit anderen Menschen.

➡ –

⚠ Radio

◎ Passivität, Langeweile, Unbewusstheit

FLUGZEUG

- **Subjektebene:** Flugzeuge bewegen sich in der Luft und sind deshalb mit unserem Intellekt verbunden. Sie symbolisieren den notwendigen Überblick, den wir durch unseren Verstand erhalten können, beziehungsweise das Bedürfnis danach. Das Flugzeug rät zu einer distanzierten Haltung unseren Problemen gegenüber oder führt uns unseren allzu großen Abstand dazu vor Augen. Außerdem sind Flugzeuge mit unserer Abwehr verknüpft, uns mit den alltäglichen Schwierigkeiten auseinander zu setzen, und verkörpern damit unsere gedanklichen Höhenflüge, bei denen immer die Gefahr besteht, den Boden unter den Füßen zu verlieren. Beim Flugzeugabsturz erleiden unsere illusionären Vorstellungen eine unsanfte Landung, und wir werden damit auf den Boden der Tatsachen zurückgeholt.

- **Objektebene:** Flugzeuge können Sie mit Ihrer Angst vor dem Fliegen in Kontakt bringen. Häufig stehen sie für unser Fernweh.

➡ fliegen (S. 46), Luft (S. 215), Himmel (S. 180)

⚠ Flugzeugabsturz

◎ Distanz, Intellekt, Freiheit, Flucht

FLUSS

● **Subjektebene:** Das Symbol Fluss ist wegen des Wassers eng mit unserem Gefühlsleben und wegen der Strömung mit dem Lauf der Zeit, also mit unserer Entwicklung verbunden. Der schnell dahinfließende Fluss symbolisiert die Vergänglichkeit, insbesondere von Gefühlen. Dabei kann die Strömung auch als Ausdruck für Gefühlsbewegungen stehen. Die beiden Ufer stehen, symbolisch betrachtet, für zwei unterschiedliche Zustände, Sichtweisen, Einstellungen, die durch den Fluss verbunden werden.

● **Objektebene:** Auf der Objektebene ist vor allem der konkrete Fluss in Ihrem Traum wichtig und alles, was Sie damit verbinden. Häufig ist es ein Fluss aus Ihrer Vergangenheit, der Sie mit dem damaligen Erleben und den entsprechenden Sichtweisen in Kontakt bringt.

→ Wasser (S. 225), Ufer (S. 96), Brücke (S. 173), Blau (S. 204), rechts (S. 221), links (S. 215)

 Bach

◉ Fluss der Zeit, Gefühlsbewegung

GEFÄNGNIS

● **Subjektebene:** Im Traumgefängnis zu sitzen bedeutet, unter gedanklichen und emotionalen Einschränkungen zu leiden, die eine freie Persönlichkeitsentwicklung behindern. Im Gefängnis sitzt der Träumer oder die Träumerin deshalb, weil er oder sie sich selbst eingeschränkt durch rigide Vorstellungen, wie man zu sein hat, und durch Angst vor der Freiheit. Strikte Vorstellungen und Angst treten meist gleichzeitig, aber in unterschiedlich starker Ausprägung auf. Traumgefängnisse weisen die Träumenden auf hohe moralische Ansprüche an sich selbst hin. Sie verhindern den freien Umgang mit sich selbst, vor allem deshalb, weil sich sofort Schuldgefühle einstellen, wenn man diesen Ansprüchen nicht gerecht wird. Besteht die Möglichkeit der Befreiung, wird den Träumenden plötzlich bewusst, wie sehr sie sich an die Einschränkungen gewöhnt haben. Das Chaos der Freiheit

→ Käfig (S. 124), Strafe (S. 110)

▲ Gedränge, Fessel, Haft, Zuchthaus

◉ Einengung in der Persönlichkeitsentfaltung

wirkt beängstigend, und zwar sowohl durch die Vielfalt der Möglichkeiten als auch durch die damit verbundene Verantwortung sich selbst und anderen gegenüber. Das Gefängnis sollte immer als Aufforderung verstanden werden, erste, vorsichtige Schritte in die Freiheit zu wagen.

- **Objektebene:** Das Traumgefängnis macht häufig auf Abhängigkeitsbeziehungen aufmerksam, in denen Sie selbst oder andere sich befinden und die zumindest von Ihrem Unbewussten als einschränkend erlebt werden.

GEFÄSS

- **Subjektebene:** Gefäße versinnbildlichen das Aufnehmende und sind deshalb häufig mit weiblichen, mitunter speziell mit weiblich-sexuellen Wesensteilen verbunden. Wichtig ist der Inhalt des Gefäßes. Er steht symbolisch für Belastungen, hin und wieder für unterstützende Aspekte unserer weiblichen Seite. Großbauchige Schalen, Töpfe, Pfannen, Teller, die in der Küche Verwendung finden, symbolisieren das Nährende und damit unsere mütterlich-weiblichen Eigenschaften. Vor allem dünnhalsige Gefäße mit dickem Bauch wie Vasen oder Flaschen sprechen Weiblich-Sexuelles an. Das sprudelnde Ausgießen und vor allem das Entkorken von Flaschen steht symbolisch für den Geschlechtsverkehr.
- **Objektebene:** Form und Inhalt des Gefäßes sagen etwas über die Beziehung zu der Person aus, die es Ihnen reicht oder der Sie es reichen.

➡ Kelch (S. 182), Wasser (S. 225), Wein (S. 68), Blumen (S. 138)

⚠ Vase, Krug, Schüssel, Dose, Schale, Flasche, Töpfe, Pfannen

◎ Belastungen unserer weiblichen Seite

GEPÄCK

- **Subjektebene:** Das Gepäck symbolisiert unsere Belastungen, mitunter aber auch unsere ungelebten Potenziale und Ideen. Wichtig ist, wie wir das Tragen des Gepäckstücks empfinden und was es enthält. Rucksäcke enthalten meist unbewusste Belastungen, die wir aus der Vergangenheit mit uns herumschleppen. Verlorene Gepäckstücke bedeuten, dass wir uns anstehender Probleme zu wenig bewusst waren und diese uns deshalb, falls wir uns ihnen jetzt nicht zuwenden, zu einem späteren Zeitpunkt noch einmal beschäftigen werden.
- **Objektebene:** Was belastet Sie im Realleben, und wie könnten Sie sich davon befreien?

→ Kleidung (S. 183), Buch (S. 112)

⚠ Koffer, Handgepäck, Rucksack, Last

◎ Belastungen, Potenziale

HIMMEL

- **Subjektebene:** Der Himmel ist als allumfassendes Symbol für unsere geistigen Kräfte, Vorstellungen, Potenziale und Fantasien zu betrachten. Diese haben grundlegenden Anteil an unserer Persönlichkeitsentwicklung. Die genaue symbolische Bedeutung hängt vom Gesamtbild des Traums ab. Je nachdem, ob der Himmel schön blau oder bewölkt ist, sind wir entweder positiv und zuversichtlich oder traurig und depressiv gestimmt. Mitunter verweist er auf die Notwendigkeit zu mehr Kontakt zur Erde und damit zur Realität, vor allem wenn wir »wie auf Wolken schweben«.
- **Objektebene:** Der Himmel kann Ihren Wunsch nach mehr Freiheit symbolisieren.

→ fliegen (S. 46), Flugzeug (S. 177), Luft (S. 215), Animus (S. 203), Blau (S. 204), Sonne (S. 62)

⚠ Wolke, Bewölkung

◎ Geist, Einfall, Abheben

HÖHLE

- **Subjektebene:** Der Schwerpunkt der Symbolbedeutung von Höhle als einem klassischen weiblichen Sexualsymbol liegt sowohl im sexuellen Bereich als auch in der Schutz und Geborgenheit gebenden Funktion der Gebärmutter. In Höhlenträumen schwingen meist Erfahrungen aus der Kindheit mit, die die Einstellung zur Sexualität, vor allem was Schutz und Geborgenheit angeht, mitgeprägt haben. Erscheint die Höhle verlockend warm und mit weichem Moos ausgekleidet, zeigt dies noch nicht gelöste Abhängigkeiten auf. Kalte, steinige und abweisend empfundene Höhlen symbolisieren eine harte, unnachgiebige Einstellung, vor allem die Sexualität betreffend, und damit die Abwehr primärer Bedürfnisse. Somit fordert die Höhle immer auf, sich aus gefühlsmäßigen Abhängigkeiten zu lösen.
- **Objektebene:** Traumhöhlen können Sie darauf aufmerksam machen, dass Sie in Ihrer Zweierbeziehung alte Verhaltens- und Einstellungsmuster wiederholen, die aus Ihrer eigenen Mutterbeziehung rühren. Das kann vor allem im sexuellen Bereich deutlich werden.

➡ Mutter (S. 217), Erde (S. 207)

⚠ Grotte

◎ Abhängigkeiten

HOTEL

- **Subjektebene:** Als vorübergehende Behausungen symbolisieren Hotels häufig Umbruchphasen, in denen wir uns heimatlos und ungeborgen fühlen. Das Alte haben wir hinter uns gelassen, und das Neue, das wir noch entdecken müssen, befindet sich in weiter Ferne. Sie führen uns somit den Übergang, in dem wir uns befinden, vor Augen. Wie wir das Hotel empfinden und wie lange wir schon darin leben, gibt Auskunft darüber, wie wir uns mit dieser Situation arrangiert haben.
- **Objektebene:** Hotels, vor allem aber das Zelt und der Wohnwagen, sind verstärkt mit Urlaub und Ihrem Bedürfnis danach verbunden.

➡ Gasthaus (S. 80)

⚠ Herberge, Pension, Zelt, Wohnwagen

◎ Übergang

KELCH

- **Subjektebene:** Der Kelch ist nicht nur in der Mythologie, sondern auch als Traumbild ein besonderes Gefäß. (Als Kelch sollte nur gedeutet werden, was sich deutlich von einem Glas oder einem anderen Trinkgefäß unterscheidet.) Der Kelch, der häufig Wein oder Blut enthält, steht für das Leben, das Leiden und die darin enthaltene Möglichkeit, zu einer ganz neuen Seinsweise zu gelangen. Er ermutigt uns, das Leben in all seinen Höhen und Tiefen anzunehmen. Im Kontext unserer spirituellen Entwicklung bedeutet der Kelch den Blick auf das wahre Selbst und damit eine spirituelle Form der Ganzwerdung.

➜ Wein (S. 68), Blut (S. 77)

⚠ –

◎ Leiden, Tod, Sinnsuche

- **Objektebene:** Der Kelch ermutigt Sie, in schwierigen Lebenssituationen Ihren eingeschlagenen Weg weiterzugehen.

KIRCHE

- **Subjektebene:** Kirchen treten unabhängig von der realen Einstellung zu Religion und Kirche in den Träumen fast aller Menschen in bestimmten Lebensphasen auf. Sie symbolisieren unsere spirituelle Seite und verweisen damit auf die Suche nach dem Sinn des Lebens. Je größer und mächtiger die Kirche, desto drängender die Suche. Außerdem ist die Kirche Symbol religiöser Gemeinschaft beziehungsweise des Wunsches danach. Mitunter kann sie auf Schutz- und Geborgenheitsbedürfnisse hinweisen.

➜ Tisch (S. 94), Mutter (S. 217), Schiff (S. 190)

⚠ Gotteshaus, Münster, Kathedrale

◎ Vertiefung, Spiritualität, Suche nach Geborgenheit

- **Objektebene:** Kirchenträume können Sie als Aufforderung verstehen, sich im Realleben durch Gespräche und Literatur mit den Sinnfragen des Lebens auseinander zu setzen.

KLEIDUNG

● **Subjektebene:** Die Kleidung, die wir tragen, ist eng mit dem Bild verknüpft, das wir – vom Unbewussten mitbestimmt – nach außen zeigen. So sind wir im Traum häufig »falsch« angezogen, was aber meist nur uns selbst auffällt. Dies macht deutlich, dass Kleider Gefühle und Vorstellungen ausdrücken, die nur wir wahrnehmen. Wichtig sind der Zustand der Kleider, die Person, die sie trägt, und die Situation. Abgerissene Kleidung macht deutlich, dass wir uns zu sehr gehen lassen. Sind wir eingezwängt in zwickende Hemden und drückende Schuhe, sollten wir uns eine legerere Haltung dem Leben gegenüber aneignen. Sitzen wir im Mantel in einem warmen Raum, deutet dies auf unser Schutzbedürfnis hin. Hosen verweisen auf unsere männlichen, Röcke auf unsere weiblichen Seiten, die wir in der jeweiligen Situation passender- oder unpassenderweise zeigen. Hemden veranschaulichen häufig berufliche Ambitionen. Blusen verweisen auf typisch weibliche Aspekte unserer Person, die sich nach außen verspielt, streng oder betont erotisch geben. Unterwäsche ist immer mit unserer Einstellung zur Sexualität verbunden. Vor allem erotische Slips oder BHs verweisen auf unerfüllte sexuelle Bedürfnisse oder darauf, dass man sich selbst etwas wert ist und den Sex genießt und ehrt. Unsere Ablehnung unserer Sexualität gegenüber zeigt sich in schlampiger und verdreckter Unterwäsche.

● **Objektebene:** Kleidungsträume können Ihnen Ihre Ängste und Eitelkeiten bezüglich Ihres äußeren Erscheinungsbildes vor Augen führen.

➡ Nacktheit (S. 186), Schuhe (S. 194)

▲ Mantel, Oberhemd, Bluse, Hose, Unterhose, Slip, Rock

◎ Eigenschaften, Gefühle

KÜCHE

- **Subjektebene:** Küchen sind, unabhängig davon, ob in unserer Kindheit mehr die Mutter oder der Vater darin hantierten, mit unseren mütterlich-weiblichen Anteilen verbunden. Deshalb ähneln unsere Traumküchen den Küchen unserer Kindheit. Küchen fokussieren unseren Blick auf die Art der Verarbeitung von Eindrücken, Gefühlen, Erfahrungen, die von außen und innen auf uns einströmen. Nur mit Hilfe einer gut funktionierenden Küche gelingt es uns, das, was wir im Leben ernten, in nährende Kost zu verwandeln. Fehlt die Küche in einem Haus oder wirkt sie steril und unbelebt, leiden wir offensichtlich an seelischem Nahrungsmangel. Küchen, die überladen sind mit Nahrungsmitteln und Essen, fordern auf, sich nicht mit all dem vollzustopfen, was uns das Leben bietet, sondern differenzieren zu lernen. Wichtig ist, was gekocht wird und wer kocht.
- **Objektebene:** Küchen machen Sie auf mögliche Essprobleme und – allgemeiner – auf Ihre Kochgewohnheiten aufmerksam. Vielleicht sollten Sie Ihre Ernährung umstellen. Welche Nahrungsmittel enthält Ihre Traumküche?

 Essen (S. 79), Gemüse (S. 81), Fleisch (S. 143), Ofen (S. 157)

⚠ –

◎ mütterlich-weibliche Anteile, Verwandlung, Nahrung

MASCHINE

- **Subjektebene:** Im Vordergrund der Symbolbedeutung steht einerseits die Dynamik der Maschine, andererseits ihre Monotonie. So zeigt sie uns, wie wir mit unseren Energien umgehen. Je größer die Maschine ist, desto größeren Raum nimmt diese Art, unsere Energien einzusetzen, ein. Wichtig ist, was die Maschine produziert. Maschinen, die wir nicht kennen und bei denen wir nicht sehen, was sie produzieren, verweisen meist auf einen automatisch ablaufenden Konflikt, der uns unnötigerweise Energie raubt.
- **Objektebene:** Sollten Sie mehr Abwechslung in Ihren Alltag bringen?

 Computer (S. 112)

⚠ –

◎ Dynamik und Monotonie

MEDIKAMENT

- **Subjektebene:** Nehmen wir Medikamente ein, benötigen wir Hilfe in einem seelischen Konflikt. Diese Hilfe besteht darin, dass wir etwas schlucken müssen, was nicht selten bitter schmeckt, zum Beispiel unangenehme Wahrheiten über uns. Von Bedeutung ist, aus welchen Gründen wir die Medikamente nehmen und wer sie uns verabreicht. Die erkrankte Körperregion gibt Anhaltspunkte zur Art des Konflikts. Tritt ein Apotheker oder Arzt auf, sind wir mit unseren heilenden Anteilen in Kontakt. Bekommen wir das Medikament von einer uns bekannten Person verabreicht, empfinden wir die Aspekte, die diese Person symbolisiert, als hilfreich. Wichtig ist, woraus die Arznei besteht. Medikamente aus der klassischen Medizin verweisen mitunter darauf, dass wir zu sehr auf Hilfe von außen hoffen und uns zu passiv verhalten. Bei homöopathischen Mitteln steht der ganzheitliche Aspekt im Vordergrund und signalisiert uns die Notwendigkeit, Geist, Körper und Seele wieder in Einklang zu bringen.
- **Objektebene:** Menschen, von denen Sie Medikamente erhalten, haben häufig auch in der Realität eine heilsame Wirkung auf Sie.

➡ Arzt (S. 108), Krankheit (S. 86), Körper (S. 85)

△ Arznei, Tablette, Apotheker, homöopathisches Mittel

◎ Hilfe, unangenehme Wahrheiten, helfende Anteile in uns

MUND

- **Subjektebene:** Der Mund ist eng mit Sprache verknüpft. Somit verweist dieses Bild auf das, was wir sprechen beziehungsweise aussprechen sollten. Der zusammengekniffene Mund animiert die Träumenden, deutlicher zu sagen, was sie meinen, der weit offen stehende Mund, sich mehr zurückzuhalten. Sind die Lippen besonders betont, stehen erotische Inhalte im Vordergrund.
- **Objektebene:** Überprüfen Sie Ihr Kommunikationsverhalten in der Realität.

➡ Zahn (S. 166)

△ Lippen

◎ Kommunikation

MUSIK

- **Subjektebene:** Musik ist mit Gefühlen und häufig mit Bedürfnissen nach Harmonie und Gleichklang verbunden. Dabei ist von Bedeutung, ob wir Musik hören oder selbst ein Instrument spielen. Wichtig sind sowohl die mit der Musik verbundenen Assoziationen und Gefühle als auch das Stück selbst und gegebenenfalls der Liedtext. Die einzelnen Musikinstrumente lösen meist bestimmte Emotionen aus. So scheint bei Schlaginstrumenten die Synthese zwischen Harmoniebedürfnis und aggressiven Impulsen gelungen. Saiteninstrumente verleihen vielen unterschiedlichen Gefühlen Ausdruck. Wegen ihrer geschwungenen Form symbolisieren sie auch den weiblichen Körper. Blasinstrumente mit gerader Form haben phallischen Charakter und können von daher einen direkten sexuellen Bezug aufweisen. Sie stehen symbolisch für die Art und Weise, wie der Träumer oder die Träumerin sich durchzusetzen weiß.
- **Objektebene:** Träumen Sie von Musik, werden Sie angeregt, sich Ihren musischen Seiten zuzuwenden.

➡ –

⚠ Blasinstrumente, Schlaginstrumente, Saiteninstrumente

◎ Harmonie, Gefühl

NACKTHEIT

- **Subjektebene:** Nacktheit bedeutet immer Entblößung, das heißt, sich mit seinen eigentlichen Gefühlen zu zeigen. Damit ist die Angst verbunden, dass man nicht ernst genommen oder gar ausgelacht wird. Dabei stellen wir meist erstaunt fest, dass die anderen unser Nacktsein anscheinend gar nicht bemerken. Diese anderen Personen stehen für Anteile von uns selbst. Stellen wir also in einer Teamsitzung plötzlich fest, dass wir nur mit einem T-Shirt bekleidet dasitzen, bedeutet dies, dass wir uns vor unseren eigenen Vorstellungen, wie wir uns zeigen sollten – symbolisiert durch das Team – entblößt haben. Eine deutli-

➡ Kleidung (S. 183), Schuhe (S. 194)

⚠ nackt

◎ Konflikt, Offenheit, Wahrheit

che Auflehnung gegen das Diktat unseres strengen Selbstbildes.

- **Objektebene:** Nacktträume ermutigen Sie, mehr zu sich selbst zu stehen, sich weniger an Konventionen und Ihren hohen Ansprüchen an sich selbst zu orientieren. Werden Sie offener sich selbst gegenüber, und sprechen Sie das aus, was für Sie wahr ist.

NATURKATASTROPHE

- **Subjektebene:** Naturkatastrophen symbolisieren, je nach Stärke der Verwüstungen, die sie anrichten, mehr oder minder gravierende psychische Erschütterungen. Die genaue Bedeutung hängt von der Art der Katastrophe ab. Stürme verweisen meist auf Ängste, resultierend aus Vorstellungen und Fantasien über die Ohnmacht den eigenen Gefühlen gegenüber. Deutlicher wird dies bei Wirbelstürmen, die bildlich darstellen, dass wir uns »im Kreis drehen«, und uns auffordern, aus diesen Gedankenkreisen herauszutreten. Bei Überflutungen werden wir von Gefühlen überschwemmt. Flüsse, die durch Regen anschwellen, symbolisieren unsere traurig-depressiven Gefühle. Flutkatastrophen, ausgelöst durch Stürme über dem Meer oder so genannte Flutwellen, symbolisieren Aggressionen und andere Gefühle, die sich in uns angestaut haben. Werden Überschwemmungen als sehr bedrohlich erlebt, kann dies auf psychische Erkrankungen hinweisen, bei denen psychotherapeutische Hilfe gesucht werden sollte. Erdbeben sind das stärkste Symbol unserer Verunsicherung. Die Erde, symbolisch unser Bezug zur Realität, gerät ins Wanken. Wir sind in unseren grundlegenden Lebenseinstellungen erschüttert. Naturkatastrophen symbolisieren mitunter tiefe Krisen, durch die wir hindurchgehen müssen. Durch ihre Zerstörungskraft beinhalten sie jedoch zugleich die Chance zu einem grundlegenden

➡️ Luft (S. 215), Erde (S. 207), Wasser (S. 225), Welle (S. 66)

⚠️ Sturm, Erdbeben, Orkan, Überschwemmung, Tornado, Wirbelsturm

◉ Krise, Lebensverunsicherung, Wachstum, neues Bewusstsein

Neuanfang und einer vollkommen veränderten Sicht des Lebens.

- **Objektebene:** Im Traum von einer Naturkatastrophe kann sich Ihre reale Angst davor ausdrücken.

OHR

- **Subjektebene:** Das Ohr ist immer ein Hinweis, dass wir entweder besser auf uns hören sollten oder uns zu sehr von dem verunsichern lassen, was wir hören. Große Ohren verweisen auf genaues Hinhören, zu dem wir aufgefordert werden oder das wir im Übermaß praktizieren. Kleine oder verstopfte Ohren deuten hin auf »Schwerhörigkeit« – auf Probleme also, die innere Stimme wahrzunehmen – oder auf Abgrenzungsprobleme.
- **Objektebene:** Große Ohren können Sie auf Ihre ausgeprägte Neugier aufmerksam machen und Sie auffordern, sich den wesentlichen Dingen zuzuwenden.

 Musik (S. 186)

▲ hören

◉ die innere Stimme hören, Abgrenzungsprobleme, Neugier

PAPIER

- **Subjektebene:** Das leere weiße Blatt Papier steht für die geistigen Möglichkeiten in uns. Es zeigt, dass wir nicht festgelegt sind, oder mahnt dazu, uns zu strukturieren und etwas Bestimmtem zuzuwenden. Das leere Blatt Papier kann geringe Erfahrung symbolisieren. Bei voll geschriebenen Blättern ist stets auf den Text zu achten.
- **Objektebene:** Kleine Notizzettel im Traum ermahnen Sie, etwas Wichtiges nicht zu vergessen.

 Buch (S. 112), Weiß (S. 227)

▲ Notiz

◉ geistige Möglichkeiten

PIERCING

- **Subjektebene:** Das Piercing, bei dem Körperteile durchstochen werden, um Schmuck anzubringen, spielt auch in Träumen immer häufiger eine Rolle. Bei Jugendlichen drückt das Piercing auch im Traum die Abgrenzung ge-

→ Tätowierung (S. 197), Haut (S. 146),

genüber den Eltern und den Normen der Gesellschaft aus. Bei Erwachsenen werden mit dem Piercing meist unterdrückte und verdrängte aggressiv-sexuelle Impulse angesprochen. Die Prozedur des Piercing selbst, das Durchstechen also, veranschaulicht symbolisch den selbstdestruktiven Umgang mit den eigenen phallisch-aggressiven Anteilen. Insofern ist das Tragen eines Piercings mit mehr oder minder grober instinkthafter Aggression verbunden. Je ungewöhnlicher die Körperstelle und je schmerzhafter das Piercing zu sein scheint, desto stärker der aggressive Aspekt des Traumsymbols. Wir werden dadurch konfrontiert mit unseren abgelehnten und abgewehrten aggressiven Impulsen und deren unbewusster erotischer Attraktion für uns. Außerdem werden Körperteile betont und zugleich häufig in ihrer Funktion beeinträchtigt. Auch dies fließt in die symbolische Bedeutung ein. Somit verweist zum Beispiel ein Zungenpiercing auf unsere aggressiv erotisch gefärbte Sprache und die Fixierung darauf; die Beeinträchtigung der Zunge als Sinnesorgan, die mit dem Piercing zwangsläufig einhergeht; auf unsere eingeschränkte Wahrnehmungsfähigkeit in allem, wofür die Zunge symbolisch steht. Ein Piercing im Intimbereich, das die sexuelle Lust steigern soll, ist eng verknüpft mit unseren abgewehrten und abgelehnten masochistischen und sadistischen Impulsen. Gerade bei Jugendlichen verweist Piercing auf Minderwertigkeitsgefühle, vor allem im Hinblick auf die eigene sexuelle Attraktivität.

● **Objektebene:** Sind Sie im Umgang mit anderen Menschen zu sehr von Ihren unbewussten aggressiven Impulsen bestimmt, oder sollten Sie diese deutlicher zeigen?

Körper (S. 85), Schmuck (S. 192)

▲ –

◎ Abgrenzung Normen gegenüber, phallisch-aggressive Impulse

PRÜFUNG

- **Subjektebene:** Nicht selten schwitzen wir im Traum noch einmal über dem Abitur oder anderen Abschlussprüfungen. Dabei ist uns mitunter sogar bewusst, dass wir die Prüfung eigentlich schon hinter uns haben. Dreht es sich um real erlebte Prüfungen, werden wir noch einmal in die damalige Zeit zurückversetzt und an die damit einhergehende Übergangssituation sowie die Art unseres Umgangs mit ihr erinnert. Das Leben prüft uns, ob wir reif genug sind, in die nächste Lebensphase einzutreten. Bestandene Prüfungen signalisieren, dass auch in dieser schwierigen Lebensphase mithilfe unseres Ehrgeizes ein positives Ende und damit ein Neuanfang möglich sind. Nicht bestandene Prüfungen verweisen auf Verzagtheit und geringes Selbstvertrauen.
- **Objektebene:** Prüfungen können Sie als Aufforderung betrachten, Ihre Lebensziele gerade bei schwerwiegenden Problemen engagiert anzugehen.

➡️ Lehrer (S. 127), Schule (S. 131)

🔺 Abitur, Mittlere Reife, Diplom, Examen

◎ Ehrgeiz, Engagement, Selbstvertrauen, Minderwertigkeitsgefühle

SALAT

- **Subjektebene:** Salat ist seiner Beliebtheit als Vorspeise und seiner grünen Farbe wegen mit Neubeginn verbunden. Darüber hinaus ermuntert uns der Salat, uns unseren natürlichen Bedürfnissen zuzuwenden. Die Bedeutung des Salats ist auch abhängig von seiner Art.
- **Objektebene:** Salat kann Sie auf die Notwendigkeit hinweisen, sich gesünder zu ernähren.

➡️ Grün (S. 211), Essen (S. 79)

🔺 –

◎ Neubeginn, natürliche Bedürfnisse

SCHIFF

- **Subjektebene:** Im Traum befinden wir uns wesentlich häufiger auf einer Schiffsfahrt als in der Realität. Symbolisch steht das Schiff auch heute noch in engem Zusammenhang mit der

➡️ Wasser (S. 225),

Arche Noah, die zur letzten Zuflucht für Mensch und Tier wurde, für den Hort der Geborgenheit in den tosenden Wellen des Lebens. Somit ist das Schiff symbolisch mit den mütterlich-weiblichen Anteilen der Träumenden verbunden. Es schützt sie vor den stürmischen Gewässern, bringt sie aber auch auf Distanz zu ihren Gefühlen und ihrem Unbewussten. Wichtig sind die Art des Schiffes und die Funktion, die man als Träumer oder Träumerin auf dem Schiff innehat. Das Kriegsschiff steht für aggressive Anteile, die das Leben offenbar dominieren. Das Segelschiff symbolisiert die Ideen und Gedanken, die die Träumenden auf ihrem Lebensweg vorantreiben. Lastkähne stehen für die Belastungen, die das Leben zu beherrschen scheinen. Exklusive Luxusliner symbolisieren das Bedürfnis, zu den Großen und Reichen zu gehören, und sind deshalb mit dem Gefühl verbunden, klein und unbedeutend zu sein. Befindet man sich als Gast auf einem Schiff, wird die eigene passive Seite betont, die entweder für das Bedürfnis nach Ruhe und Erholung oder als Sinnbild für den allzu passiven Umgang mit dem Leben stehen kann. Der Seemann, besungen in vielen romantisierenden Liedern, steht für Abenteuerlust und damit für unreife Männlichkeit. Mit ihm verbindet sich meist die Flucht vor einer problematischen Mutterbeziehung, die den Träumenden jedoch symbolisch in Gestalt des Schiffes weiter begleitet. Der Heizer im Maschinenraum ist für den Vortrieb des Schiffes verantwortlich, das heißt, man befasst sich mit der Frage, wie auf dem Lebensweg voranzukommen ist. Als Steuermann weiß man, wo es langgeht. Der Kapitän ist die Leitfigur schlechthin, die den (emotionalen) Kurs bestimmt.

- **Objektebene:** Schiffsreisen können Ihr Fernweh und Ihre Lust auf exklusives Reisen oder Abenteuer widerspiegeln.

Mutter
(S. 217)

▲ Segelschiff, Lastkahn, Passagierschiff, Seemann, Steuermann, Kapitän, Heizer

◎ mütterlich-weibliche Anteile, Geborgenheit, Schutz, Distanz zu Gefühlen

Schlaf

- **Subjektebene:** Schlafen verdeutlicht den Träumenden ihre Unbewusstheit. Wie Dornröschen bekommen wir im Schlaf das Entscheidende nicht mit. Wir werden aufgefordert aufzuwachen und den manchmal unangenehmen Realitäten ins Gesicht zu schauen. Umgekehrt kann das Bild auch unser Bedürfnis nach Abschalten und Ruhe symbolisieren.
- **Objektebene:** Sind Sie zur Zeit gestresst und übermüdet, und sollten Sie sich mehr Ruhe gönnen?

 Schlafzimmer (S. 161)

⚠ –

◎ Unbewusstheit, Übermüdung, Ruhebedürfnis

Schmuck

- **Subjektebene:** Schmuck ist immer Ausdruck des Wunsches, gesehen zu werden und wertvoll zu sein. Wichtig sind die Art des Schmucks und der Körperteil, der durch den Schmuck betont wird, außerdem, wie wir das Schmuckstück empfinden. Unterstreicht der Schmuck die äußere Attraktivität, verweist dies auf unsere positive Einstellung zu uns beziehungsweise dem Anteil, der geschmückt ist. Empfinden wir ein Schmuckstück als unpassend, symbolisiert dies die Ablehnung einzelner Anteile oder der gesamten Person. Sind wir übertrieben mit Schmuck behängt, verweist der Traum auf unsere Minderwertigkeitsgefühle.
- **Objektebene:** Stellen Sie sich selbst zu oft in den Hintergrund, sollten Sie bei diesem Traumbild mehr auf Ihre inneren Werte vertrauen lernen. Oder Sie sollten Ihre Tendenz, sich zu sehr in den Mittelpunkt zu setzen, selbstkritischer betrachten. Schmuck kann auf Eitelkeit und unrealistische Wünsche, vor allem in finanzieller Hinsicht, hinweisen.

 Tätowierung (S. 197), Piercing (S. 188), Ring (S. 159), Kreis (S. 213)

⚠ –

◎ positive Selbsteinschätzung, Minderwertigkeitsgefühle, Eitelkeit

SCHNEE

- **Subjektebene:** Schneeträume erzählen von kalten Winterlandschaften, die nur noch in ihren Konturen zu erkennen sind. Schnee symbolisiert somit das Kalte in uns, das alles verbirgt, was wir nicht sehen möchten. Es verweist auf unseren inneren Rückzug und auf Stillstand oder auf die Notwendigkeit, Distanz zu unseren Gefühlen zu entwickeln. Der weiße unberührte Schnee eröffnet häufig eine vollkommen neue Sicht von Altem und Gewohntem und steht für einen Neubeginn. Wichtig sind unsere Einstellung zum Schnee und unser Empfinden im Traum. Vor allem positiv erlebte Bilder, zum Beispiel von lustvollen Skiabfahrten, zeigen die Möglichkeit auf, sich dann dem Rausch der Sinne hinzugeben, wenn gleichzeitig eine gewisse Distanz zu den Gefühlen vorhanden ist.
- **Objektebene:** Positiv erlebte Schneeträume animieren Sie, sich auch in der kalten Jahreszeit mehr in der freien Natur zu bewegen.

→ Weiß (S. 227), Kälte (S. 65), Eis (S. 174), Winter (S. 100)

▲ Skifahren

◎ Gefühlskälte, Unbewusstheit, Stillstand, Neubeginn

SCHRANK

- **Subjektebene:** Die symbolische Bedeutung des Schranks erschließt sich wesentlich aus Art, Standort und Inhalt. Als Aufbewahrungsort für viele unterschiedliche Utensilien verweist er auf das Thema Ordnung. Spannend sind insbesondere Schränke im Keller oder auf dem Dachboden. Sie beinhalten häufig Geheimnisse, also unentdeckte Potenziale oder Erinnerungen.
- **Objektebene:** Schränke weisen Sie auf die Notwendigkeit hin, mehr Ordnung in Ihr Leben zu bringen. Verschlossene Schränke können Sie mitunter auf geringe Offenheit im Umgang mit anderen Menschen hinweisen. Wichtig dabei ist, in welchem Raum sich der Schrank befindet.

→ Haus (S. 212), Zimmer (S. 102), Tür (S. 198), Keller (S. 52)

▲ Kommode, Truhe, Sideboard

◎ Ordnung, Geheimnis, Potenziale

Schuhe

● **Subjektebene:** Schuhe thematisieren Standfestigkeit und Zuverlässigkeit, allgemein den
Bezug zur Erde und damit zur Realität. Je angenehmer sich ein Schuh anfühlt, desto positiver ist die Beziehung der Träumenden zur
Realität. Art, Zustand und Zweck der Schuhe
sind für die Bedeutung ebenso entscheidend.
Vor allem Pantoffeln, aber auch Schlappen
und Hausschuhe weisen auf Willenlosigkeit,
Bequemlichkeit und Teilnahmslosigkeit im
Denken und Handeln hin. Stiefel beinhalten
zumeist aggressiv-autoritäre Aspekte. Insbesondere als erotisch geltende Damenschuhe
und Stiefel mit hohen Absätzen weisen auf die
sexuellen Aspekte von Schuhen hin. Ein Son-
derfall ist das Barfußgehen. Es verweist je
nach Traumsituation auf guten oder auf man-
gelnden Kontakt zur Erde. Damit wird der be-
einträchtigte Realitätsbezug angesprochen.
Mitunter drückt dieses Traumbild auch
Schutzlosigkeit aus, vor allem, wenn das Barfußgehen als unangenehm erlebt wird.

● **Objektebene:** Bei unbequemen und drücken-
den Schuhen werden Sie darauf hingewiesen,
»sich nicht jeden Schuh anzuziehen«, sondern
differenzieren zu lernen, was Sie tun möchten
und was nicht.

➜ Fuß
(S. 48),
Erde (S. 207)

⚠ Pantoffel,
Hausschuh,
Stiefel,
barfuß gehen

◎ Stand-
haftigkeit,
Zuverlässig-
keit, Kontakt
zur Realität

Schwimmen

● **Subjektebene:** Beim Schwimmen erfahren
sich die Träumenden in direktem Kontakt zu
ihren Gefühlen. Werden diese als angenehm
und entspannend erlebt, verdeutlicht sich
darin die positive und direkte Verbindung zum
eigenen Seelenleben. Häufig ist die freie Bewegung im Wasser eingeschränkt: Entweder
durch Angst vor der Tiefe, also dem Unbewussten, das den Schwimmer verschlingen
könnte; oder durch chemische Verunreinigun-
gen oder starken Schlamm, was auf emotio-

➜ Boot
(S. 171),
Schiff (S. 190),
Wasser
(S. 225),
Fluss (S. 178),
Meer (S. 87),
See (S. 195)

nale Probleme aufmerksam macht; oder durch Strömungen und Wellenbewegungen, denen man sich hilflos ausgeliefert fühlt, worin sich Ohmacht den eigenen Gefühlen gegenüber ausdrückt. Wichtig sind die Art des Gewässers und die Person, die darin schwimmt.

 Schlamm, Strömung

◎ Kontakt zu Gefühlen, Entspannung

- **Objektebene:** Schwimmen im Traum weist Sie auf Ihr Bedürfnis nach Entspannung im Gefühlsleben hin.

See

- **Subjektebene:** Eingebettet in die Landschaft und geschützt durch das Ufer verheißt der See, im Gegensatz zu Meer und Fluss, ruhigere Zeiten im Gefühlsleben. Badeseen weisen auf Kontakt- und Kommunikationsbedürfnisse hin. Einsame und stille Bergseen sprechen Rückzugstendenzen an, häufig gepaart mit der Angst vor dem Unbewussten, vor allem, wenn die Tiefe des Sees mit furchterregenden Tieren bevölkert ist. Angestaute Gefühle und Ängste vor Kontrollverlust spiegeln sich in von Menschenhand gebauten Stauseen wider.

→ Wasser (S. 225), Meer (S. 87), Ufer (S. 96)

Stausee, Bergsee, Weiher, Teich

◎ ruhiges Gefühlsleben, Rückzugstendenzen

- **Objektebene:** Seen machen Sie auf Ihr Bedürfnis nach Erholung und Urlaub aufmerksam.

Spiegel

- **Subjektebene:** Wie die Königin in Schneewittchen sich durch den Spiegel mit sich selbst und ihren Fehlern konfrontiert sieht, führt uns auch der Traumspiegel wichtige Eigenschaften von uns selbst vor Augen. Im Spiegel können wir Dinge an uns sehen und erkennen, die uns sonst verborgen bleiben. Deshalb sind Spiegelträume wichtige Träume. Sie weisen die Träumenden auf verborgene Gefühle, Einstellungen und Potenziale hin. Von Bedeutung ist, was im Spiegelbild verändert wahrgenommen wird. Je nach Traumzusammenhang kann die-

→ Kleidung (S. 183), Haar (S. 82), Zahn (S. 166), Gesicht (S. 210)

 –

ses Traumbild uns auch eine Scheinwelt, in der wir leben, vor Augen führen.

- **Objektebene:** Spiegelträume können Sie darauf hinweisen, mehr auf Ihr Äußeres zu achten, oder sie zeigen Ihnen Ihre Eitelkeit.

verborgene Eigenschaften, Gefühle, Potenziale

SPIELZEUG

- **Subjektebene:** Wie sich Kinder mit dem Spielzeug direkt und indirekt auf das spätere Leben vorbereiten, stehen Spielzeugträume für ein Probehandeln der Träumenden. Dabei wird allerdings die Kindlichkeit und Unreife betont, die einen erwachsenen Umgang mit den angesprochenen Impulsen und Potenzialen nicht zulässt. Das Spielzeug ist zu sehen als Verniedlichung der Dinge, die das Erwachsenenleben bestimmen. Sie sollten sich deshalb fragen, was die Spielzeuge in ihrer »erwachsenen« Form für Sie bedeuten beziehungsweise deren symbolische Bedeutung nachschlagen.
- **Objektebene:** Ist Ihr Alltag angefüllt mit Pflichten und Verantwortung, weist das Traumspielzeug Sie möglicherweise auf Ihr Bedürfnis nach einem spielerischen Umgang mit dem Leben hin.

➡️ Kind (S. 85), klein (S. 213), groß (S. 211)

▲ –

Kindlichkeit, Unreife, spielerischer Umgang mit dem Leben

STADT

- **Subjektebene:** Die Stadt, entstanden aus dem Wunsch nach Schutz und Kontakt und geschaffen aus dem Geist und der Vorstellungskraft des Menschen, ist auch symbolisch eng mit diesen Themen verknüpft. Sie steht allgemein für mütterlichen Schutz und Kommunikation. Gleichzeitig symbolisiert sie verschiedene Persönlichkeitsanteile der Träumenden. Die Außenbezirke versinnbildlichen dabei das oberflächliche Leben, die Altstadt ist mit der Vergangenheit verbunden, der Marktplatz

➡️ Mutter (S. 217),

▲ Dorf

steht für das Zentrum des Menschen. Neue Stadtteile versinnbildlichen Potenziale, die umgesetzt werden wollen. Kalt und abweisend empfunden, steht sie symbolisch für die Entfremdung von der eigentlichen Natur durch eine überstarke Konzentration auf den Intellekt. Wichtig ist hierbei, ob Sie die Stadt kennen und falls ja, was Sie mit ihr verbinden.

 Persönlichkeitsanteile, mütterlicher Schutz, Kommunikation

- **Objektebene:** Die Stadt steht möglicherweise für Ihr Kommunikationsbedürfnis und Ihren Wunsch nach Kultur und Unterhaltung.

TÄTOWIERUNG (TATOO)

- **Subjektebene:** Tätowierungen, als Tatoos eine verbreitete Mode unter jungen Leuten, spielen in Träumen zunehmend eine Rolle. Trotz ihres Imagewandels sind Tätowierungen nach wie vor mit grober und instinkthafter Aggressivität verknüpft. Dies machen sie den Träumenden bewusst beziehungsweise versinnbildlichen eine Aggressionshemmung. Außerdem symbolisieren diese dauerhaften Hautbilder Prägungen, die man kultiviert, die einen jedoch im Umgang mit anderen, vor allem in der Abgrenzung von anderen behindern. Wichtig sind bei Tätowierungen immer die Motive und die Körperregionen, an denen sie sich befinden. So versinnbildlichen zum Beispiel Monster, Drachen, Spinnen auf Armen und Händen häufig nicht aufgelöste Mutterbindungen, die uns in unserer Handlungsfähigkeit und vor allem bei Kontakt und Abgrenzung beeinträchtigen. Tätowierungen weisen auf Minderwertigkeitsgefühle hin und auf die Tendenz, diese durch oberflächliche Attraktion zu kompensieren.

→ Haut (S. 146), Körper (S. 85), Piercing (S. 188)

△ –

 grobe, instinkthafte Aggressivität, Aggressionshemmung, Minderwertigkeitsgefühle

- **Objektebene:** Sie sollten sich mehr mit Ihrer instinkthaften und aggressiven Seite zeigen beziehungsweise differenzierter mit Ihren sozialen Kontakten umgehen.

TÜR

- **Subjektebene:** Türen, auf die man plötzlich trifft, wollen geöffnet werden. Wagt man den häufig nicht ganz ungefährlichen, aber notwendigen Schritt, betritt man seelisches Neuland, etwas bisher Verborgenes taucht ins Licht des Bewusstseins und kann dadurch aus dem Schattendasein erlöst werden. Ganz anders, wenn der Träumer oder die Träumerin die Tür hinter sich zuzieht. Dies ist ein deutliches Sinnbild dafür, dass er oder sie etwas abgeschlossen hat und sich mit dem, was hinter der Tür liegt, nicht mehr auseinander setzen möchte. Die Tür selbst gibt Aufschluss über Abgrenzungsbedürfnisse beziehungsweise kann, je nach Zustand und Situation, Durchlässigkeit und Offenheit symbolisieren.
- **Objektebene:** Geöffnete oder verschlossene Türen können Sie direkt auf Offenheit oder Rückzugstendenzen bei sich selbst oder anderen aufmerksam machen.

 Haus (S. 212), Zimmer (S. 102), Gefängnis (S. 118)

▲ Tor

◎ Durchlässigkeit, Offenheit, Neubeginn

URLAUB

- **Subjektebene:** Urlaub macht man an einem Ort, an dem man normalerweise nicht lebt. Auch die Zeit folgt anderen Rhythmen als im Alltag. Häufig wiederkehrende Urlaubsträume können Realitätsflucht sein. Meist aber drückt sich darin das Bedürfnis nach Entspannung und Freiheit in der Lebensgestaltung aus. Wichtig ist, ob wir den Urlaubsort kennen, und was wir damit verbinden.
- **Objektebene:** Im Urlaubstraum spiegelt sich Ihr Wunsch nach Erholung und Freizeit.

→ Süden (S. 93), Sonne (S. 62)

▲ Freizeit, Ferien

◎ Sehnsucht nach Entspannung, Realitätsflucht

WIESE

- **Subjektebene:** Die Wiese steht symbolisch für die momentane Lebenssituation, besonders im Gefühlsbereich. So weist eine blühende Frühlingswiese auf Neuanfang und Lebendigkeit der Gefühle hin. Abgemähte und ausgedorrte Wiesen dagegen symbolisieren depressionsartige Zustände und Stillstand vor allem im Gefühlsbereich.
- **Objektebene:** Wiesen im Traum stehen unter anderem für Ihr Bedürfnis nach Ruhe und Erholung. Sie fordern Sie auf, sich mehr Zeit für Erholung und Naturerleben zu gönnen. Kennen Sie die Wiese, sind auch die damit verbundenen Erinnerungen von Bedeutung.

 Grün (S. 211), Braun (S. 204), Blumen (S. 138)

⚠ –

◎ momentane Lebenssituation

ZAUN

- **Subjektebene:** So wie der Zaun in der Realität Grundstücke umgrenzt, zeigt er auch im Traum die Begrenzungen des Träumers auf. Der wichtigste und gleichzeitig häufigste Traumzaun ist der um das eigene Traum-Haus. Seine Beschaffenheit zeigt an, wie es um die Abgrenzung bestellt ist. Ist kein Zaun vorhanden oder befindet er sich in einem schlechten Zustand, deutet dies auf Abgrenzungsprobleme hin. Ein hochgezogener und womöglich sogar mit Stacheldraht versehener Zaun versinnbildlicht die Schutzbedürfnisse der Träumenden.
- **Objektebene:** Der Traumzaun fordert Sie auf, sich nach außen besser abzugrenzen oder umgekehrt den Kontakt zu anderen Menschen zu suchen.

 Grenze (S. 120)

⚠ Barriere

◎ Abgrenzung, Kontakt nach außen, Schutz

ZUG

- **Subjektebene:** Zugträume sind relativ häufig, unabhängig davon, ob die Träumenden dieses Verkehrsmittel im Realleben bevorzugen oder eher meiden. Wie jede Fortbewegung symbolisiert die Zugfahrt die Persönlichkeitsentwicklung. Der Ablauf einer Zugreise vermittelt Sicherheit auf dem Lebensweg. Zugleich aber fährt man dabei zusammen mit vielen anderen auf »eingefahrenen Gleisen«. Somit steht die Zugfahrt für den konventionellen Weg, bei dem Gemeinschaft und Kontaktfreudigkeit gefragt sind. Wird die Zugfahrt als entspannend erlebt, deutet dies auf das Bedürfnis hin, sich nach einer anstrengenden, individuellen Lebensfahrt eine begrenzte Zeit lang auf vorgegebenen Gleisen fortzubewegen. Gelangweilte Mitreisende, denen die Bahnfahrt lästig ist, fordern den Träumer oder die Träumerin auf, mehr zu wagen und mutigere Entscheidungen auf dem Lebensweg zu treffen, die ihm oder ihr eher entsprechen und besser zu ihm oder ihr passen.
- **Objektebene:** Zugfahrten können Ihr Bedürfnis nach Ortsveränderung und Urlaub widerspiegeln.

➡ Lokomotive (S. 127), Bahnhof (S. 171)

🚋 Eisenbahn, Straßenbahn

◎ Entwicklung, Bewegung, Gemeinschaft

ABSTRAKTE SYMBOLE

In dieser Kategorie finden Sie alle abstrakten Symbole wie die Elemente Erde, Wasser, Feuer und Luft, die Primärfarben, Zahlen und geometrische Symbole.

Dazu kommen Vater und Mutter, die Prinzessin und grundsätzliche Erläuterungen zu Personen im Traum. Es handelt sich bei diesen Symbolen um grundlegende Symbole (archetypische Symbole, Seite 239), das heißt um Symbole, auf die sich die persönlichen Symbole zurückführen lassen. Hinter allen Symbolen von Autorität wie etwa dem Chef, dem Polizist oder dem Bundeskanzler steht beispielsweise letztlich das Vatersymbol.

Alle Mischfarben wie Orange, Grün und Violett sind auf die Primärfarben Rot, Gelb, Blau zurückzuführen, aus denen sie zusammengesetzt sind.

Die archetypischen Symbole und Bilder erkennen wir daran, dass sie uns in Märchen, Mythen und in der Weltliteratur begegnen. Sie besitzen eine überpersönliche Bedeutung, das heißt eine allgemeine Aussage beziehungsweise Lebensweisheit für jede Träumerin und jeden Träumer (zumindest in unserem Kulturbereich) und zugleich eine persönliche Bedeutung.

Bei der Deutung dieser Symbolik sollte stets zuerst die persönliche Bedeutung betrachtet werden, ehe man sich der überpersönlichen Bedeutung zuwendet. Wendet man sich sogleich der überpersönlichen Bedeutung dieser Symbole zu, dann fehlt die persönliche Betroffenheit, die zum Traumverständnis notwendig ist.

C.G. Jung (Seite 241) war der Ansicht, dass diese archetypischen Symbole und Bilder hauptsächlich in Umbruchsituationen auftreten, da wir auf solche Situationen mit den tiefsten Schichten unserer Psyche reagieren. Umbruch bedeutet Veränderung und somit Unsicherheit, die stets auch Angst macht. In solchen tief beängstigenden Situationen melden sich die Archetypen zu Wort. Sie trösten uns, indem sie uns zeigen, dass jeder Mensch solche Situationen erlebt und die meisten sie auch überwinden. Diese archetypischen Symbole, von denen hier die Rede ist, treten allerdings selten in ihrer reinen Form auf. Nehmen wir das geometrische Symbol des Kreuzes. Es ist eher unwahrscheinlich, dass wir ein Kreuz wie eine Zeichnung aus dem Geometriebuch sehen. Wahrscheinlich wird uns dieses Symbol eher als Autobahnkreuz oder Wegkreuzung, als Fensterkreuz oder als Kreuzstich begegnen. Häufig treten geometrische Symbole als Muster von Plätzen auf, die wir im Traum besuchen.

Je abstrakter ein Symbol ist, desto mehr nähern wir uns dem an, was unsere höhere Weisheit von uns möchte. Die abstrakte Form eines Symbols ist also ein Hinweis darauf, dass wir jetzt einen wichtigen Schritt tun, um zu werden, was wir wirklich sind und bestenfalls sein können.

Freuen Sie sich also, wenn Symbole dieser Kategorie gehäuft in Ihren Träumen auftreten. Sie sind auf dem richtigen Weg.

Acht

● **Subjektebene:** Als die zweifache Vier symbolisiert die Acht Ganzheit und Vollständigkeit. Seltener symbolisiert die Acht, dass es keine weiteren Wahlmöglichkeiten mehr gibt. Außerdem kann sie bedeuten, dass Sie besser auf sich achten oder Acht geben sollten. Eine liegende Acht weist auf Unendlichkeit hin.

● **Objektebene:** Hergeleitet aus dem mittelalterlichen Begriff der »Acht« (dem Bann der »Geächteten« aus der Gesellschaft) kann die Acht einem Gefühl des Ausgestoßenseins Ausdruck verleihen.

➡ Vier (S. 225), Würfel (S. 228)

 –

◉ Ganzheit, Vollständigkeit, Unendlichkeit

Anima

● **Subjektebene:** Die Anima, grundlegendes archetypisches Symbol nach C.G. Jung (Seite 239, 241), zeigt sich in jeder Frau und vor allem in weiblichen Personen, deren Gesicht wir nicht erkennen können, oder die uns unbekannt sind. Sie sollte immer subjektstufig gedeutet werden. Als die weibliche Seite im Menschen symbolisiert sie unsere unbekannte, ja häufig unbewusste Gefühlsseite. Sie steht für die Fähigkeit, sich bis zur Auflösung zu verströmen und damit zu wandeln. Problematisch ist dabei allerdings die fehlende Zielgerichtetheit. Da wir in einer männerbetonten Gesellschaft leben, bedeutet die Anima meist die Aufforderung, vor allem an den Mann, sich verstärkt seinen weiblichen Eigenschaften zuzuwenden. Seltener ermahnt sie uns, die männlich-strukturierenden

➡ Frau (S. 143), Mutter (S. 217), Prinzessin (S. 220), Hure (S. 150)

 –

◉ Gefühle, verströmen, Wandlungsfähigkeit

Anteile nicht zu sehr zu vernachlässigen. Die Anima ist durch die Beziehung zur realen Mutter erheblich mitgeprägt. Im Frauentraum bringt sie die Träumerin mit ihren unbekannten weiblichen Seiten in Kontakt. Im Männertraum zeigen sich in der Anima eigene ungelebte weibliche Anteile.

● **Objektebene:** In der Anima zeigen sich die Idealvorstellungen von der Partnerin sowie bewusste und unbewusste Wünsche an sie.

ANIMUS

● **Subjektebene:** Der Animus, grundlegendes archetypisches Symbol nach C.G. Jung (Seite 239, 241), der sich in jeder männlichen Person und vor allem im »gesichtslosen Mann« zeigt, sollte zuallererst subjektstufig betrachtet werden. Er unterstützt uns dabei, zielgerichtet und strukturiert zu handeln und die Gegebenheiten möglichst objektiv zu realisieren. Er kann allerdings auch eine Warnung vor Schwarz-Weiß-Denken und mangelnder Flexibilität sein. Je nach Traumzusammenhang verweist er deshalb auf die Notwendigkeit, Animus-Eigenschaften vermehrt zu entwickeln und umzusetzen, oder mahnt uns, unsere intuitiv-weibliche Seite nicht zu sehr zu vernachlässigen. Der Animus ist durch die Beziehung zu unserem Vater geprägt. Im Männertraum bringt er den Träumer mit seinen unbekannten männlichen Seiten in Kontakt. Im Verhalten des Animus im Frauentraum zeigen sich die männlichen Anteile der Träumerin so, wie sie in ihrer Vorstellung existieren oder bewusst und unbewusst ausgelebt werden. Gleichzeitig werden darin die Wünsche an den Partner sichtbar.

● **Objektebene:** Jede Ihnen bekannte männliche Person ist Ihr Animus und spiegelt einen Anteil Ihrer Männlichkeit wider. Wen man als Animus sieht, den erhöht man, und dies ist oft der Geliebte.

→ Mann (S. 155), Partner/in (S. 157), Himmel (S. 180), Flugzeug (S. 177), Held (S. 50), Vater (S. 224), Abenteuer (S. 73)

 –

◎ das Männliche in Frau und Mann, Zielgerichtetheit, Struktur

Blau

● **Subjektebene:** Blau weist auf den Kontakt mit unbewussten Anteilen hin, wobei häufig unerfüllte Sehnsüchte nach Ruhe, Erholung und seelischer Gelöstheit angesprochen werden. Wird das Blau eher kühl und angenehm empfunden, steht die Betonung des Intellekts und der emotionalen Distanz, die bis zu Kälte gehen kann, im Vordergrund der Bedeutung. Dieses Traumbild kann Sie auffordern, mithilfe Ihrer intellektuellen Fähigkeiten mehr innere Distanz zu bestimmten Lebensthemen zu schaffen. Falls Sie jedoch ohnehin dazu neigen, alles zu sehr mit dem Kopf anzugehen, kann es Sie darauf aufmerksam machen, sich stärker mit Ihren Gefühlen zu befassen. Dies gilt vor allem dann, wenn die Farbe Blau im Traum als unangenehm erlebt wird. Durch ihre genannten Eigenschaften hebt die Farbe Blau die Qualität eines Objekts hervor oder mildert sie. So sind meist unbewusste Sehnsüchte angesprochen, wenn Blau im Zusammenhang mit Wasser vorkommt. Wird die Farbe des Wassers als beängstigend erlebt, kann dies auf Ängste vor der Tiefe von Gefühlen und auf unerfüllte Sehnsüchte hinweisen. Ein lichtes Blau bedeutet Tiefe und Treue bei Gefühlen anderen Personen gegenüber.

➜ Himmel (S. 180), Luft (S. 215), Fluss (S. 178), See (S. 195), Meer (S. 87), Alkohol (S. 169)

 –

◎ Unbewusstes, Intellekt, emotionale Distanz

Braun

● **Subjektebene:** Braun ist vor allen Dingen mit Erde und deshalb symbolisch mit dem Mütterlichen verknüpft. Dabei signalisiert die dunkelbraune Scholle Fruchtbarkeit. Eine zu starke Fixierung auf das Mütterlich-Weibliche zeigt sich in der gelblich braunen Färbung des Lehms. Die Braunfärbung bei Pflanzen symbolisiert Armut, vorzugsweise an Gefühlen, und darüber hinaus das dem natürlichen Lebensrhythmus folgende allmähliche Verenden allen Lebens. In diesem Zusammenhang fordert

➜ Rot (S. 222), Schwarz (S. 91), Mutter (S. 217), Erde (S. 207), Acker (S. 74), Herbst (S. 83)

die braune Farbe zur Demut auf, was sich in der braunen Kutte mancher katholischer Orden widerspiegelt.

- **Objektebene:** Die braune Farbe ist seit dem Dritten Reich mit dem Faschismus verknüpft. Empfinden Sie das Braun als unangenehm, sollten Sie versuchen, alte Erinnerungen und die damit zusammenhängenden Wünsche loszulassen.

 –

◎ Fruchtbarkeit, Fixierung auf das Weiblich-Mütterliche, Demut

BURG

- **Subjektebene:** Die Schutz und Sicherheit gebende Burg ist ein archetypisches Muttersymbol. Der Burgtraum führt uns unsere Schutzbedürfnisse vor Augen. Diese resultieren meist aus einer engen Mutterbeziehung, die wir nicht loslassen können. Dadurch wird verhindert, dass wir uns dem Leben stellen. Dies ist vor allem bei der offenen Auseinandersetzung mit sexuellen Impulsen der Fall. So spielen häufig neben der Burg in Burgträumen Symbole eine bedeutende Rolle, die eng mit aggressiv sexuellen Impulsen verbunden sind. Träumen Frauen mit Kindern in diesem Zusammenhang von einer Burg, kann dies symbolisieren, dass sie zu sehr mit ihrer Mutterrolle identifiziert sind und sich mit Hilfe dieser Rolle vor den eigenen sexuellen Impulsen schützen.
- **Objektebene:** Die Burg symbolisiert meist Ihre Rückzugstendenz und fordert Sie auf, sich Konflikten in der Realität zu stellen. Burgträume sind mitunter mit konkreten Urlaubserlebnissen verknüpft.

➡ Pferd (S. 158), Kanone (S. 152), Haus (S. 212),

🏰 Schloss

◎ Muttersymbol, Rückzug, Umgang mit Sexualität

DREI

- **Subjektebene:** Die Zahl Drei symbolisiert die Auflösung von Gegensätzen und Konflikten und geht damit über die Zwei hinaus. Sie wurde von jeher als göttliche Zahl betrachtet. Dies drückt sich unter anderem in der christ-

➡ Dreieck (S. 206)

lichen Lehre von der Dreieinigkeit aus. Im europäischen Kulturkreis ist die Drei meist eng mit dem göttlichen Geist assoziiert. Im Volksglauben ist die Drei meist mit positiven Assoziationen verbunden. Die Drei im Traum ermuntert Sie, bei Konflikten nach einer Lösung Ausschau zu halten, die Sie möglicherweise im Traum aufgezeigt bekommen.

 –

 Zeit, Vollendung, Geist

- **Objektebene:** Hin und wieder kann die Drei bestehende Dreiecksbeziehungen symbolisieren.

DREIECK

- **Subjektebene:** Das Dreieck steht symbolisch, wie die Zahl Drei, für Auflösung von Gegensätzen und inneren Konflikten. Zeigt die Spitze nach oben, versinnbildlicht dies die Vereinigung der gegensätzlichen Pole mit Hilfe des Verstandes oder des göttlichen Geistes. Die nach unten gerichtete Spitze deutet darauf hin, dass die Lösung des Konflikts in der Annäherung an die eigenen weiblich-emotionalen Anteile zu suchen ist.

→ Drei (S. 205), Weiß (S. 227)

 –

 Auflösung von Gegensätzen

- **Objektebene:** Im Dreieck symbolisiert sich – durch die geometrischen Gesetzmäßigkeiten – Ihr Bedürfnis nach Ordnung.

EINS

- **Subjektebene:** Die Eins hat vor allem zwei herausragende Bedeutungen. Sie steht zuallererst für den Anfang. Deshalb symbolisiert sie den Neubeginn. Weiter steht die Eins für die Einheit und damit für das Ganze und Unteilbare. Damit ist die Eins etwas Besonderes, da mit der Zwei der Konflikt und damit das Leiden in unser Leben Einzug hält. Dieser Besonderheit trägt unter anderem die Redewendung »mit sich eins sein« Rechnung. Im Alltagsleben stoßen wir immer wieder auf die Eins als Ausdruck von etwas Besonderem oder Herausragendem. So ist die Eins die beste

→ Grün (S. 211)

 –

 Unteilbares, Einmaliges, Neuanfang

Note in der Schule, als Bester spielt man in der ersten Liga und vieles mehr.

- **Objektebene:** Träumen Sie häufig von der Eins, kann sich darin der Wunsch widerspiegeln, etwas Besonderes zu sein. In Beziehungskonflikten spielt die Eins vermehrt eine herausragende Rolle. Sie ist dann Aufforderung, wieder mehr mit sich selbst in Kontakt zu kommen, oder Ausdruck des Wunsches nach Alleinsein.

ERDE

- **Subjektebene:** Das Traumsymbol Erde ist mit den Themen Beständigkeit, Verwurzelung und Realismus verbunden. Somit weist dieses Traumbild auf ein möglicherweise zu starkes Verhaftetsein im Alltäglichen und Gewohnten. Andererseits kann es Sie darauf aufmerksam machen, dass mehr erdhaftes Verbundensein notwendig ist.

- **Objektebene:** Häufige Träume von der Erde bringen Sie in Kontakt mit Ihren Bedürfnissen nach naturnäherem Leben. Dies sowohl in übertragenem als auch in konkretem Sinne. Erdträume fordern Sie auf, weniger aus Ihren Vorstellungen heraus zu handeln als vielmehr nach dem, was realisierbar ist. Möglicherweise besteht konkret der Wunsch nach mehr Natur in Ihrem realen Leben.

➡ Mutter (S. 217), Bauer (S. 75), Acker (S. 74), Garten (S. 80), Wiese (S. 199), Wurzel (S. 101)

 –

◎ Beständigkeit, Verwurzelung, Realität

FEUER

- **Subjektebene:** Feuer symbolisiert Energie, die uns erneuern oder verbrennen kann. Als Wandlungssymbol verweist es die Träumenden auf die Notwendigkeit, alte Gewohnheiten, Gefühle und Gedanken vollkommen aufzugeben, wenn wirklich Neues entstehen soll. Die genaue Bedeutung erschließt sich aus dem, was verbrennt. Als Symbol unserer Energie und Leidenschaft kann das Feuer,

➡ Rauch (S. 90), Temperatur (S. 64), Sonne (S. 62)

vor allem, wenn es als angenehm empfunden wird, auf Liebe, Zuneigung und den sinnvollen Einsatz unserer psychischen und physischen Energien hinweisen. Leidenschaften, die zerstörerisch wirken, zeigen sich in beängstigenden und nicht mehr kontrollierbaren Bränden. Bei Herd- und Lagerfeuern steht der positive kontrollierte Umgang mit unseren Energien, der uns Wärme und Geborgenheit vermittelt, im Vordergrund der Symbolbedeutung. Glut verweist auf nach wie vor bestehende schwelende Leidenschaften, die durch einen Windhauch wieder entfacht werden können.

 Brand, Herdfeuer, Lagerfeuer, Glut

◎ Energie, Verwandlung, Erneuerung, Leidenschaft

FISCH

● **Subjektebene:** Das Symbol Fisch ist ein Ganzheitssymbol für den Menschen. Dies trifft auch für den Traumfisch zu, vor allem, wenn dieser im Traum schön und anziehend empfunden wird. Der Fisch ist eng mit der symbolischen Bedeutung des Wassers und damit mit dem Gefühlsleben der Träumenden verbunden. Über den Traumfisch, der aus den Tiefen des Meeres auftaucht, kommt der Träumende mit seinen unbewussten Impulsen in Kontakt und lässt ihn, je nach Traumsituation, neugierig werden oder vor Angst erschaudern. In anderen Situationen versucht der Träumer oder die Träumerin den Fisch in die Hand zu nehmen. Dabei wird der Fisch, herausgenommen aus seinem ursprünglichen Element, mit seiner kalten, glitschigen Seite erlebt. Nicht nur durch die spezifisch taktile Erfahrung symbolisiert dieses Traumbild sexuelles Erleben, abgespalten von den eigenen Gefühlen. Fische wurden schon in der Bibel als besonderes Essen dargestellt. Wird das Fischessen als schmackhaft erlebt, symbolisiert dies nahrhafte Seelenspeise, die vom Traum präsentiert wird.

➡ Wasser (S. 225)

▲ –

◎ Ganzheit, Sexualität, unbewusste Impulse

- **Objektebene:** Sind Sie »stumm wie ein Fisch« und sollten sich öfter in Ihren Meinungen mitteilen, oder sollten Sie sich in Gesprächen mehr zurückhalten?

FÜNF

- **Subjektebene:** Die Zahl Fünf ist eng mit Natürlichkeit und Harmonie verbunden. Darauf verweisen unter anderem die fünf Sinne, die fünf Finger, die Darstellung der Dimensionen des Menschen durch Leonardo da Vinci (1452 bis 1519). Da Vinci zeichnete den Menschen in einem Fünfeck, das den goldenen Schnitt darstellt. Die Fünf fügt der Vier eine zentrierende Mitte hinzu, weshalb sie als Sinnbild des in sich ruhenden harmonischen Kosmos gilt. Der »Stein der Weisen«, den die mittelalterlichen Alchemisten suchten, war die »quinta essentia« (die sich als »Quintessenz« bis in den heutigen Sprachgebrauch erhalten hat), eine Geistsubstanz, die die übrigen Essenzen sublimieren kann. Den Alchemisten war die Fünf nicht bloße Erweiterung, sondern Erhöhung und Vollendung der Vier.

➜ Finger (S. 116)

⌂ –

◎ Natürlichkeit, Harmonie

GELB

- **Subjektebene:** Gelb wird zuallererst mit der Sonne assoziiert. Insofern ist diese Farbe eng mit Macht und Weisheit verbunden. Weiterhin verweist Gelb in seiner Reinheit auf Bewusstsein, Reife und geistige Aktivität. Goethe beschreibt Gelb in seiner Farbenlehre als »eine heitere, muntere und sanfte Farbe«, die aber bei der leisesten Beimischung leicht ins Unangenehme abgleitet und dann als »entwertet, unschön und schmutzig« empfunden wird. Symbolisch bedeutet dies, dass das reine Gelb die Kreativität bezeichnet, die jedoch leicht irritierbar ist und in psychische Erkrankung abgleiten kann. Grelles Gelb steht von alters her für Neid und Eifersucht. In früheren

➜ Sonne (S. 62)

⌂ Gold (Farbe)

◎ Macht, Wärme, Neid, Eifersucht

Zeiten wurde die gelbe Galle dem »Choleri-
ker« zugeordnet. Nicht zuletzt deshalb steht
die gelbe Farbe auch für körperliche Erkrankung, vor allem, wenn die Haut gelb getönt
erscheint.

- **Objektebene:** Gelb ermuntert Sie, hellere
Töne zu tragen. Sie sollten mehr an sich glauben und Ihre Fähigkeiten nach außen hin verstärkt darstellen.

GESICHT

- **Subjektebene:** Sieht man sein eigenes Gesicht im Traum, wird man mit seiner Identität
konfrontiert. Wird das Gesicht unverfälscht im
Traum gesehen, zeigt dies die positive Selbstachtung des Träumenden und den direkten
Kontakt zu sich selbst. Das eigene Gesicht
ohne Gesichtszüge fordert den Träumer auf,
sich auf die Suche nach der eigenen Identität
zu begeben. Fremde Gesichter konfrontieren
die Träumenden mit ihnen unbekannten Seiten. In manchen Träumen wird plötzlich das
Gesicht eines Elternteils gesehen, und damit
wird dem Träumer oder der Träumerin gezeigt,
wie ähnlich er oder sie diesem Elternteil geworden ist.
- **Objektebene:** Ihr Gesicht im Traum fordert Sie
auf, sich auch nach außen in Ihren Beziehungen mit Ihren Ecken und Kanten zu zeigen.

 Spiegel
(S. 195),
Auge (S. 170)

⚠ –

◎ Identität,
Willen,
Selbst-
darstellung

GRAU

- **Subjektebene:** Die Farbe Grau ist meist mit
negativen Empfindungen assoziiert. Erscheint
alles »grau in grau«, ist dies Ausdruck einer
pessimistischen Lebenshaltung. Außerdem ist
die Farbe mit dem hoffnungslosen, alltäglichen Einerlei verbunden, in dem die Langeweile vorherrscht. Als Mischfarbe von Schwarz
und Weiß fordert das undifferenzierte Grau
die Träumenden auf, mehr Licht, das heißt
mehr Bewusstsein und damit Unterscheidung

 Weiß
(S. 227),
Schwarz
(S. 91),
Maus (S. 128)

⚠ –

ins Spiel zu bringen. Grau kann auf Unauffälligkeit und auf Selbstwertprobleme hinweisen. Man will sich nicht zeigen, oder man wagt es nicht.

- **Objektebene:** Grau fordert Sie auf, Ihre individuellen Eigenschaften deutlicher zu zeigen. Sehen Sie sich im Traum in einem vornehmen grauen Anzug oder Kostüm, kann dies auf Ihre Eigenschaft als »graue Eminenz« hinweisen. Es zeigt Ihnen, wie sie unauffällig die Fäden in Händen halten, ohne dass dies von anderen bewusst wahrgenommen wird. Versuchen Sie Ihren Alltag farbiger zu gestalten.

◎ Pessimismus, Unbewusstheit, Undifferenziertheit, Minderwertigkeitsgefühle

GROSS

- **Subjektebene:** Je größer etwas im Traum erscheint, desto wichtiger und bedeutender ist es für uns. Gleichzeitig ist »das Große« in uns mit Selbstachtung und Selbstvertrauen, zuweilen auch mit übersteigertem Geltungsbedürfnis verbunden. Wir erleben uns in dem groß dargestellten Anteil als wichtig und bedeutungsvoll. Wird im Traum etwas wesentlich größer gezeichnet, als es in der Realität ist, zeigt dies unsere Neigung, aus einer »Mücke einen Elefanten zu machen«, oder es verweist auf Minderwertigkeitsprobleme, die durch Selbstüberschätzung kompensiert werden.

➡ Fernglas (S. 115)

 –

◎ Wichtigkeit, Selbstachtung, Geltungsdrang

GRÜN

- **Subjektebene:** Als primäre Farbe der Vegetation steht Grün für das Natürliche und damit Ursprüngliche in uns. Mit dem Grün des Frühjahrs beginnt eine neue Wachstumsperiode, und insofern signalisiert diese Farbe den Neubeginn. Sie fordert Sie auf, sich dem natürlichen Rhythmus des Lebens anzuvertrauen. Ein anderer symbolischer Aspekt ist im Grün des tropischen Urwalds zu sehen. Hier gilt es, mit Hilfe der strukturierend intellektuellen Potenziale Ordnung in die Überwucherungen zu

➡ Blau (S. 204), Gelb (S. 209), Wiese (S. 199), Wald (S. 68), Salat (S. 190), Frosch (S. 47) bringen, damit sich daraus etwas dem Menschen Frucht Bringendes entwickeln kann.

- **Objektebene:** Im Zusammenhang mit Personen kann die Farbe Grün auf deren Unreife und Unerfahrenheit hinweisen. Liegen wir hingegen entspannt auf einer sanftgrünen Frühlingswiese und genießen die erfrischende und beruhigende Wirkung, werden wir aufgefordert, uns mehr Raum und Zeit in der Natur zu gönnen.

 –

Wachstum, Natur, Ursprünglichkeit, Unreife

HAUS

- **Subjektebene:** Das Haus steht für die Person oder für Teile der Persönlichkeit der Träumenden. Je nach Zustand symbolisiert es die seelische und hin und wieder auch die körperliche Verfassung der Träumenden. Lebt man im Traum in einer »Bruchbude«, deutet dies auf eine Persönlichkeitskrise hin, aus der man sich möglichst rasch befreien sollte, bevor das Haus über einem zusammenstürzt. Manchmal findet der Träumer sich in einem Haus wieder, das äußerlich unansehnlich und innen voller Kostbarkeiten ist. Er wird damit vom Traum auf Persönlichkeitszüge aufmerksam gemacht, die er bisher zu wenig zu schätzen wusste und die für ihn wichtig sind. Von Bedeutung dabei ist, wie das Haus im Traum empfunden beziehungsweise was damit assoziiert wird. So symbolisiert ein Reihenhaus die Tendenz, sich anzupassen oder angepasst zu haben. Es fordert auf, mehr Individualität zu entwickeln. Ein großes Herrschaftshaus kann für autoritäre Persönlichkeitszüge stehen und auffordern, diese oder die Angst davor sich bewusst zu machen. Weiterhin ist von Bedeutung, wenn das Traumhaus bekannt ist. Häuser aus bestimmten Lebensphasen stehen meist symbolisch für die damit zusammenhängenden Erlebnisse und Gefühle. So befindet sich der Träumer häufig im Haus seiner Kindheit und bekommt vermittelt, dass er be-

→ Zimmer (S. 102), Tür (S. 198)

 –

eigene Persönlichkeit, seelisch-körperliche Verfassung

stimmte bereits in der Kindheit erworbene Persönlichkeitszüge noch nicht losgelassen hat.

- **Objektebene:** Das Traumhaus kann den Wunsch, ein Haus zu besitzen, beziehungsweise die Beschäftigung mit seinem Haus darstellen. So wie das Haus für die eigene Person steht, kann es auch symbolisch für Personen aus dem Realleben stehen. Somit macht der Traum auf der Objektebene direkte Aussagen über diese Personen beziehungsweise wie diese von Ihnen empfunden werden.

KLEIN

- **Subjektebene:** Erscheint uns etwas als klein, symbolisiert dies entweder unsere geringe Wertschätzung für das, was wir klein sehen, und die damit häufig zusammenhängenden Minderwertigkeitsgefühle, oder wir empfinden es als unbedeutend. Menschen von kleiner Statur können mitunter auf ihre und auf unsere Bindung an die Kindheit verweisen. Erscheint im Traum etwas klein, das in der Realität deutlich größer ist, soll uns damit entweder gezeigt werden, dass es kleiner ist, als wir es im Alltag empfinden, oder das Bild führt uns unsere Tendenz vor Augen, Gefühle oder Probleme zu bagatellisieren. Mitunter werden wir aufgefordert, das Kleine, also das Detail, verstärkt zu betrachten.

→ Maus (S. 128), Wurm (S. 134), groß (S. 211), Insekten (S. 51)

⚠ –

◎ Unwichtiges, Minderwertigkeitsgefühle, Unsicherheit

KREIS

- **Subjektebene:** Die Kreisform als archetypisches Ganzheitssymbol (Seite 239) wird primär als etwas Vollständiges, Vollkommenes empfunden, was in der Redewendung »eine runde Sache« zum Ausdruck kommt. Da der Kreis weder Anfang noch Ende hat, tritt er als Gleichnis für Gott oder das Göttliche im Menschen auf. Er bietet Schutz und bündelt Kräfte,

→ Ring (S. 159), Quadrat (S. 221)

⚠ rund

daher die magischen Kreise der Hexen und Zauberer. Zugleich kann er aber auch das Gefangensein in gedanklichen Teufelskreisen versinnbildlichen.

- **Objektebene:** Beschäftigen Sie sich mit einem Kreis oder zeichnen Sie ihn, kann dies auf Ihr Bedürfnis hinweisen, sich »runder« zu fühlen.

◎ Ganzheitssymbol, Schutz, Wiederholungszwang

KREUZ

- **Subjektebene:** Beim Kreuz ist der Gesamtzusammenhang des Traums besonders wichtig. In christlich-religiösem Sinn ist es mit dem Leben Christi, also mit Leiden und Erlösung verbunden. Eng damit zusammen hängt auch die zumeist zu beachtende symbolische Bedeutung der Redensart »sein eigenes Kreuz tragen müssen«, was nichts anderes heißt, als dass man lernt, das Leid im Leben zu akzeptieren. Am häufigsten begegnet uns das Bild allerdings in Form des Wegkreuzes als Symbol einer anstehenden Entscheidung. Allgemein betrachtet, stellt das Kreuz die Verbindung von oben und unten, von rechts und links her. Es symbolisiert damit das sinnvolle Miteinander der weiblichen und männlichen Aspekte unserer Persönlichkeit.

➡️ Vier (S. 225), rechts (S. 221), links (S. 215), Himmel (S. 180), Erde (S. 207)

 –

◎ Akzeptanz des Leidens, Entscheidung, Verbindung männlich-weiblich

KUGEL

- **Subjektebene:** Die Kugel gilt von alters her als die vollkommene Form. Sie beinhaltet zugleich Zentrierung und Dynamik des Lebens. Weil sie das Streben nach Harmonie und Ganzheit widerspiegelt, ist sie meist positiv zu deuten. Im Traum taucht sie in unterschiedlicher Gestalt und Materie sowie in vielfältigem Kontext auf. Die rollende Kugel steht für Wandlung und tief greifende Veränderung. Im Spiel mit dem Ball lernen die Träumenden den spielerischen Umgang mit dem Leben und

➡️ Kreis (S. 213)

△ Ball, Roulette, Fußball, Handball

dessen relativer Unwägbarkeit. Bei sportlichen Ballspielen steht das Perfektionieren dieser Fähigkeiten durch Zentrierung und aggressives Anvisieren von Zielen im Vordergrund. Die Kugel des Roulette hingegen ist Sinnbild des Schicksalhaften, das sich scheinbar durch nichts beeinflussen lässt.

 Harmonie,
Ganzheit,
Zentrierung

- **Objektebene:** Mitunter spiegelt sich in der Kugel Ihre Tendenz wider, eine »ruhige Kugel zu schieben«. Auch Abhängigkeiten von Glücksspielen können sich in diesem Traumbild zeigen.

Links

- **Subjektebene:** Träume, bei denen die linke Seite eine herausragende Rolle spielt, weisen meist auf die Themen Kreativität und Gefühl hin. Das Traumbild, in dem die linke Seite dargestellt wird, symbolisiert, dass die Träumenden entweder zu sehr oder zu wenig mit ihrer gefühlsbetonten und intuitiven Seite verbunden sind. Die nähere Bedeutung ist nur dem gesamten Traumbild zu entnehmen. So weisen Lähmungen oder andere körperliche Beeinträchtigungen auf der linken Seite meist auf eine zu starke Dominanz der rechten, männlich orientierten Seite hin. Diese Traumbilder fordern die Träumer auf, sich mehr mit ihrer unbewussten Seite auseinander zu setzen.

→ Anima
(S. 202),
Mutter
(S. 217),
Wasser
(S. 225),
Herz (S. 147)

⏚ –

◎ Gefühle,
Unbewusstes

- **Objektebene:** Menschen, die Ihnen emotional nahe stehen, werden vom Traum auf Ihrer linken Seite gezeigt. Einen Weg links einzuschlagen, kann die falsche Richtung versinnbildlichen. Damit wird Ihnen gezeigt, dass Ihre Schritte zu sehr von unbewussten Impulsen gelenkt werden.

Luft

- **Subjektebene:** Die Luft symbolisiert unsere geistigen Energien, Fantasien und Ideen. Träumen wir von Luft, sind wir in Kontakt mit unserer kreativen Gedankenwelt oder werden auf-

→ Radioaktivität (S. 57),

gefordert, sie verstärkt zu nutzen. Mitunter warnt dieses Traumbild uns vor dem Abheben und der Flucht in unrealistische Fantasiewelten. Klare, reine Luft verweist auf klare Gedanken und eine positive Persönlichkeitsentwicklung. Schwere, das heißt mit Feuchtigkeit gesättigte Luft verweist auf belastende Gefühle, die den freien Gedankenfluss hemmen. Diese Symbolik gilt vor allem im Zusammenhang mit dem Atmen.

● **Objektebene:** »Dicke Luft« warnt Sie vor möglichem Ungemach in Ihrem Realleben. »Geht Ihnen die Luft aus«, kann dies Ihre prekäre finanzielle Situation oder die Angst davor widerspiegeln.

Himmel (S. 180), Kopf (S. 125), Flugzeug (S. 177), Licht (S. 53)

▲ Atem

◎ geistige Energien, Fantasie, Kreativität

MANDALA

● **Subjektebene:** Das Mandala, ein kreisförmiges Bild um eine Mitte, zu vollendeter Form entwickelt und bekannt geworden durch den tibetischen Buddhismus, erscheint uns selten direkt, meist eher indirekt, zum Beispiel als Rad mit Speichen, Spinnennetz, Gebäude oder Weg, den wir gehen. Nach C.G. Jung (Seite 241) stellt das Mandala den Archetyp des Selbst dar. Das Bild bedeutet deshalb die Hinwendung zum innersten Kern. Damit ist die Erkenntnis verbunden, dass alles Gegensätzliche in uns und die daraus resultierenden Konflikte nur in unseren äußeren Persönlichkeitsschichten existieren. Das Mandala zeigt uns auf, dass wir uns auf dem Weg zu uns selbst befinden.

● **Objektebene:** Sollten Sie sich mit Mandalas beschäftigen, um dadurch zu einer inneren Ordnung zu gelangen?

➡ Kreis (S. 213), Spinne (S. 63)

 –

◎ Individuation

MITTAG

● **Subjektebene:** Der Mittag im Traum symbolisiert die zeitliche Mitte. Somit versinnbildlicht er häufig die Lebensmitte. Der Mittag, an dem die Sonne am höchsten steht und ihr Licht hell

➡ Mitte (S. 217),

leuchtet, stellt somit den Vollbesitz von Bewusstheit und Lebensenergie dar. Dies ist als Aufforderung an die Träumer zu verstehen, die Gelegenheit zu nutzen und die eigenen Potenziale umzusetzen.

- **Objektebene:** Mittag heißt eine kurze Zeit des Ausruhens, man hat den halben Tag bereits hinter sich gebracht.

Zwölf (S. 230),
Sonne (S. 62)

 –

◎ Bewusstsein, Kraft, Lebensmitte

MITTE

- **Subjektebene:** Sich in der Mitte eines Traumbildes zu befinden, bedeutet ganz allgemein, sich der eigenen Mitte, das heißt dem eigentlichen Selbst verbunden zu fühlen. Die Mitte kann einen zeitlichen Bezug haben und damit die Lebensmitte versinnbildlichen. Wer sich in der Mitte bewegt, handelt aus der Gegenwart heraus. Vergangenes oder Zukünftiges bringt einen vom eigentlichen Weg nicht ab. Befindet man sich räumlich in der Mitte, bedeutet dies die Lösung aus einem Konflikt, meist zwischen der rechten und linken Seite und damit von Verstand und Gefühl. Wichtig dabei ist meist, wer oder was sich jeweils rechts oder links von Ihnen befindet.
- **Objektebene:** Die Mitte im Traum kann als Aufforderung verstanden werden, im Realleben nicht zu schnell Partei für eine Seite zu ergreifen, häufig für Personen im Realleben, sondern alle Einflüsse für Ihre Entscheidungen einzubeziehen.

➜ Mittag
(S. 216),
Zwölf (S. 230),
Drei (S. 205),
rechts
(S. 221),
links (S. 215)

 –

◎ Ausgleich, Zentrierung

MUTTER

- **Subjektebene:** Bei Träumen von der Mutter kommen Sie in Kontakt mit der Beziehung, die Sie zu Ihrer realen Mutter hatten. Meist ist diese Beziehung sowohl durch das Leben spendende und ernährende Element als auch durch Ängste vor Bindung und Abhängigkeit geprägt. Mutterträume entstehen in Situatio-

➜ Frau
(S. 141),
Anima (S. 202),
Hexe (S. 48),
Erde (S. 207)

217

nen mit wenig Schutz und Geborgenheit, in denen wir Halt und Sicherheit in Beziehungen suchen und möglicherweise nicht finden. Archetypisch betrachtet (Seite 239), ermahnt und unterstützt uns das Traumbild Mutter zu mehr Realitätsnähe, vor allem in Bezug auf unsere emotionale Verfassung.

 –

 Schutz und Stütze, Helferin

- **Objektebene:** Mutterträume können darauf hinweisen, dass Sie auch in Ihren realen Beziehungen zu anderen Personen mütterliche Anteile suchen. Dies trifft vornehmlich dann zu, wenn Sie Ihre Beziehungen, vor allem Ihre Ehe oder Partnerschaft, ähnlich wie die Beziehung zu Ihrer Mutter gestalten. Meist geschieht das, wenn Erfahrungen mit der eigenen Mutter eher als frustrierend erlebt wurden. Sie sollten sich dieser Zusammenhänge bewusst werden und durch die Auseinandersetzung damit versuchen, mit Ihren eigenen positiven mütterlichen Anteilen in Kontakt zu kommen.

NEUN

- **Subjektebene:** Die Neun, als die dreifache Drei, symbolisiert den Abschluss des Alten und damit schlechthin die Möglichkeit einer Neuorientierung. Gleichzeitig liegt der Schwerpunkt der Symbolik bei der Zahl Neun auf der geistig-männlichen Ebene. Nicht umsonst leitet sich unser Wort »neu« aus der »Neun« her. Aber die Neun schöpft ihre Symbolik auch aus der Schwangerschaft der Frau, die neun Monate dauert und an deren Ende das neue Leben geboren wird.

➜ Drei (S. 205)

 –

 Ende des Alten, Neubeginn

- **Objektebene:** Die Neun tritt vor allem in neuen Lebensabschnitten und bei neuen Partnerschaften auf.

NULL

- **Subjektebene:** Die Null steht für das Nichts, für die Leere schlechthin, in der es keine Gegensätze gibt. Die »Null« als Bezeichnung für einen Menschen, der nichts erreicht, kann im Traum dieselbe symbolische Bedeutung annehmen und damit etwas Wertloses beschreiben.
- **Objektebene:** Im Zusammenhang mit einer anderen Zahl verstärkt die Null deren Bedeutung. So kann ein Traum mit der Zahl 1700 Sie auf eine Besonderheit in Ihrem 17. Lebensjahr hinweisen.

 Wüste
(S. 101)

▲ –

◎ Leere, Nichts, Wertloses

ORANGE

- **Subjektebene:** Weil Sonnenaufgang und -untergang den Himmel in orangefarbenes Licht tauchen, steht die Farbe Orange für den Übergang, der sich tagtäglich vollzieht und damit Bestandteil des Lebens ist. Dies spiegelt sich auch in der orangefarbenen Kleidung buddhistischer Mönche wider. Orange, die warme Mischfarbe aus Gelb und Rot, ist nicht zuletzt durch die gleichnamige Zitrusfrucht mit Wärme, Sonne und lustvollen Empfindungen verbunden. Gleichzeitig begegnet Orange den Menschen im Alltag als aktivierende Signalfarbe, vor allem im Straßenverkehr. Sie warnt damit vor möglichen Gefahren, kann je nach Traumzusammenhang aber auch als ein Zeichen verstanden werden, das die Träumenden auf die Bedeutsamkeit des entsprechenden Gegenstandes aufmerksam macht.
- **Objektebene:** Stehen in Ihrem Realleben möglicherweise Veränderungen an, oder sollten Sie vermehrt die Lust in das Zentrum Ihres Lebens stellen?

 Gelb
(S. 209),
Rot (S. 222),
Süden
(S. 93)

▲ –

◎ Übergang, lustvolles Leben, Signalfarbe

PERSONEN

- **Subjektebene:** Personen stehen, unabhängig davon, ob sie uns bekannt sind oder nicht, immer für Eigenschaften, Gefühle, Einstellungen und damit für Anteile von uns selbst. Dabei symbolisieren unsere Gefühle für die Person im Traum unsere Haltung diesem Anteil in uns gegenüber. Je heftiger wir sie ablehnen oder lieben, desto stärker lehnen wir diese Eigenschaft in uns ab oder finden sie anziehend und nähern uns ihr an. Fremde und/oder abgelehnte Personen vermitteln uns Zugang zu Aspekten unserer Persönlichkeit, bei denen es besonders wichtig ist, dass wir sie uns als Anteile von uns selbst bewusst machen und sie in unsere Person, vor allem in unser Selbstbild, integrieren. Für welchen Anteil die einzelnen Personen stehen, ist leicht durch Identifikation mit ihnen herauszufinden. Dabei stellen wir uns vor, wir wären diese Person. Wichtig ist, dass wir uns ganz auf dieses Bild einlassen und versuchen nachzuspüren, wie diese Person sich fühlt.
- **Objektebene:** Ein Traum von Personen, die Sie kennen, trifft meist auch eine Aussage über Ihre Beziehung zu ihnen.

→ Fremde (S. 46), berühmte Personen (S. 110), Partner/in (S. 157), Verwandlung (S. 99), Verwandte (S. 99)

 –

⊚ eigene Persönlichkeitsanteile

PRINZESSIN

- **Subjektebene:** Prinzessinnen- und Prinzenträume sind häufig Wunschträume und weisen damit auf unerfüllte Bedürfnisse nach Anerkennung und Aufmerksamkeit hin. Gleichzeitig steht dieses Traumbild für die Sensibilität und Ausdrucksfähigkeit der träumenden Person. (Immerhin verfügt die »Prinzessin auf der Erbse« über eine durchaus positive, ausgeprägte Empfindsamkeit.)
- **Objektebene:** In Beziehungen sollten Sie sich Ihrer Potenziale bewusster werden, vor allem, was Ausdrucksfähigkeit und Sensibilität angeht. Sie haben möglicherweise die Tendenz, andere Menschen zu idealisieren.

→ berühmte Personen (S. 110)

 –

⊚ Wunsch nach Anerkennung und Aufmerksamkeit, Empfindsamkeit

QUADRAT

- **Subjektebene:** Das Quadrat, eng mit der Zahl Vier verbunden, versinnbildlicht Ganzheit und seelische Ausgeglichenheit. Symbolisch steht es dem Kreis nahe. Während der Kreis das göttliche Selbst symbolisiert, steht das Quadrat für die materielle Existenz des Menschen. Die Quadratur des Kreises, die Verwandlung eines Quadrats in einen flächengleichen Kreis, versinnbildlicht das letztlich vergebliche Bemühen des Menschen, sein irdisches Sein in das der Gottheit übergehen zu lassen. Somit symbolisiert ein Quadrat zusammen mit einem Kreis einen scheinbar unlösbaren Konflikt in der Person des Träumenden.
  Seine vier regelmäßigen Seiten vermitteln Zentrierung, aber auch statisches Verharren und Gleichförmigkeit.

 Vier (S. 225), Kreis (S. 228), Würfel (S. 228)

🔺 –

◎ Ganzheit, seelische Ausgeglichenheit, Zentrierung

RECHTS

- **Subjektebene:** Rechts oder die rechte Seite spielt im Traum meist nur indirekt eine Rolle und ist häufig trotzdem wichtig für die Bedeutung des Gesamtsymbols. Rechts symbolisiert bei den meisten Menschen ihre auf ihren Gedanken und auf sachlicher Vernunft basierende Seite. Da sie gleichzeitig die strukturierte, handlungsorientierte Seite der Persönlichkeit darstellt, ist sie entweder als Aufforderung an die Träumer zu verstehen, ihre Vorstellungen in Handlung umzusetzen, vor allem, wenn die rechte Seite im Traum in irgendeiner Form beeinträchtigt ist. Oder dass sie zu sehr mit der rechten Seite identifiziert sind und damit vom Traum signalisiert bekommen, sich mehr Zeit zu nehmen und ihre momentane Entwicklung in Ruhe zu betrachten.
- **Objektebene:** Rechts im Traum kann Ihnen symbolisieren, dass Sie sich auf dem rechten, sprich richtigen Weg befinden.

 Animus (S. 203), Mann (S. 155), Vater (S. 224), Erde (S. 207), Luft (S. 215)

🔺 –

◎ Männlichkeit, Handlungsfähigkeit

ROT

- **Subjektebene:** Geballte Lebensenergie, die sich bis zur Leidenschaft steigern kann, begegnet den Träumenden im satten Rot eines Traumsymbols. Die Farbe Rot spricht vor allem Erotik, Liebe und Leidenschaft sowie aggressive Impulse an, die sich bis zur rasenden Wut steigern können. Aufbegehren und Rebellion, deren Grundlagen in Aggression und Leidenschaft zu finden sind, trugen immer wieder die Farbe Rot als Zeichen des Umsturzes in ihrem Banner. Je klarer und kräftiger das Rot, desto deutlicher das Gefühl. Pastelltöne weisen auf feine Nuancierungen und das Werden oder Vergehen dieser Gefühle hin.
- **Objektebene:** Wie im Realleben ist Rot auch im Traum häufig ein Gefahrensignal. Es weist Sie darauf hin, vorsichtig zu sein und besonders sensibel mit sich und der Situation, die sich im Traum darstellt, umzugehen.

 Feuer (S. 207), Sonne (S. 62), Rose (S. 160)

⚠ –

◉ Lebensenergie, Leidenschaft, Erotik, Aggression

SCHATTEN

- **Subjektebene:** Der Schatten symbolisiert Aspekte unserer Person, die wir nicht wahrnehmen können oder wollen, da sie nicht in unser geschöntes Selbstbild passen. So wie in der Realität der Schatten sich erst in Verbindung mit dem Licht zeigt, bedarf es des Bewusstseins, die eigenen Schattenseiten erkennen zu können. Werden wir mit diesen Anteilen durch den Traum konfrontiert, geschieht etwas Wichtiges. Der Traum ermuntert uns, die Schattenseiten anzusehen und in unsere Person zu integrieren. Dabei dreht es sich keineswegs nur um so genannte »negative« Eigenschaften, die wir nicht mit uns in Verbindung bringen möchten, sondern auch um Potenziale, die wir an uns neu entdecken.
- **Objektebene:** Man steht entweder im Schatten oder wird von jemanden in den Schatten gestellt. Das verweist auf einen Minderwertig-

 Teufel (S. 65), Dunkelheit (S. 44)

⚠ –

◉ Unbewusstes, Schutz

keitskomplex. Man möchte mehr darstellen und angesehener sein. Der Schatten ist das, was einem folgt, aber auch das, was man schlecht sieht, er kann jedoch auch Schutz bieten.

SECHS

- **Subjektebene:** Die Zahl sechs steht für Harmonie und Ausgeglichenheit, vor allem in inneren und äußeren Konflikten. Wegen der Ähnlichkeit der Aussprache thematisiert die Sechs im Traum nicht selten den Sex. Beschäftigt sich der Traum in engerem oder weiterem Sinne mit dem Thema Lernen, macht Sie die Sechs darauf aufmerksam, dass Sie noch etwas Grundlegendes lernen müssen, wird man doch in der Regel mit sechs Jahren eingeschult.

 Drei
(S. 205)

△ –

◎ Harmonie, Ausgeglichenheit

- **Objektebene:** Träumen Sie im Zusammenhang mit einer Beziehung von der Zahl Sechs, ist dies als ein Hinweis auf Harmonie und Ausgeglichenheit zu sehen. Mit der Sechs kann der Traum direkten Bezug auf den »großen Wurf« (die höchste Zahl beim Würfeln) nehmen.

SIEBEN

- **Subjektebene:** Schon in der Bibel, als Joseph dem Pharao sieben magere und sieben fette Jahre prophezeite, stand die Zahl für Veränderungen und Wechsel, die meist abrupt verlaufen. Außerdem symbolisiert sie Vollständigkeit und Fülle. Diese Symbolik hat nicht zuletzt mit der Zusammensetzung der Sieben aus den Zahlen Drei und Vier zu tun. Dabei steht die Drei für das Geistige und die Vier für das Erdverbundene, die sich in der Sieben vereinigen. C.G. Jung (Seite 241) betont zu Recht, dass die Sieben immer den Zeitaspekt mit beinhaltet, resultierend aus den 7 Tagen der Woche.

 Drei
(S. 205),
Vier (S. 225)

△ –

◎ Veränderung

- **Objektebene:** Träumen Sie von der Zahl Sieben im Zusammenhang mit Beziehungen, deutet dies möglicherweise eine grundlegende Veränderung an. Gleichzeitig kann die Sieben die Vollständigkeit symbolisieren.

SPIRALE

- **Subjektebene:** Die Spirale thematisiert unsere Entwicklung. Häufig tritt sie in Gestalt der Wendeltreppe auf. Sie symbolisiert den Lebensweg, auf dem wir werden, was wir wirklich sind. Wer die Treppe hinaufsteigt, wird sich seiner Lebensthemen bewusster, wer hinuntergeht, beginnt, sich verstärkt mit den Aspekten seiner Persönlichkeit auseinander zu setzen, die ihm noch unbewusst sind.

 –

 Wendeltreppe

 Entwicklung

- **Objektebene:** Das Spiralen-Bild zeigt Ihnen, dass Sie sich dem Thema spiralförmig nähern und es von allen Seiten betrachten.

VATER

- **Subjektebene:** Vaterträume konfrontieren uns mit unserer Herkunft und den bewusst und unbewusst übernommenen Normen und Geboten, die wir durch unsere Eltern vermittelt bekamen. Dabei werden häufig die Themen Autorität, Ordnung und Durchsetzungsvermögen angesprochen. Das Traumbild deutet darauf hin, dass Sie mit den übernommenen Vorstellungen und Lebenseinstellungen möglicherweise zu sehr verhaftet sind. Es möchte Sie anregen, einen neuen und Ihnen eher entsprechenden Weg zu suchen. Archetypisch (Seite 239) betrachtet, bestärkt der Traum vom Vater den Träumenden, mehr Ordnung und Struktur in sein Leben zu bringen.

 Animus (S. 203), Vorgesetzter (S. 133)

 Chef

 Autorität, Durchsetzungsvermögen, Ordnung

- **Objektebene:** Häufig treten Träume vom Vater bei realen Autoritätsproblemen auf. Der Vater kann deshalb für alle Personen stehen, mit denen Sie Probleme verbinden, die denen ähneln, die Sie mit Ihrem Vater hatten. Sie

sollten in diesem Fall den Traum zum Anlass
nehmen, auf der Realebene diese Probleme
anzugehen. Dabei ist es wichtig, sich bewusst
zu machen, dass Sie selbst möglicherweise
ungelebte Vateranteile in sich haben, die bisher durch die Autoritätsproblematik überlagert wurden. Wichtig dabei ist, dass Sie sich
den Konflikt bewusst machen und Ihre eigene
Person stärken.

VIER

● **Subjektebene:** Die Vier steht für das Ganzwer-
den. Träume von der Vier bedeuten Stabilität
und Ausgeglichenheit im Leben. Sie vermittelt
positive Ordnung im Chaos des Alltags, so wie
die vier Himmelsrichtungen, die die Richtung
unserer Schritte lenken. Sie gibt die Form von
Sicherheit, die notwendig ist, damit der
Mensch auf seinem Entwicklungsweg der Individuation, dem Eins-Werden mit sich, voranschreiten kann. Das Traumbild erscheint hin
und wieder im Zusammenhang mit dem Kreis,
etwa in Leonardo da Vincis Zeichnung »Die Dimensionen des Menschen«, und unterstreicht
damit die Persönlichkeitsentwicklung zur
Ganzheit.

→ Quadrat
(S. 221),
Würfel
(S. 228),
Kreis (S. 213)

 –

◎ Ganzheit,
Ordnung

WASSER

● **Subjektebene:** Die symbolische Bedeutung
des Wassers ist sehr vielfältig und hängt im
Einzelnen von der Gesamtsituation des
Traums ab. Da das menschliche Dasein im
(Frucht-)Wasser beginnt, steht das Wasser in
engem Kontakt mit dem Urgrund der Seele
und deshalb mit grundlegenden Gefühlen und
Stimmungen. Es ist häufig eng verbunden mit
mütterlich-weiblichen Aspekten der Persönlichkeit. Wasser kann auch ganz allgemein für
psychische Energien stehen, besonders solche aus dem Unbewussten, wenn die Tiefe
des Wassers von Bedeutung ist. Auch der rei-

→ Regen
(S. 90),
Schnee
(S. 193),
Eis (S. 174),
Meer (S. 87),
Blau (S. 204),
Grün (S. 211)

 –

nigende Aspekt muss erwähnt werden, erlebt man es doch als Erlösung und damit als innere Reinigung, wenn man Gefühle (endlich) zulassen kann. Weiter ist die Beschaffenheit des Wassers von Bedeutung: Klares, sauberes Wasser deutet auf klare, eindeutige und damit meist positiv erlebte Gefühle, getrübtes Wasser hingegen auf Probleme im emotionalen Bereich.

◎ Urgrund der Seele, Gefühle

● **Objektebene:** Träume vom Wasser treten vor allem dann häufiger auf, wenn Sie eine gefühlsintensive Phase durchleben oder Gefühle verdrängen. Werden Gefühle positiv erlebt, bestärkt Sie das Traumbild in Ihrem Ausdruck dieser Gefühle. Bei bedrohlichen Gefühlen fordert der Traum Sie auf, die Situation nüchterner zu betrachten. Vor allem Träume von gestautem Wasser sind als Hinweis zu verstehen, dass Sie Gefühle in Ihrem Leben zu wenig beachten und zulassen.

WEISER

● **Subjektebene:** Der oder die Weise im Traum wurden von Jung (Seite 241) als Archetypen beschrieben. In bedeutenden (wichtigen) und schwierigen Lebensphasen der Träumenden erscheint der Weise oder die Weise als Lebensführer in unterschiedlichen Gestalten. Häufig zeigt er oder sie sich in unscheinbarer Art und Weise, sowohl was das Äußere als auch den Inhalt der Worte angeht. Deren Wert wird meist erst nach dem Aufwachen erkannt. Von Bedeutung ist häufig das Traumumfeld der Begegnung, das verdeutlicht, dass die Person für die Träumer wichtig sein könnte, zum Beispiel die Wüste, das Meer, der Wald. Offensichtlicher ist der Weise im Bild des Guru wieder zu erkennen. Dieses kann jedoch, vor allem, wenn die Person in irgendeiner Form erhöht wahrgenommen wird, den Wunsch nach einer Führerfigur symbolisieren. Das

➔ Wüste (S. 101), Meer (S. 87), Wald (S. 68)

🔺 Guru

◎ Seelenführer, falsches Selbstbild

heißt: Dieses Traumbild versinnbildlicht eine »falsche« Leitfigur, die von dem Wunsch geprägt ist, sich nach den Vorstellungen zu entwickeln, wie man glaubt sein zu müssen.

- **Objektebene:** Dieses Traumbild kann Sie darauf aufmerksam machen, die Ihnen zuerst einmal unscheinbar erscheinenden Menschen Ihres Umfelds wichtiger zu nehmen.

WEISS

- **Subjektebene:** Die Farbe Weiß, eigentlich keine Farbe, sondern eher ein Kontrast zum Dunklen, ist im westlichen Kulturkreis meist mit freudigen und positiven Ereignissen verbunden. Sie steht symbolisch für grundlegende Wandlung und Veränderung. Ein solcher Übergang beinhaltet gleichzeitig den Tod des Alten und Überlebten. Die Farbe Weiß fordert deshalb auf, überholte Einstellungen und Eigenschaften loszulassen. Außerdem versinnbildlicht sie das Nichts, so, wie etwa ein unbeschriebenes Blatt weiß ist. Weiß kann in diesem Zusammenhang immer als Aufforderung verstanden werden, diese Leere auszufüllen. Weiß steht für das Helle, das Bewusstsein, das Dunkles und Schwarzes durchdringt. Helles, strahlend weißes Licht steht in allen Religionen für göttliches Bewusstsein, Erleuchtung und göttliche Existenz. Weiße Tiere sind häufig Sinnbild von Reinheit und Makellosigkeit und wirken als göttliche Boten, zum Beispiel das weiße Einhorn, der weiße Schimmel, der weiße Delphin oder die weiße Friedenstaube.
- **Objektebene:** Weiß verweist meist auf eine notwendige Veränderung in Ihrem Realleben.

➜ Hochzeit (S. 148), Tod (S. 94), Kleidung (S. 183), Schnee (S. 193), Tiere (S. 65), Schwarz (S. 91)

⚠ Silber (Farbe)

◎ Wandlung, Neuanfang, göttliches Bewusstsein, Reinheit, Kälte

WÜRFEL

- **Subjektebene:** Der Würfel, bestehend aus sechs Quadraten, steht für Ganzheit. Er ist ein Sinnbild des Dauerhaften, aber auch des Statischen und in negativem Sinn Erstarrten. Im Glücksspiel steht er für das Glück im Leben, das als zufällig erfahren wird. Das Bild fordert die Träumenden auf, ihr Leben selbst in die Hand zu nehmen. Abgeleitet aus der Redewendung »die Würfel sind gefallen«, kann das Traumbild uns darauf hinweisen, dass wir bewusst oder unbewusst eine Entscheidung getroffen haben.

- **Objektebene:** Das Leben erscheint Ihnen wie ein Glücksspiel. Sollten Sie mehr Verantwortung für Ihr Leben übernehmen? Oder sollten Sie lernen, das Leben leichter zu nehmen und nicht der fixen Idee verfallen, Sie könnten alles vorplanen?

➡️ Acht (S. 202), Sechs (S. 223), Quadrat (S. 221), Kugel (S. 214)

⚏ Würfelspiele

◎ Ganzheit, das Dauerhafte, das Erstarrte, Aufforderung zu Engagement

ZAHLEN

- **Subjektebene:** Bei den Zahlen, vor allem bei mehrstelligen, stehen immer zuerst die eigenen Assoziationen im Vordergrund der Bedeutung. So können Zahlen für bestimmte Tage, Geburtstage, Lebensabschnitte, Familienmitglieder stehen und die Erinnerungen daran. Darüber hinaus gelten vor allem bei den Zahlen von Eins bis Zehn auch allgemein gültige Grundbedeutungen. Sie sollten jedoch im gesamten Traumzusammenhang gesehen werden.

- **Objektebene:** Bestimmte Zahlen tauchen im Traum dann vermehrt auf, wenn wir zum Beispiel Zahlungen in derselben Höhe leisten müssen oder erwarten.

 –

 –

◎ persönliche oder allgemein gültige symbolisch-mythologische Bedeutung

ZEHN

- **Subjektebene:** Mit der Zehn beginnt wieder alles von vorn, nur auf einer anderen, neuen Ebene. Mit ihr ist etwas abgeschlossen und daraus folgt, dass etwas Neues beginnen kann. Dieses Neue ist bedingt durch das abgeschlossene Alte. Die Zehn als Ganzheitssymbol taucht in vielen mythologischen und religiösen Schriften auf, zum Beispiel in den Zehn Geboten.

- **Objektebene:** Je nach Kontext kann die Zehn ein Hinweis darauf sein, dass, was wir mit dem zehnfach erscheinenden Gegenstand assoziieren, in seiner bisherigen Form abgeschlossen oder ausgeschöpft ist und nun anders gehandhabt werden sollte. Auch Verlustängste sind angesprochen: Wem möchte es schon so gehen wie den »zehn kleinen Negerlein« im Kinderlied? Und wer fürchtet sich nicht vor »Dezimierungen« (Feigheit oder Meuterei bestrafte man im römischen Heer damit, dass jeder Zehnte – decimus – der Truppe hingerichtet wurde). Der »Zehnte«, der abgegeben werden muss, ist der Tribut an weltliche oder göttliche Instanzen, der – je nach Zusammenhang – zu akzeptieren oder zu hinterfragen ist.

 Finger (S. 116), Null (S. 219)

⏃ –

⊚ Wiederbeginn, alles beginnt von vorn

ZWEI

- **Subjektebene:** Die Zwei steht symbolisch meist für die Teilung, vor allem in der Person des Träumenden selbst und damit für grundlegende Konflikte. »Zwei Seelen wohnen, ach, in meiner Brust« klagte schon Goethes Faust. Die Zahl Zwei kann als eine Verdoppelung auftreten und dadurch den Gegenstand oder die Person in ihrer symbolischen Bedeutung besonders hervorheben. Sie kann Sie darauf aufmerksam machen, dass Sie an extrem unterschiedlichen Positionen festhalten und deshalb keine Entwicklung möglich ist. Sie

 –

⏃ –

 Gegensatz, Widerspruch, Zweifel

fordert Sie auf, diese häufig diametral entgegengesetzten Positionen aufzugeben und einander anzunähern.

- **Objektebene:** Die Zwei deutet immer auf Konflikte in der Realität hin, die Sie sich bewusster machen sollten.

Zwölf

- **Subjektebene:** Die Zahl Zwölf ist meist mit Ende und Neubeginn verbunden. Der Tag wird in zweimal zwölf Stunden unterteilt, und das Ende des Tages drückt symbolisch auch den Abschluss einer Lebensphase aus. Im Traum ist es nicht selten kurz vor zwölf, was die Träumenden ermahnt, etwas zu Ende zu bringen, weil es sonst zu spät sein könnte und ein Neuanfang nicht mehr möglich wäre.
- **Objektebene:** Die Zwölf kann Sie darauf hinweisen, dass im Realleben etwas zu Ende geht beziehungsweise Sie etwas zu Ende bringen sollten.

 Tod (S. 94), Uhr (S. 97), Drei (S. 205), Vier (S. 225), Mittag (S. 216)

⚠ –

◎ Ende und Neuanfang

DER VORAUSWEISENDE TRAUM

Vorab: Ob es sich bei einem Traum um einen vorausweisenden oder einen »normalen« Traum handelt, kann man erst im Nachhinein sagen. Erst dann, wenn das geträumte Ereignis Wirklichkeit geworden ist, wissen Sie, ob Ihr Traum ein vorausweisender war. Letztlich kann jeder Traum vorausweisend sein.

Wissenschaftliche Erklärungen

Vorausweisende Träume, zu denen unter anderem die Warnträume gehören, sind äußerst selten. Da sie jedoch spektakulär wirken, wird viel über sie gesprochen und spekuliert. Das verleitet die Träumer dazu, einige ihrer Träume als vorausweisend zu empfinden, obwohl das vorausgeträumte Ereignis gar nicht oder in völlig anderer Weise eintritt. Ob ein Traum vorausweisende Qualitäten besitzt, kann man mit Sicherheit erst dann sagen, wenn das betreffende Ereignis wirklich eingetreten ist – und dazu noch in der Weise, in der es vorausgeträumt wurde. Vorausweisende, »präkognitive« Träume – wie sie mit einem Fachbegriff genannt werden – scheinen zunächst einmal nicht die Sprache der Symbolik zu sprechen. Wenn einer von einem Autounfall träumt, und in den nächsten Tagen danach wird er in einen Verkehrsunfall verwickelt, dann scheint in diesem Fall der Traum das direkt anzusprechen, was auch gemeint ist.

Solche vorausweisenden Träume werden von bestimmten Menschen öfter geträumt. Die Wissenschaft spricht in diesem Fall von »begegnungsanfälligen Menschen«, die derart sensibel sind, dass ihnen in bestimmten Situationen ein Blick in die Zukunft gestattet wird. Das ist aber nur eine mögliche Sicht der Situation. Einfacher ist »der Blick in die Zukunft« zu verstehen, wenn wir unser Gehirn mit einem superschnellen Computer vergleichen, der zu allen unseren Erfahrungen Zugriff hat (auch oder gerade den unbewussten). Mit einer relativ hohen Trefferquote kann er hochrechnen, was uns in der nächsten Zeit begegnen wird, und uns darauf vorbereiten.

Das geschieht zum Beispiel bei Schwangerschaften: Frauen, die ohne ihr Wissen schwanger wurden, träumen häufig von Babys oder von kaulquappenartigen Tieren, die fröhlich im Wasser schwimmen, wie amerikanische Traumforscher kürzlich herausfanden. In diesem Fall könnte freilich die hormonelle Umstellung für den Traum verantwortlich gemacht werden.

Im Fall eines Autounfalls können wir jedoch nicht von solchen inneren Reizen ausgehen. Oder vielleicht doch? Verkehrsunfälle geschehen häufig dann, wenn die Betroffenen nervös, aggressiv oder übermüdet sind. In solch einer Lebensphase, die vom Stress geprägt ist, haben wir natürlich unbewusst Angst, dass wir in einen Unfall verwickelt werden können. Wenn wir auf diese Angst hören und uns bemühen, besonders aufmerksam zu sein, wird der Unfall wahrscheinlich nicht geschehen.

Der Traum als Helfer und Berater

Der Traum als unser Helfer und Berater möchte uns also vor dem Unfall bewahren. Es ist keineswegs schicksalhaft, dass wir ein Unfallopfer werden. Häufig liegt das daran, dass wir unaufmerksam waren. Das könnte Ihnen auch jeder Versicherungsstatistiker sagen; mit Schicksal, wie es sich unentrinnbar in der griechischen Tragödie erfüllt, hat das wenig zu tun.

Nähern wir uns jetzt dem Geheimnis des vorausdeutenden Traums von einer anderen Seite her an: Man kann behaupten, das Leben unterstreicht die Aussage eines vorgeblich vorausdeutenden Traums. Weil wir es geträumt haben, geschieht es. Da wirkt die berüchtigte sich selbst bestätigende Voraussicht (*self fullfilling prophecy*). Unbewusst haben wir Angst vor einem Desaster. Diese Angst zieht genau das an, dem wir entgehen wollen. Wie so oft im Leben ziehen wir gerade das an, wovor wir die größte Angst haben.

Dem können Sie jedoch entgehen. Träumen Sie zum Beispiel von einem Autounfall, sollten Sie zunächst diesen Traum als einen Hinweis für Ihre Angst vor einem solchen Unfall sehen. Sie befürchten, dass Sie sich in einer Situation befinden, in der Sie leicht zu Schaden kommen können. Der Traum fordert Sie also auf, sich mit diesen Ihren Ängsten auseinander zu setzen. Wenn Sie diese Ängste auflösen, dann wird auch die Wahrscheinlichkeit eines Unfalls sinken. Dennoch würden wir Ihnen empfehlen, nach solch einem Traum vom Unfall besonders aufmerksam zu fahren. Tritt nun der Unfall wirklich ein, dann betrachten Sie das keineswegs als schicksalhaft oder vorbestimmt. Das hilft Ihnen wenig. Es verbittert Sie eher. Konstruktiver wirkt die Frage »Warum passiert mir das?« Wenn sich also ein Traum in der Alltagsrealität erfüllt, dann wird die Symbolik des Geschehens besonders hervorgehoben. Darin liegt ein starker Aufforderungscharakter, sich mit seinem Unbewussten auseinander zu setzen.

Nehmen Sie die Symbolik Ihres Traums und des Alltagsgeschehens und versuchen Sie, diese zu verstehen. Das hat den Vorteil, dass Sie sich davor schützen, abermals in einen Unfall verwickelt zu werden.

Würden Sie den Traum einfach als vorausweisenden Traum akzeptieren und den Unfall als vorbestimmt betrachten, könnte sich nichts in Ihrer psychischen Struktur ändern. Ihre Unfallgefährdung bliebe bestehen.

Todesträume

Noch verwirrender sind die Träume vom Tod. Über den Traum vom eigenen Tod, der relativ selten ist, haben wir bereits zu Beginn des Abschnitts »Tipps und Tricks der Traumdeutung« (Seite 18) geschrieben. Dieser Traum zeigt stets eine notwendige Veränderung an, die Sie möglichst sogleich in Angriff nehmen sollten. Träumen Sie jedoch vom Tod einer anderen Person, was viel häufiger geschieht, weist das weniger darauf hin, dass die andere Person gefährdet ist, sondern eher darauf, dass Sie ihr gegenüber unbewusst Aggressionen zeigen.

Freud (Seite 240) wies als Erster darauf hin, dass ein Traum vom Tod eines anderen Menschen oft verbunden ist mit Aggressionen gegenüber dieser Person, die sich der Träumer oder die Träumerin aber nicht eingestehen. Sie sind nämlich der Ansicht, dass sie diese Person lieben oder zumindest sympathisch finden müssen, und deswegen darf nichts Aggressives diese positive Einstellung gefährden.

Wenn Sie beispielsweise davon träumen, dass Ihr Sohn bei einem Flugzeugabsturz stirbt oder in einer dunklen Großstadtstraße erstochen wird, dann machen Sie nicht Ihren Sohn verrückt, indem Sie ihn vom Fliegen oder dem nächtlichen Ausgehen abhalten, sondern betrachten Sie Ihr emotionales Verhältnis zu Ihrem Sohn. Können Sie dort Aggressionen entdecken?

Lernaufgaben im Traum

Sie sehen, jeder vorausweisende Traum oder Warntraum ist auch ein ganz »normaler« Traum, der eine symbolische Ebene besitzt. Das Verständnis der Symbolik ist stets der Schlüssel zu Ihren inneren unbewussten Kräften, die – unverstanden – sich leicht gegen Sie richten können. Sie richten sich im Grund gar nicht gegen Sie persönlich, sondern gegen Ihre Denkweise und gegen Ihre konventionellen Gefühle. Sie möchten Sie auffordern, Ihr

Leben nicht mehr destruktiv und unbewusst zu leben. Wird Ihnen das durch den Traum nicht klar, dann kann der Alltag darauf mit einem Unfall reagieren, wobei auch die Alltagsrealität als symbolischer Hinweis auf die destruktiven Kräfte Ihres Inneren zu betrachten ist.

Hinter vorausweisenden Träumen und Unfällen wirkt häufig eine Selbstbestrafungstendenz, die durch Erkennen und Verstehen aufgelöst werden kann.

Unterschiedliche Traumebenen

Jeder Traum besitzt viele Ebenen, die alle zugleich zutreffen. Die wichtigste dieser Ebenen ist stets die symbolische Ebene des Traums. Selbst wenn ein Traum ein Ereignis vorhersagt, das auch so eintritt, dann ist er dennoch auch als symbolischer Traum zu betrachten. Nur diese Betrachtung ist für die Träumerin und den Träumer produktiv.

Bei allen anderen Sichtweisen sehen Sie sich letztlich als Opfer eines von Ihnen unabhängigen Schicksals. Das ist psychologisch betrachtet ein Rückfall auf die magische Stufe des Denkens, die für Kinder, nicht aber für Erwachsene charakteristisch ist. Erwachsene sind verantwortlich für ihr Denken, Fühlen und Handeln, und genau auf diese Selbstverantwortlichkeit möchten diese speziellen Träume Sie aufmerksam machen. Verstehen oder akzeptieren Sie das nicht, tritt das Gleiche auf wie beim unverstandenen Albtraum (Seite 27): Sie werden sich immer wieder in solchen Situationen wiederfinden, bis Sie Ihre Lektion gelernt haben. Fragen Sie sich also stets bei solchen vorausweisenden Träumen wie bei allen anderen Träumen: »Was habe ich aus diesem Geschehen zu lernen?« Und das ist nicht genug. Sie sollten sich zusätzlich fragen, was Sie konkret ändern müssen, um solchen Situationen fürderhin zu entgehen.

Chagalls Warntraum – und die Folgen

Ein anschauliches Beispiel für einen produktiven Umgang mit einem vorausweisenden Traum bietet uns die Lebensgeschichte des russisch-französischen Malers Marc Chagall (1887 bis 1985). Als Jude lebte er von 1906 an illegal in Sankt Petersburg, um an der dortigen Akademie malen zu können. Er war stets von der Angst besessen, entdeckt zu werden, da es Juden in Russland streng verboten war, ohne offizielle Genehmigung ihren Wohnort zu verlegen.

Eines Nachts träumte er, dass er von einem blauen Engel vor der Polizei gewarnt wurde. Als der Engel wieder in seinen Träumen auftrat, verließ er sogleich sein Versteck. Dadurch wurde er nicht entdeckt, als die Polizei am anderen Tag sein Versteck durchsuchte und ihn verhaften wollte. Er hätte das natürlich alles auf sich beruhen lassen und sich ein neues Versteck suchen können. Gerade das tat jedoch Chagall nicht. Er begann, sich künstlerisch mit diesem Schutzengel auseinander zu setzen, und verewigte ihn eigenartig schwebend in vielen seiner Bilder. Durch diese künstlerische Auseinandersetzung mit seinem vorausweisenden Traum wurde ihm deutlich, dass er seinen Aufenthalt in Sankt Petersburg und den Besuch der Akademie dort legalisieren müsse, weil dieses Versteckspiel ihm seine kreativen Kräfte raubte. Hinzu kam, dass er in dieser Situation zunehmend paranoider reagierte, was seine psychische Gesundheit stark angriff.

Als er begann, den blauen Engel zu malen, lösten sich seine Ängste in Dankbarkeit auf. Er legalisierte seinen Aufenthalt und eröffnete sich damit den Weg zu einer erfolgreichen Malerkarriere. Er wurde zum gefeierten jüdischen Maler, der zeitlebens in seinen Bildern eine traumhafte Atmosphäre schuf.

Charakteristisch ist an diesem Beispiel, dass sich ein Kreativitätsschub einstellt, wenn man sich mit solchen vorausweisenden oder sich erfüllenden Träumen auseinander setzt. Sie sind stets ein Hinweis auf blockierende Ängste. Werden diese Ängste aufgelöst, kann unsere Kreativität frei fließen.

Noch etwas wird an diesem Beispiel deutlich: Vorausweisende Träume geben einem die Chance, ein Unglück zu vermeiden. Weiterhin zeigt das Beispiel des Malers Marc Chagall, dass wir solche vorausweisenden Träume nicht unbedingt sprachlich erfassen und analysieren müssen. Man kann sich auch anders mit ihnen auseinander setzen – in diesem Fall mit künstlerischen Mitteln. Einen solchen Traum in seiner Tiefe zu verstehen, gelingt durch die Beschäftigung mit ihm. Wenn man also ein Symbol künstlerisch oder anderweitig gestaltet, dann ist damit auch ein gründliches Verstehen verbunden. Der größte Fehler wäre, sich nicht mit der Symbolik eines vorausweisenden Traums zu beschäftigen. Das ist der direkte Weg in die Wiederholung, die uns unglücklich macht und uns ständig den gleichen gefährlichen Situationen aussetzt.

Der Umgang mit vorausweisenden Träumen

Vorausweisende Träume sind auf jeden Fall auch symbolisch zu betrachten, um sich als Träumerin oder Träumer so zu entwickeln, dass man nicht mehr in schwierigen oder gefährlichen Situationen endet. Jede(r) ist selbst verantwortlich dafür, was ihr oder ihm im Leben geschieht.

Folgende Fragen helfen weiter:

➤ Was sind meine Ängste?

➤ Worauf reagiere ich aggressiv?

➤ Was will mir dieser Traum vermitteln?

Tritt das im Traum angesprochene Ereignis wirklich im Alltagsleben ein, dann helfen folgende Fragen weiter:

➤ Was ist die Symbolik dieses Ereignisses?

➤ Was will mir dieses Ereignis sagen?

➤ Welche inneren Einstellungen und verdrängten Gefühle drücken sich durch dieses Ereignis aus?

Am Schluss solch einer Betrachtung empfehlen wir Ihnen, sich in zwei bis drei Sätzen aufzuschreiben, was Sie in Ihrem Leben ändern sollten, um Unfälle, Aggressionen und ähnliche »Schicksalsschläge« zu umgehen.

ZUM NACHSCHLAGEN

KURZE GESCHICHTE DER TRAUMDEUTUNG

Das Deuten von Träumen hat eine lange Geschichte. In einem der indischen Veden, der aus der Zeit zwischen dem fünfzehnten und dem zehnten Jahrhundert v. Chr. stammt, gibt es eine Abhandlung über Träume, die lange Listen von günstigen und ungünstigen Träumen enthält.

Träume waren ein wichtiger Bestandteil des Lebens im alten Ägypten und Babylon, und in der Bibel werden Träume oft erwähnt. Die berühmteste Figur ist Josef, der in seinen Träumen sein Verhältnis zu seinen Brüdern voraussieht und den Traum des Pharao von den sieben fetten und den sieben mageren Kühen mit Erfolg deutet. Dadurch trug er dazu bei, dass Ägypten vor einer verheerenden Dürrezeit gerettet wurde.

Das Neue Testament enthält auf den ersten zwei Seiten fünf Traumwarnungen. Wenn nur eine nicht vernommen worden wäre und man nicht nach ihr gehandelt hätte, so hätte das den ganzen Verlauf der Religionsgeschichte in den nachfolgenden zweitausend Jahren von Grund auf ändern können.

Wie bei Griechen und Römern galt auch im Mittelalter der Traum als Mittel zur Voraussage der Zukunft.

Erst mit der Verbreitung der Psychoanalyse wurde der Traum als Hilfsmittel zur Therapie und Bewusstseinserweiterung genutzt. Das für die gesamte moderne Traumdeutung einflussreichste Buch ist Sigmund Freuds »Die Traumdeutung« (Seite 240).

SIGMUND FREUD GING VON ZWEI GRUNDLEGENDEN THESEN AUS

1 Der Traum ist der Hüter des Schlafes, das heißt, dass emotionale Spannungen im nächtlichen Traum so verarbeitet werden, dass der Träumer nicht von ihnen aufwacht,

2 der Traum verarbeitet Wünsche, die man sich selbst nicht eingesteht.

Das Verdienst Freuds liegt darin, uns die Augen für unsere Sexualität geöffnet und zugleich eine Sprache geschaffen zu haben, in der wir angemessen über Sexuelles reden können.

Wenn wir heute Freuds Arbeit betrachten, sollten wir nicht vergessen, dass Freuds Stärke in der praktischen Arbeit an den Träumen seiner Patienten und seinen eigenen Träumen lag, und dass er nie dogmatisch seiner Theorie folgend die Träume deutete.
Neben Freud gilt Jung als Wegbereiter der modernen Traumbetrachtung (Seite 241). Wie Freud liegt auch Jungs Stärke in der Praxis seiner Traumarbeit, die geprägt ist von Intuition und Spontaneität.
Jung führte die Begriffe des Archetyps (Seite 239) und damit das Überpersönliche in die Traumdeutung ein. Der Schwerpunkt der Jungschen Psychologie liegt in einer ausführlichen Symbolbetrachtung. Die sexuelle Bedeutung der Symbole tritt hinter ihrem geschichtlichen Aspekt in den Hintergrund.
Heutzutage ist die Traumdeutung nicht mehr wie in der Zeit von Freud und Jung Psychotherapeuten und Ärzten vorbehalten, sondern wird zunehmend von Laien genutzt, um ihren Alltag erfolgreicher bewältigen zu können.

Computer – Hilfe für die Deutung Ihrer Träume

Einen »Qualitätssprung« erreichte die Traumdeutung durch den Einsatz des Computers:
Jetzt kann jeder Interessierte seine Träume bequem archivieren, sie vergleichen und schnell in ihnen bestimmte Symbole oder Themen finden.
Das erhöht die Möglichkeiten der persönlichen Traumdeutung enorm.
Probieren Sie es aus.

Fachbegriffe der Traumdeutung

Aggression

Antrieb des Menschen, der darauf abzielt, entweder sich durchzusetzen oder andere zu schädigen.

Albtraum → Pavor nocturnus

Albträume sind beängstigende Träume, die den Träumer wecken. Sie sind bei Kindern normal. Bei Erwachsenen weisen sie auf innere Spannungen, die zu behandeln sind.

Anima → Animus

Jung (Seite 241) bezeichnet als Anima die weibliche Seite im Mann. In der modernen Tiefenpsychologie versteht man unter der Anima die weibliche Seite in Mann und Frau. Jede weibliche Figur im Traum kann als Verkörperung der Anima des Träumers angesehen werden.

Animus → Anima

Jung (Seite 241) bezeichnet als Animus die männliche Seite der Frau. In der modernen Tiefenpsychologie versteht man unter dem Animus die männliche Seite in Mann und Frau. Jede männliche Figur im Traum kann als eine Verkörperung des Animus des Träumers angesehen werden.

Archetyp und archetypisches Bild

Die Ursymbole, auf die sich alle Symbole zurückführen lassen, werden Archetyp genannt. C.G. Jung (Seite 241) bezeichnet als Archetyp eine kultur- und zeitunabhängige, ererbte Wahrnehmungseinstellung. Heutzutage wird als Archetyp auch das archetypische Bild verstanden. Man spricht von den Archetypen König/Königin, Narr/Hexe, Teufel/Götter und Tod, um nur einige zu nennen.

Assoziation

Die Assoziation ist die wertungsfreie Produktion spontaner Einfälle, die angezogen werden von dem psychischen Bereich, in dem Probleme auftreten. Sie stehen unter der Leitvorstellung, Probleme aufzulösen. In der Traumarbeit nimmt man ein Traumsymbol als Ausgang für die Assoziation, wobei die Einfälle einen auf den Kern des Problems bringen, das der Traum bearbeitet.

BEWUSSTSEIN

Unter Bewusstsein versteht man Ich-Kontrolle. Das Bewusstsein stellt den Inhalt des Ichs dar. Was diesem nicht zur Verfügung steht, bezeichnet man als unbewusst. Die Traumarbeit stärkt unser Bewusstsein, da sie Unbewusstes bewusst macht.

ERDUNG

Unter Erdung versteht man die Fähigkeit, sich mit den »normalen« Alltäglichkeiten auseinander zu setzen. Gut geerdet ist der, dem es keine Probleme bereitet, seine Rechnungen zu bezahlen, einkaufen zu gehen und seinen Lebensunterhalt zu verdienen.

FREUD, SIGMUND

geboren am 6.5.1856 in Freiberg und gestorben am 23.9.1939 in London, gilt nicht nur als Begründer der Psychoanalyse, sondern auch als Vater der modernen Traumdeutung (Seite 237). Freud hatte und hat mit seiner Lehre weltweiten Einfluss auf die Entwicklung der psychotherapeutischen Behandlung und der psychosomatischen Auffassungen von Krankheitserscheinungen. Im Mittelpunkt seiner Entwicklungen im psychotherapeutischen Bereich stand die Behandlung der Patienten mit der Technik der »freien Assoziation«, dabei äußert der Patient spontan und ohne Auswahl, was ihm zu einem gegebenen Thema, zum Beispiel einer speziellen Erfahrung, einfällt. Weiterhin war die Analyse von Fehlhandlungen und Träumen, durch die unbewusste Wünsche, Gedanken und Konflikte in verschlüsselter Form zutage treten, zentraler Punkt seiner Behandlungsmethode. Dabei entwickelte Freud mit der analytischen Methode neue Theorien bezüglich der Triebdynamik und über die Entstehung der Neurosen. Eines seiner bedeutendsten Werke war und ist »Die Traumdeutung«, die 1899 erschien. Dabei ging er davon aus, dass im Traum unbewusste Inhalte und vor allem unbewusste Triebwünsche sich widerspiegeln und durch die Analyse aufgedeckt werden können. Er bezeichnete den Traum und dessen Analyse auch als »Königsweg zum Unbewussten«. Damit war er der Erste, der als Wissenschaftler über die bis dahin vorherrschende Beschäftigung mit Träumen als möglicher Voraussage von in der Zukunft eintretenden Erlebnissen hinausging. Seine Art des Umgangs mit Träumen in der Psychoanalyse wurde vor allem von seinem Schüler C.G. Jung (Seite 241) weiterentwickelt.

INNERES KIND

Das innere Kind steht für unsere kindlichen Anteile, die vor allem durch unser Elternhaus geprägt wurden.

INTUITION

Kreativer Einfall, der meist spontan erfolgt und auf Gefühlen beruht.

JUNG, CARL GUSTAV

Schweizer Psychiater, der die Traumdeutung in den Mittelpunkt seines umfangreichen Werks stellte. Er wurde geboren in Kesswil/Schweiz am 26.7. 1875 und starb am 6.6. 1961 in Küsnacht. Bis 1912 war er Anhänger von Sigmund Freud (Seite 240), danach gründete er die analytische Psychologie als eine eigene tiefenpsychologische Richtung. Die eingehende Betrachtung von Träumen, Märchen und Mythen brachte Jung dazu, neben dem individuellen Unbewussten das kollektive Unbewusste anzunehmen. Das kollektive Unbewusste ist der Speicher der Archetypen, welche die archetypischen Bilder wie den Schatten, Animus und Anima und das höhere Selbst hervorbringen. Die Entwicklung der Persönlichkeit, die Jung als »Individuation« bezeichnet, spiegelt sich in jedem Traum wider. Träume mit archetypischen Bildern zeigen wesentliche Schritte auf dem Individuationsweg an. Jung beschäftigte sich auch mit vorausweisenden und Warnträumen. Zu ihrem Verständnis entwickelte er mit seinem Freund, dem Physiker Wolfgang Pauli, die Lehre von der »Synchronizität«, die annimmt, dass Alltagsrealität und Traum nicht durch Kausalität verbunden sind, sondern durch Sinnzusammenhänge, für die Raum und Zeit unerheblich sind. 1948 wurde in Zürich das C.-G.-Jung-Institut gegründet.

KOMPLEMENTÄRE FUNKTION DES TRAUMS

Dass der Traum die Wirklichkeit seines Träumers ergänzt, wird als komplementäre Funktion des Traums bezeichnet. Ein Schüchterner träumt sich zum Beispiel als aggressiven Helden. Die komplementäre Funktion des Traums schafft unter anderem die Traumpersonen, die den Träumer auf seine vernachlässigten Seiten aufmerksam machen.

MÄNNLICHE ANTEILE → ANIMUS

OBJEKTSTUFIGE DEUTUNG → SUBJEKTSTUFIGE DEUTUNG

Unter objektstufiger Deutung versteht man eine Deutung der Traumsymbole, bei der die auftretenden Personen oder Gegenstände auf die entsprechenden realen Personen oder Gegenstände im Alltagsleben des Träumers bezogen werden.

PAVOR NOCTURNUS → ALBTRAUM

Beim Pavor nocturnus wacht man aus einem Traum mit starken physiologischen Reaktionen wie Schwitzen, Zittern und Schreien verstört und verängstigt auf. Bei Kindern wie bei Erwachsenen hilft in diesem Fall, das Licht anzuknipsen. Meistens braucht man selbst im Hellen noch eine Weile, um sich von diesem Schreck zu erholen.

POTENZIAL

Möglichkeiten, die einer Person zur Verfügung stehen.

PRÄKOGNITIVER TRAUM (VORAUSWEISENDER TRAUM, WAHRTRAUM)

Der präkognitive Traum nimmt etwas vorweg, das in dieser Weise auch eintritt. Ob es sich bei einem Traum um einen Wahrtraum handelt, ist erst dann zu entscheiden, wenn das entsprechende Ereignis eingetreten ist.

PROJEKTION

Bei Projektionen werden eigene Seeleninhalte in andere Personen hinausverlegt, da sie nicht mit dem Selbstbild übereinstimmen. Ein aggressiver Mensch, der sich für sanft hält, sieht seine unterdrückten Aggressionen ständig in seinen Mitmenschen. Träume sind das Ergebnis unserer Projektionen. Indem sie uns unsere Projektionen vor Augen führen, können wir diese erkennen und zurücknehmen. Ein Ziel der Traumdeutung besteht darin, die Projektionen zurückzuziehen und als eigene Anteile zu verstehen und zu integrieren.

SEXUALITÄT UND EROTIK

sind beide vom Lustprinzip geprägt, wobei die Erotik zur Sexualität hin öffnet.

SUBJEKTSTUFIGE DEUTUNG → OBJEKTSTUFIGE DEUTUNG

Bei der subjektstufigen Deutung werden alle Traumsymbole als Anteile des Träumers selbst gedeutet. Jedes Symbol im Traum entspricht dieser Auffassung nach einem (meist mehr oder weniger verdrängten) Persönlichkeitsanteil. Eine subjektstufige Deutung eines Traums schließt eine objektstufige Deutung nicht aus.

SYMBOL

Der Traum spricht in der Sprache der Symbole. Nach C.G. Jung (Seite 241) ist das Symbol ein Bild, das eine Idee mit dem Gefühl verbindet. Da das Symbol eine Seite hat, die der Vernunft zugerichtet ist, und eine Seite, die der Vernunft unzugänglich ist, kann es nur mit der Verbindung von Denken und Fühlen erfasst werden.

TRAUM-ICH

Traum-Ich nennt man die Person im Traum, zu welcher der Träumer »ich« sagt, mit der er sich identifiziert. Die Verhaltensweisen des Traum-Ichs lassen Rückschlüsse auf die Verhaltensweisen des Träumers im Alltagsleben zu. Ein passives Traum-Ich weist häufig auf einen niedrigeren Bewusstseinszustand hin als ein aktives Traum-Ich.

UNBEWUSSTES → BEWUSSTSEIN

Das Unbewusste ist der Ort, an dem alle psychischen Erfahrungen und Inhalte gespeichert werden, die dem Bewusstsein nicht zugänglich sind. Dazu gehören die ursprünglichen Triebe, unerfüllte Wünsche und all das, was wir verleugnet und verdrängt haben. Im Traum steigen Inhalte des Unbewussten auf.

VORAUSWEISENDER TRAUM → PRÄKOGNITIVER TRAUM

WAHRTRAUM → PRÄKOGNITIVER TRAUM

WEIBLICHE ANTEILE → ANIMA

Bücher und Adressen, die weiterhelfen

Christine Baumanns: *Sex Dreams – Erotische Träume und Ihre Bedeutung*. Falken Verlag München, 2001
Klausbernd Vollmar: *Die Schule der Träume – Der Königsweg zur Kreativität*. Integral Verlag München, 2002
Klausbernd Vollmar: *Das Arbeitsbuch zur Traumdeutung*. Iris Bücher Amsterdam, 2002
Klausbernd Vollmar: *Träume als Wegzeichen auf der Reise des Lebens*. Iris Bücher Amsterdam, 2002
Ralf Zwiebel, Marianne Leuzinger-Bohrleben: *Träume, Spielräume*. Vandenhoek & Ruprecht Göttingen, 2002

Traumsymbollexika

Ernst Aeppli: *Der Traum und seine Deutung*. Knaur München, Erstauflage 1943
Werner Bogun, Norbert Straet: *Traumdeutung und Traumsymbole*. Bassermann Niedernhausen, 1997
Georg Fink: *Traumdeutung*. Falken Niedernhausen, 1990
Hanns Kurt: *Lexikon der Traumsymbole*. Goldmann München, Erstauflage 1973
Klausbernd Vollmar: *Handbuch der Traumsymbole*. Königsfurt Krummwisch bei Kiel, 1999
Klausbernd Vollmar: *Ratgeber Traum*. Königsfurt Krummwisch bei Kiel, 1999

Traumdeutungshilfen in digitalisierter Form

Traumsoftware: www.traumonline.de
Fernlehrgang Traum: www.traumonline.de

Traumsymboldatenbanken im web
http://www.almeda.de/home/traum/0,2682,,00.html
http://www.amanita.de/home/traumlexikon/index.shtml
http://deutung.com/
www.fascinosum.de/Traumdeutung/Traumdeutungsdatenbank/
traumdeutungsdatenbank.html
www.traumonline.de

Traumberatung, Traumseminare

Traumonline/Konrad Lenz und Klausbernd Vollmar,
Moltkestraße 2, 79761 Waldshut, 07751/700502,
info@traumonline.de, www.traumonline.de
(Traumberatung, Ausbildung, Fernlehrgänge Traum, Chat und
Traumlisten, online-Lexikon der Traumsymbole)

Klausbernd Vollmar, Diplompsychologe,
Rhu-Sila, Cley-next-the-Sea, Holt, Norfolk NR25 7UD, England,
mail@kbvollmar.de, www.kbvollmar.de
(Traumberatung, Ausbildung, Traumgruppen, Teamberatung
und Coaching, Vorträge und Seminare – alles in deutscher
Sprache)

Konrad Lenz, Diplompsychologe,
Moltkestraße 2, 79761 Waldshut-Tiengen, 07751/70785
KLenz@traumpraxis.de, www.traumpraxis.de
(Traumseminare, Traumberatung, Psychologische Beratung)

Traumbüro Hamburg,
Waltraud Kirschke,
Liliencronstraße 9, 22149 Hamburg, 040/67582115,
traumbuero@creacomm.de, www.traumbuero.com
(Traumgruppen, künstlerische Bearbeitung von Träumen)

REGISTER DER TRAUMSYMBOLE

In diesem Register finden Sie sowohl die ausführlich vorgestellten als auch die ihnen jeweils ähnlichen Traumsymbole.

Impressum

HINWEIS

Dieser GU Kompass wendet sich an körperlich und seelisch gesunde Menschen. Die selbständige Arbeit mit Träumen kann bei
der Bewältigung von Alltagsproblemen helfen, der Weiterentwicklung der Persönlichkeit dienen und allgemein zum Wohlbe-
finden beitragen; sie ersetzt jedoch keine Psychotherapie.
Ob und inwieweit Sie sich auf eine selbständige Traumarbeit einlassen, können nur Sie selbst entscheiden. Wenn Ihre Probleme
Sie dauerhaft belasten, sollten Sie sich professionelle (psycho-)
therapeutische Hilfe suchen.

Die **GU Homepage** finden Sie im Internet unter
www.gu-online.de
Umwelthinweis: Dieses Buch wurde auf chlorfrei gebleichtem Papier ge-
druckt. Um Rohstoffe zu sparen, haben wir auf Folienverpackung ver-
zichtet.

© 2003 GRÄFE UND UNZER VERLAG GmbH, München
Alle Rechte vorbehalten. Nachdruck, auch auszugsweise, sowie Verbreitung durch Film, Funk und Fernsehen, durch fotomechanische Wieder-
gabe, Tonträger und Datenverarbeitungssysteme jeder Art nur mit
schriftlicher Genehmigung des Verlages.

Redaktion: Ilona Daiker
Lektorat: Kurt Gallenberger, Münsing
Herstellung: Markus Plötz
Gestaltung: Independent Medien-Design GmbH
Satz: Filmsatz Schröter, München
Fotos: Cover vorne: Mauritius (Nägele); Cover hinten / links: Jump
(Vey) / Mitte: Fotex Orion Lyrica / rechts: Jump (Sandkühler)
Druck und Bindung: Druckerei Auer, Donauwörth

ISBN 3-7742-5698-5

Auflage	7.	6.	5.
Jahr	07	06	05

GRÄFE
UND
UNZER

Ein Unternehmen der
GANSKE VERLAGSGRUPPE